말로
배우는
헬라어 문법

말로 배우는 헬라어 문법

저자 지종엽
발행인 지종엽
발행처 비블리아
초판 1쇄 인쇄 2023. 2. 10.
출판신고 제2006-000034호(2006. 6. 13)
주소 서울 강북구 수유동 554-89 B01호
TEL 010-2320-5291
총판 기독교출판유통 (031)906-9191
ISBN 979-11-978767-6-9

Learning
Greek grammar

신약성경을 원문을 통해 정확하고 심도 있게 보려는 욕망은 하나님이 기뻐하시는 거룩한 욕망입니다. 성경 말씀을 가르치고 설교하는 목회자 중에 이런 욕망을 가진 분들이 많습니다. 하지만 신약성경이 기록된 이천 년 전의 언어인 코이네 헬라어를 배워야 하는 어려움 때문에 헬라어를 배우다 포기하게 됩니다.

신약성경이 기록된 고대 헬라어를 배우기가 쉽지 않은 것은 사실입니다. 아마도 영어보다 두세 배는 더 어려운 것 같습니다. 어찌 보면 중학교에서 대학까지 10년 영어를 배우고도 영어 독해가 잘 안되는 한국인이 헬라어를 배워서 원어성경을 보는 것은 불가능해 보일 수도 있습니다. 하지만 코이네 헬라어가 예수님 당시 일반 대중이 사용한 언어였다는 사실은 우리에게 한 가닥 희망을 줍니다. 다민족으로 구성된 당시 헬라인들이 코이네 헬라어를 어렵지 않게 배울 수 있었다면 우리도 성경 헬라어를 생각보다 쉽게 배울 수 있는 길이 있기 때문입니다.

신학교에서 힘들게 헬라어 문법을 배우면서도 원전을 보는 데 실패하는 이유는 복잡한 문법 체계를 표로 외우는 공부 방식 때문입니다. 표 하나에 어미변화가 열 개 이상 나오는데 이런 표들이 수십 개나 됩니다. 이런 표들을 수학공식을 외듯이 외워야 하는데 일반인의 머리로는 불가능한 일입니다. 저 역시 이런 방식으로 헬라어 문법을 공부하다가 너무 머리가 아파서 포기한 경험이 있습니다.

히브리인이었던 예수님은 당시 공용어였던 헬라어를 배울 때에 문법 표를 달달 외우지는 않았을 것입니다. 그냥 시장이나 거리에서 사람들과 말하면서 헬라어를 배웠을 것입니다. 언어학자들은 외국어 학습은 어린아이가 말을 배우듯이 하는 게 가장 효과적인 방법이라고 말합니다. 같은 말을 자꾸 반복하다 보면 자연스럽게 언어를 배우게 되고 그 안에 들어있는 문법 규칙을 알게 되는 것입니다. 성경 헬라어도 이런 식으로 하면 쉬운데 문법을 수학 공식 외우듯이 했기에 고생만 하고 실패한 것입니다.

그런 점에서 본서인 『말로 배우는 헬라어 문법』은 특별합니다.

이 책의 진행방식은 기존의 문법책과는 완전히 다릅니다. 헬라어 문법을 수학 공식 외우듯이 하는 게 아니라 헬라어로 된 쉬운 말부터 하나하나 배워나가면서 그 안에 들어있는 문법 규칙을 자연스럽게 터득하는 방식입니다. 헬라어 문법은 복잡해 보이지만 일정한 패턴이 있기에 그 패턴만 익히면 의외로 쉽게 배울 수 있습니다. 이 책으로 하루 한 과씩 49일을 공부해 보세요 아마도 신약성경 헬라어 원전을 보는 눈이 열리는 신세계를 경험할 수 있을 것입니다.

2023년 2월
저자 지종엽

☐ **이 책의 공부 방법**

① 하루 한 과씩 공부하세요

② 먼저 설명을 본 후 연습문제를 푸세요 연습문제는 헬라어를 우리말로 번역하는 것을 먼저 한 후 우리말을 헬라어로 바꾸는 것을 해 보세요

③ 헬라어 동사나 명사 또는 형용사를 볼 때마다 어미변화를 주목하세요 헬라어 문법은 어미변화를 익히는 것이 중요하므로 연습문제를 풀 때마다 단어의 어미변화를 주목하면서 하는 게 헬라어를 빨리 배우는 팁입니다

④ 반복해서 학습하세요 익숙해질 때까지 연습문제를 반복해서 풀어보세요 무조건 외우는 것보다 말하고 쓰기를 반복하는 것이 더 효과적입니다

제4장 미래, 과거, 아오리스트, 완료

제5장 관계대명사, 부정사, 분사

제6장 명령법, 가정법, 소원법

제7장 전치사

{제1장}

비동사(구문)

제1과
주어+비동사 +형용사(보어)

□ **비동사**(1인칭단수)

나는 있다 I am
ἐγω εἰμι

- 영어에서 주어 I(나는) 다음에 비동사 am(있다)가 오듯이 헬라어에서도 주어 ἐγω(나는) 다음에 비동사 εἰμι(있다)가 온다.
- 영어나 헬라어의 비동사는 주어와 보어를 연결하면서 "있다(존재하다)" 라는 의미를 가진다.
- ἐγω εἰμι(나는 있다)를 통으로 외우라.

□ **형용사의 어미**

남성형용사/주격어미 -ος	여성형용사/주격어미 -η 또는 -α	중성형용사/주격어미 -ον
πιστος 믿는(남성)	πιστη ἀγια 믿는(여성) 거룩한(여성)	πιστον 믿는(중성)

- 영어와 마찬가지로 헬라어 형용사는 명사를 수식하거나 (주어+비동사) 다음에 형용사(보어)로 쓰인다.
- 헬라어 형용사는 주어의 성에 따라서 어미가 바뀐다.

□ **예문**

①나는(남성) 있다　신실한(상태로)
　　⇓　　　　　　⇓
　　 ἐγὼ εἰμι　 πιστος　⟶ ἐγὼ εἰμι πιστος.

■ πιστος는 '신실한' 또는 '믿음직스러운'을 뜻하는 (남성)형용사이다.
■ 헬라어 형용사는 주어의 성에 따라 어미가 바뀐다.

나는(여성) 있다　신실한(상태로)
　　⇓　　　　　　⇓
　　 ἐγὼ εἰμι　 πιστη　⟶ ἐγὼ εἰμι πιστη.

나는(중성) 있다　신실한(상태로)
　　⇓　　　　　　⇓
　　 ἐγὼ εἰμι　 πιστον　⟶ ἐγὼ εἰμι πιστον.

◈◈◈

②나는(남성)있다　행복한(상태로)
　　⇓　　　　　⇓
　　 ἐγὼ εἰμι　 μακαριος　⟶ ἐγὼ εἰμι μακαριος.

나는(여성)있다　행복한(상태로)
　　⇓　　　　⇓
　　 ἐγὼ εἰμι　 μακαρια　⟶ ἐγὼ εἰμι μακαρια.

■ 헬라어 형용사 (여성)어미는 -η가 올 때와 -α가 올 때가 있다.

나는(중성)있다　행복한(상태로)
　　⇓　　　　⇓
　　 ἐγὼ εἰμι　 μακαριον　⟶ ἐγὼ εἰμι μακαριον.

■ μακαριον(행복한)의 어미 -ον은 중성을 나타낸다.

◆◆◆

③ 나는(남성)있다　　거룩한(상태로)
　　⇩　　　　　　　⇩
　$\boxed{\text{ἐγω εἰμι}}$　　　ἁγι$\boxed{\text{ος}}$　⤳ ἐγω εἰμι ἁγιος.

나는(여성)있다　　거룩한(상태로)
　　⇩　　　　　　　⇩
$\boxed{\text{ἐγω εἰμι}}$　　　ἁγι$\boxed{\alpha}$　⤳ ἐγω εἰμι ἁγια.

나는(중성)있다　　거룩한(상태로)
　　⇩　　　　　　　⇩
$\boxed{\text{ἐγω εἰμι}}$　　　ἁγι$\boxed{\text{ον}}$　⤳ ἐγω εἰμι ἁγιον.

◆◆◆

④ 나는(남성)있다　　진실한(상태로)
　　⇩　　　　　　　⇩
$\boxed{\text{ἐγω εἰμι}}$　　　ἀληθ$\boxed{\text{ης}}$　⤳ ἐγω εἰμι ἀληθης.

나는(여성)있다　　진실한(상태로)
　　⇩　　　　　　　⇩
$\boxed{\text{ἐγω εἰμι}}$　　　ἀληθ$\boxed{\text{ης}}$　⤳ ἐγω εἰμι ἀληθης.

나는(중성)있다　　진실한(상태로)
　　⇩　　　　　　　⇩
$\boxed{\text{ἐγω εἰμι}}$　　　ἀληθ$\boxed{\text{ες}}$　⤳ ἐγω εἰμι ἀληθες.

■ ἀληθης(진실한)의 남성과 여성 어미는 -ης로 같고 중성은 -ες로 다르다.
　ἀληθης(진실한)는 어미가 불규칙 변형을 하는 형용사이다.
■ 어미가 불규칙하게 변하는 헬라어 단어는 무조건 외어야 한다.

◇◇◇

⑤ 나는(남성)있다   의로운(상태로)
   ↓   ↓
   ἐγω εἰμι   δικαιος ⤳ ἐγω εἰμι δικαιος.

   나는(여성)있다   의로운(상태로)
   ↓   ↓
   ἐγω εἰμι   δικαια ⤳ ἐγω εἰμι δικαια.

   나는(중성)있다   의로운(상태로)
   ↓   ↓
   ἐγω εἰμι   δικαιον ⤳ ἐγω εἰμι δικαιον.

◇◇◇

⑥ 나는(남성)있다   선한(상태로)
   ↓   ↓
   ἐγω εἰμι   ἀγαθος ⤳ ἐγω εἰμι ἀγαθος.

   나는(여성)있다   선한(상태로)
   ↓   ↓
   ἐγω εἰμι   ἀγαθη ⤳ ἐγω εἰμι ἀγαθη.

   나는(중성)있다   선한(상태로)
   ↓   ↓
   ἐγω εἰμι   ἀγαθον ⤳ ἐγω εἰμι ἀγαθον.

주어+비동사+형용사(보어) 13

연습문제(1A)

다음 헬라어 문장을 우리말로 직역하시오(*답은 다음 페이지에)

①ἐγω εἰμι πιστος.	⑩ἐγω εἰμι ἀληθης.(남성)
②ἐγω εἰμι πιστη.	⑪ἐγω εἰμι ἀληθης.(여성)
③ἐγω εἰμι πιστον.	⑫ἐγω εἰμι ἀληθες.
④ἐγω εἰμι μακαριος.	⑬ἐγω εἰμι δικαιος.
⑤ἐγω εἰμι μακαρια.	⑭ἐγω εἰμι δικαια.
⑥ἐγω εἰμι μακαριον.	⑮ἐγω εἰμι δικαιον.
⑦ἐγω εἰμι ἀγιος.	⑯ἐγω εἰμι ἀγαθος.
⑧ἐγω εἰμι ἀγια.	⑰ἐγω εἰμι ἀγαθη.
⑨ἐγω εἰμι ἀγιον.	⑱ἐγω εἰμι ἀγαθον.

연습문제(1B)

다음 우리말을 헬라어로 바꾸시오(*답은 앞 페이지에)

① 나는(남성) 있다 신실한(상태로)	⑩ 나는(남성) 있다 진실한(상태로)
② 나는(여성) 있다 신실한(상태로)	⑪ 나는(여성) 있다 진실한(상태로)
③ 나는(중성) 있다 신실한(상태로)	⑫ 나는(중성) 있다 진실한(상태로)
④ 나는(남성) 있다 행복한(상태로)	⑬ 나는(남성) 있다 의로운(상태로)
⑤ 나는(여성) 있다 행복한(상태로)	⑭ 나는(여성) 있다 의로운(상태로)
⑥ 나는(중성) 있다 행복한(상태로)	⑮ 나는(중성) 있다 의로운(상태로)
⑦ 나는(남성) 있다 거룩한(상태로)	⑯ 나는(남성) 있다 선한(상태로)
⑧ 나는(여성) 있다 거룩한(상태로)	⑰ 나는(여성) 있다 선한(상태로)
⑨ 나는(중성) 있다 거룩한(상태로)	⑱ 나는(중성) 있다 선한(상태로)

주어+비동사 +명사(보어)

□ (주격/단수)명사의 어미

남성(단수/주격)어미 -ός 또는 -ής	여성(단수/주격)어미 -α 또는 -ή	중성(단수/주격)어미 -ον 또는 -μα
δουλος 종은 μαθητης 제자는	Μαρια 마리아는 γυνη 아내는	τεκνον 자녀는 πνευμα 성령은

□ (주격/단수)관사

남성(단수/주격)관사 ὁ	여성(단수/주격)관사 ἡ	중성(단수/주격)관사 το
ὁ δουλος (그)종은	ἡ γυνη (그)아내는	το τεκνον (그)자녀는

□ 예문

①나는 있다   그리스도인(으로)
 ⇩   ⇩
I am   (a)christian
 ⇩   ⇩
ἐγω εἰμι   Χριστιανος ⇝ ἐγω εἰμι Χριστιανος.

■ 영어는 명사 앞에 부정관사 a가 오지만 헬라어는 부정관사가 없다.

②나는 있다   (그)종으로

ἐγώ εἰμι   ὁ δουλος ⟿ ἐγώ εἰμι ὁ δουλος.

- δουλος(종)는 남성명사이다. 어미 ος가 남성을 나타낸다.

③나는 있다   (그)바울로

ἐγώ εἰμι   ὁ Παυλος ⟿ ἐγώ εἰμι ὁ Παυλος.

- 헬라어에서 사람 이름에 관사를 붙이는 이유는 각각의 사람을 특별한 존재로 보기 때문이다.
- 헬라어에서 관사는 특별한 것을 나타낼 때 사용한다.
- 사람 이름은 고유명사이므로 첫 글자를 대문자로 쓴다.

④나는 있다   (그)제자로

ἐγώ εἰμι   ὁ μαθητης ⟿ ἐγώ εἰμι ὁ μαθητης.

- 헬라어 남성명사 중에는 어미가 –ης로 끝나는 것도 있다.

⑤나는 있다   (그)마리아로

ἐγώ εἰμι   ἡ Μαρια ⟿ ἐγώ εἰμι ἡ Μαρια.

- Μαρια는 여자 이름이므로 (여성)관사 ἡ가 사용된다.
- Μαρια의 어미 –α는 여성을 나타낸다.

⑥나는 있다   (그)아내로

ἐγώ εἰμι   ἡ γυνη ⟿ ἐγώ εἰμι ἡ γυνη.

- γυνη는 (결혼한)여자 즉 아내를 뜻한다.
- γυνη는 여성명사이므로 (여성)관사 ἡ가 사용되었다.

⑦ 나는 있다   (그)자녀로
   ⇩   ⇩
   ἐγώ εἰμι   το τεκνον ⤳ ἐγώ εἰμι το τεκνον.

- τηκνον은 자녀(child)를 뜻한다.
- τηκνον의 어미 ον은 중성을 나타낸다.
- 헬라어에서 τηκνον(자녀)는 중성이므로 (중성)관사 το가 왔다.

⑧ 나는 있다   영으로
   ⇩   ⇩
   ἐγώ εἰμι   πνευμα ⤳ ἐγώ εἰμι πνευμα.

- 관사가 없는 πνευμα는 인간의 영을 뜻하고
  관사가 있는 το πνευμα는 하나님의 영인 성령을 뜻한다.

⑨ 나는 있다   (그)길로
   ⇩   ⇩
   ἐγώ εἰμι   ἡ ὁδος ⤳ ἐγώ εἰμι ἡ ὁδος.

- ὁδος는 '길'을 뜻하는 여성명사이다.
- ὁδος는 어미가 -ος여서 남성명사로 보이지만 여성명사의 불규칙변화이다.

⑩ 나는 있다   (그)생명으로
   ⇩   ⇩
   ἐγώ εἰμι   ἡ ζωη ⤳ ἐγώ εἰμι ἡ ζωη.

연습문제(2A)

다음 헬라어 문장을 우리말로 직역하시오(*답은 다음 페이지에)

①ἐγω εἰμι ὁ Χριστιανος.

②ἐγω εἰμι ὁ δουλος.

③ἐγω εἰμι ὁ Παυλος.

④ἐγω εἰμι ὁ μαθητης.

⑤ἐγω εἰμι ἡ Μαρια.

⑥ἐγω εἰμι ἡ γυνη.

⑦ἐγω εἰμι το τεκνον.

⑧ἐγω εἰμι το πνευμα.

⑨ἐγω εἰμι ἡ ὁδος.

⑩ἐγω εἰμι ἡ ζωη.

연습문제(2B)

다음 우리말을 헬라어로 바꾸시오(*답은 앞 페이지에)

① 나는 있다 (그)그리스도인으로
② 나는 있다 (그)종으로
③ 나는 있다 (그)바울로
④ 나는 있다 (그)제자로
⑤ 나는 있다 (그)마리아로
⑥ 나는 있다 (그)아내로
⑦ 나는 있다 (그)자녀로
⑧ 나는 있다 (그)영으로
⑨ 나는 있다 (그)길로
⑩ 나는 있다 (그)생명으로

제3과
주어+비동사+전치사구

☐ 전치사구(전치사+명사)

전치사 ἐν + 여격명사
ἐν Χριστῷ (그리스도 안에)

■ 전치사 ἐν(안에)는 뒤에 여격명사가 따라온다.

☐ 여격/단수명사의 어미

남성명사(여격어미) -ῳ 또는 -η	여성명사(여격어미) -α 또는 -η	중성명사(여격어미) -ῳ 또는 -ματι
Χριστῷ 그리스도로 μαθητῃ 제자로	βασιλειᾳ 왕국으로 ἀγαπῃ 사랑으로	τεκνῳ 자녀로 πνευματι 영으로

☐ 여격관사(정관사)

남성명사(여격관사) τῳ	여성명사(여격관사) τῃ	중성명사(여격관사) τῳ
τῳ Χριστῳ (그)그리스도로	τῃ ἀγαπῃ (그)사랑으로	τῳ τεκνῳ (그)자녀로

■ 여격관사는 남성명사와 중성명사가 동일하다.

□ 예문

① 나는 있다   그리스도 안에
   ⇓   ⇓
   I am   in Christ
   ⇓   ⇓
   ἐγώ εἰμι   ἐν Χριστῳ ⟶ ἐγώ εἰμι ἐν Χριστῳ.

■ Χριστῳ는 Χριστος(그리스도)의 여격이다.
   -ος (남성명사/주격어미) ⟶ -ῳ (남성명사/여격어미)
■ 전치사 ἐν(안에) 뒤에는 여격명사가 온다.

② 나는 있다   (그)왕국 안에
   ⇓   ⇓
   ἐγώ εἰμι   ἐν τῃ βασιλειᾳ

              ⟶ ἐγώ εἰμι ἐν τῃ βασιλειᾳ.

■ βασιλειᾳ는 여성명사인 βασιλεια(왕국)의 여격이다.
■ τῃ는 여성명사의 여격관사이다.

③ 나는 있다   (그)은혜 안에
   ⇓   ⇓
   ἐγώ εἰμι   ἐν τῃ χαριτι ⟶ ἐγώ εἰμι ἐν τῃ χαριτι.

■ χαριτι는 여성명사인 χαρις(은혜)의 여격이며 불규칙 어미변화를 한다.

④ 나는 있다   (그)사랑 안에
   ⇓   ⇓
   ἐγώ εἰμι   ἐν τῃ ἀγαπῃ ⟶ ἐγώ εἰμι ἐν τῃ ἀγαπῃ.

■ ἀγαπῃ는 여성명사인 ἀγαπη(사랑)의 여격이다.
   η (여성명사/주격어미) ⟶ ῃ (여성명사/여격어미)

⑤ 나는 있다   (그)주님 안에
   ⇩   ⇩
ἐγω εἰμι   ἐν τῳ κυριῳ ⤳ ἐγω εἰμι ἐν τῳ κυριῳ.

- κυριῳ는 남성명사인 κυριος(주인)의 여격이다.
- τῳ는 (남성/여격)관사이다.

⑥ 나는 있다   (그)성령 안에
   ⇩   ⇩
ἐγω εἰμι   ἐν τῳ πνευματι

                    ⤳ ἐγω εἰμι ἐν τῳ πνευματι.

- πνευματι는 중성명사인 πνευμα(성령)의 여격이다.
  -μα : (중성명사/주격)어미 ⤳ -ματι : (중성명사/여격)어미
- τῳ는 (중성/여격)관사이다.
- (남성/여격)관사와 (중성/여격)관사는 τῳ로 모양이 같다.

⑦ 나는 있다   (그)말씀 안에
   ⇩   ⇩
ἐγω εἰμι   ἐν τῳ λογῳ ⤳ ἐγω εἰμι ἐν τῳ λογῳ.

- λογῳ는 λογος(말)의 여격이다.
- 정관사가 있는 ὁ λογος는 말씀이신 하나님(요1:1)을 뜻한다.

⑧ 나는 있다   (그)영광 안에
   ⇩   ⇩
ἐγω εἰμι   ἐν τη δοξη ⤳ ἐγω εἰμι ἐν τη δοξη.

- δοξη는 여성명사인 δοξα(영광)의 여격이다.
- τη는 (여성/여격)관사이다.

⑨ 나는 있다   (그)육신 안에
    ⇩   ⇩

ἐγω εἰμι   ἐν τῃ σαρκι   ⤳ ἐγω εἰμι ἐν τη σαρκι.

  ■ σαρκι 는 여성명사인 σαρξ(육신)의 여격이며 불규칙변화를 한다.

⑩ 나는 있다   (그)복음 안에
    ⇩   ⇩

ἐγω εἰμι   ἐν τῳ εὐαγγελιῳ

               ⤳ ἐγω εἰμι ἐν τῳ εὐαγγελιῳ.

  ■ εὐαγγελιῳ 는 중성명사인 εὐαγγελιον(복음)의 여격이다.

연습문제(3A)

다음 헬라어 문장을 우리말로 직역하시오(*답은 다음 페이지에)

①ἐγω εἰμι ἐν Χριστῳ.

②ἐγω εἰμι ἐν τῃ βασιλειᾳ.

③ἐγω εἰμι ἐν τῃ χαριτι.

④ἐγω εἰμι ἐν τῃ ἀγαπῃ.

⑤ἐγω εἰμι ἐν τῳ κυριῳ.

⑥ἐγω εἰμι ἐν τῳ πνευματι.

⑦ἐγω εἰμι ἐν τῳ λογῳ.

⑧ἐγω εἰμι ἐν τῃ δοξῃ.

⑨ἐγω εἰμι ἐν τῃ σαρκι.

⑩ἐγω εἰμι ἐν τῳ εὐαγγελιῳ.

연습문제(3B)

다음 우리말을 헬라어로 바꾸시오(*답은 앞 페이지에)

① 나는 있다 그리스도 안에
② 나는 있다 (그)왕국 안에
③ 나는 있다 (그)은혜 안에
④ 나는 있다 (그)사랑 안에
⑤ 나는 있다 (그)주님 안에
⑥ 나는 있다 (그)성령 안에
⑦ 나는 있다 (그)말씀 안에
⑧ 나는 있다 (그)영광 안에
⑨ 나는 있다 (그)육신 안에
⑩ 나는 있다 (그)복음 안에

제**4**과
비동사 2인칭(현재/단수)

□ **비동사**(2인칭/단수)

너는 있다 You are
συ εἰ

□ συ εἰ + **명사**

너는 있다　　사도로
⇩　　　　　⇩
You are　　apostle
⇩　　　　　⇩
συ εἰ　ἀποστολος　⤳ συ εἰ ἀποστολος.

■ἀποστολος(사도)는 남성명사이다.

□ συ εἰ + **형용사**

너는 있다　능력있는(상태로)
⇩　　　　⇩
You are　powerful
⇩　　　　⇩
συ εἰ　δυνατος　⤳ συ εἰ δυνατος.

■δυνατος(능력있는)은 어미가 -ος로 끝나는 남성형용사이다.

□ συ εἰ + 전치사구

너는 있다   (그)능력 안에
⇩   ⇩
You are   in the power
⇩   ⇩
| συ εἰ | ἐν | τῃ | δυναμει | ⤳ συ εἰ ἐν τῃ δυναμει.

- δυναμις(능력) = 여성명사(주격) → δυναμει 여성명사(여격)
- δυναμις(능력)는 불규칙변화를 하는 여성명사이다.
- 전치사 ἐν 뒤에는 여격명사가 온다 : ἐν + 여격명사

□ 예문

① 너는 있다   (그)제자로
⇩   ⇩
| συ εἰ | ὁ μαθητης | ⤳ συ εἰ ὁ μαθητης.

- μαθητης(제자)는 남성명사(주격)이다.
- 남성명사(주격)은 일반적으로 어미가 -ος나 -ης로 끝난다.

② 너는(남성) 있다   겸손한(상태로)
⇩   ⇩
| συ εἰ | ταπηινος | ⤳ συ εἰ ταπηινος.

- ταπηινος(겸손한)은 (남성/주격)형용사이다.

③ 너는 있다   (그)가르침 안에
⇩   ⇩
| συ εἰ | ἐν | τῃ | διδαχη | ⤳ συ εἰ ἐν τῃ διδαχη.

- διδαχη(가르침) = 여성명사(주격) → διδαχη = 여성명사(여격)
- η는 η보다 조금 더 길게 발음하면 된다.

④ 너는 있다 (그)아내로
⇩   ⇩
σὺ εἰ   ἡ γυνη ⤳ σὺ εἰ ἡ γυνη.

■ γυνη(아내/여자)는 여성명사(주격)이다.
■ 여성명사(주격)은 보통 어미가 -α나 -η로 끝난다.

⑤ 너는(여성) 있다 행복한(상태로)
⇩   ⇩
σὺ εἰ   μακαρια ⤳ σὺ εἰ μακαρια.

■ μακαρια(행복한)은 (여성)형용사이다.
■ 여성형용사(주격)은 어미가 -α나 -η로 끝난다.

⑥ 너는 있다   (그)은혜 안에
⇩   ⇩
σὺ εἰ ἐν τῃ χαριτι ⤳ σὺ εἰ ἐν τῃ χαριτι.

■ χαριτι는 여성명사 χαρις(은혜)의 여격이다(불규칙 변화)

⑦ 너는 있다   (그)남자로
⇩   ⇩
σὺ εἰ ὁ ἀνηρ ⤳ σὺ εἰ ὁ ἀνηρ.

■ ἀνηρ는 결혼한 남자(남편)을 뜻하며 남성명사(주격)이며 어미가 불규칙변화를 한다.

⑧ 너는(남성) 있다 진실한(상태로)
⇩   ⇩
σὺ εἰ   ἀληθης ⤳ σὺ εἰ ἀληθης.

■ ἀληθης(진실한)은 남성과 여성의 어미 변화가 동일하다.

⑨ 너는 있다   (그)진리 안에

συ εἰ   ἐν τῃ ἀληθειᾳ → συ εἰ ἐν τῃ αληθειᾳ.

  ■ αληθειᾳ는 αληθεια(진리)의 여격명사이다(불규칙 변화)

⑩ 너는 있다   (그)사도로

συ εἰ   ὁ ἀποστολος → συ εἰ ὁ ἀποστολος.

  ■ ἀποστολος(사도)는 남성명사(주격)이다.

⑪ 너는(남성) 있다   거룩한(상태로)

συ εἰ   ἀγιος → συ εἰ ἀγιος.

  ■ ἀγιος(거룩한)은 남성형용사이다.

⑫ 너는 있다   (그)거룩하게 됨 안에

συ εἰ   ἐν τῳ ἀγιασμῳ → συ εἰ ἐν τῳ ἀγιασμῳ.

  ■ ἀγιασμῳ는 ἀγιασμος(거룩하게 됨)의 여격명사이다.

⑬ 너는 있다   (그)어린아이로

συ εἰ   το τεκνον → συ εἰ το τεκνον.

  ■ τεκνον(어린아이/자녀)는 중성명사(주격)이다.
  ■ 중성명사(주격)은 보통 어미가 -ον나 -μα로 끝난다.

⑭ 너는(중성) 있다   순종적인(상태로)

συ εἰ   ὑπηκοον → συ εἰ ὑπηκοον.

  ■ ὑπηκοον(순종적인)은 중성 형용사이다(기본형 ὑπηκοος)
  ■ 중성형용사(주격)은 어미가 -ον로 끝난다.

⑮ 너는_있다   (그)순종 안에
  ⇩   ⇩
$\boxed{συ\ εἰ}\ ἐν\ \boxed{τῃ}\ ὑπακοῃ$ ⤳ συ εἰ ἐν τῃ ὑπακοῃ.

■ ὑπακοῃ는 여성명사 ὑπακοη(순종)의 여격이다.

⑯ 너는_있다   (그)여선지자로
  ⇩   ⇩
$\boxed{συ\ εἰ}\ \boxed{ἡ}\ προφητις$ ⤳ συ εἰ ἡ προφητις.

■ προπητης(남자선지자), προπητις(여자선지자)

⑰ 너는(여성)_있다   영적인(상태로)
  ⇩   ⇩
$\boxed{συ\ εἰ}\ \ \ πνευματικ\boxed{η}$ ⤳ συ εἰ πνευματικη.

■ πνευματικη(영적인)은 (여성)형용사이다 : 기본형(남성형용사) πνευματικος

⑱ 너는 있다   (그)성령 안에
  ⇩   ⇩
$\boxed{συ\ εἰ}\ ἐν\ \boxed{τῳ}\ πνευματι$ ⤳ συ εἰ ἐν τῳ πνευματι.

■ πνευματι는 πνευμα(영)의 여격명사이다.

⑲ 너는(남성)_있다   능력있는(상태로)
  ⇩   ⇩
$\boxed{συ\ εἰ}\ \ \ \ δυνατος$ ⤳ συ εἰ δυνατος

■ δυνατος(능력있는)은 (남성)형용사이다.

⑳ 너는 있다   (그)능력 안에
  ⇩   ⇩
$\boxed{συ\ εἰ}\ ἐν\ \boxed{τῃ}\ δυναμει$ ⤳ συ εἰ ἐν τῃ δυναμει.

■ δυναμει는 여성명사 δυναμις(능력)의 여격이다 - 불규칙변화
■ 불규칙하게 변하는 여격명사는 어미가 -ι로 끝날 때가 많다.
  (예)πνευματι(영으로) χαριτι(은혜로) δυναμει(능력으로) ἐλεει(긍휼로)

연습문제(4A)

다음 헬라어 문장을 우리말로 직역하시오(*답은 다음 페이지에)

① συ εἰ ὁ μαθητης.	⑪ συ εἰ ἁγιος.
② συ εἰ ταπηινος.	⑫ συ εἰ ἐν τῳ ἁγιασμῳ.
③ συ εἰ ἐν τῃ διδαχῃ.	⑬ συ εἰ το τεκνον.
④ συ εἰ ἡ γυνη.	⑭ συ εἰ ὑπηκοον.
⑤ συ εἰ μακαρια.	⑮ συ εἰ ἐν τῃ ὑπακοῃ.
⑥ συ εἰ ἐν τῃ χαριτι.	⑯ συ εἰ ἡ προφητις.
⑦ συ εἰ ὁ ἀνηρ.	⑰ συ εἰ πνευματικη.
⑧ συ εἰ ἀληθης.	⑱ συ εἰ ἐν τῳ πνευματι.
⑨ συ εἰ ἐν τῃ ἀληθειᾳ.	⑲ συ εἰ δυνατος.
⑩ συ εἰ ὁ ἀποστολος.	⑳ συ εἰ ἐν τῃ δυναμει.

연습문제(4B)

다음 우리말을 헬라어로 바꾸시오(*답은 앞 페이지에)

① 너는 있다 (그)제자로	⑪ 너는(남성) 있다 거룩한(상태로)
② 너는(남성) 있다 겸손한(상태로)	⑫ 너는 있다 (그)거룩하게 됨 안에
③ 너는 있다 (그)가르침 안에	⑬ 너는 있다 (그)어린아이로
④ 너는 있다 (그)아내로	⑭ 너는(중성) 있다 순종적인(상태로)
⑤ 너는(여성) 있다 행복한(상태로)	⑮ 너는 있다 (그)복종 안에
⑥ 너는 있다 (그)은혜 안에	⑯ 너는 있다 (그)여선지자로
⑦ 너는 있다 (그)남편으로	⑰ 너는(여성) 있다 영적인(상태로)
⑧ 너는(남성) 있다 진실한(상태로)	⑱ 너는 있다 (그)영 안에.
⑨ 너는 있다 (그)진리 안에	⑲ 너는(남성) 있다 능력있는(상태로)
⑩ 너는 있다 (그)사도로	⑳ 너는 있다 (그)능력 안에

제5과

비동사 3인칭(현재/단수)

그는 있다 He is	그녀는 있다 She is	그것은 있다 It is
αὐτος ἐστιν	αὐτη ἐστιν	αὐτο ἐστιν

□ 그는 있다(αὐτος ἐστιν)

① αὐτος ἐστιν + 명사

그는 있다   남편(으로)
⇩   ⇩
He is   husband
⇩   ⇩

αὐτος ἐστιν   ἀνηρ   ⤳ αὐτος ἐστιν ἀνηρ.

- ἀνηρ는 결혼한 남자 즉 남편을 의미한다.
- 헬라시대에는 결혼한 남성을 남자로 여겼다.

② αὐτος ἐστιν + 형용사

그는 있다   부유한(상태로)
⇩   ⇩
He is   rich
⇩   ⇩

αὐτος ἐστιν   πλουσιος   ⤳ αὐτος ἐστιν πλουσιος.

- πλουσιος(부유한)은 남성형용사이다 : -ος(남성형용사/어미)

③ αὐτος ἐστιν + **전치사구**

그는_ 있다   부유함 안에
⇩   ⇩
He is   in richness
⇩   ⇩
αὐτος ἐστιν   ἐν πλουτ**ῳ** ⇝ αὐτος ἐστιν ἐν πλουτῳ.

- πλουτῳ는 남성명사 πλουτος(부유함)의 여격이다.
- -ος(남성명사/주격어미) ⇝ -ῳ(남성명사/여격어미)

□ **그녀는 있다**(αὐτη ἐστιν)

① αὐτη ἐστιν + **명사**

그녀는_ 있다   아내로
⇩   ⇩
She is   wife
⇩   ⇩
αὐτη ἐστιν   γυν**η** ⇝ αὐτη ἐστιν γυνη.

- 헬라시대에는 결혼한 여성을 여자로 인정했다.
- γυνη는 아내(wife)이면서 또한 여자(woman)를 뜻한다.
- -η(여성명사/주격어미)

② αὐτη ἐστιν + **형용사**

그녀는 있다   가난한(상태로)
⇩   ⇩
She is   poor
⇩   ⇩
αὐτη ἐστιν   πτωχ**η** ⇝ αὐτη ἐστιν πτωχη.

- πτωχη는 πτωχος(가난한)의 여성형용사이다.
- -η(여성형용사/주격어미)

③ αὐτη ἐστιν + **전치사구**

그녀는 있다   긍휼 안에
⇩   ⇩
She is   in mercy
⇩   ⇩

αὐτη ἐστιν   ἐν ἐλεει   ⟿   αὐτη ἐστιν ἐν ἐλεει.

- ἐλεος(긍휼)은 불규칙변화를 하는 중성명사이다.
- ἐλεος(중성명사/주격) ⟿ ἐλεει(중성명사/여격)

☐ **그것은 있다(αὐτο ἐστιν)**

① αὐτο ἐστιν + **명사**

그것은 있다   자녀로
⇩   ⇩
It is   child
⇩   ⇩

αὐτο ἐστιν   τεκνον   ⟿   αὐτο ἐστιν τεκνον.

- τεκνον(자녀)는 중성명사이다. ⟿ -ον(중성명사/주격어미)
- 주어인 αὐτο가 중성이므로 보어인 τεκνον도 중성명사이다.

② αὐτο ἐστιν + **형용사**

그것은 있다   복종적인(상태로)
⇩   ⇩
It is   obedient
⇩   ⇩

αὐτο ἐστιν   ὑπηκοον   ⟿   αὐτο ἐστιν ὑπηκοον.

- ὑπηκοον는 ὑπηκοος(복종적인)의 (중성)형용사이다.
- -ος(남성형용사/주격어미) ⟿ -ον(중성형용사/주격어미)

③ αὐτο ἐστιν + **전치사구**

<u>그것은_있다</u>　　　복종 안에
　　⇩　　　　　　　　⇩
　　It is　　　　in obedience
　　⇩　　　　　　　　⇩

$\boxed{αὐτο\ ἐστιν}$　ἐν　ὑπακοη ⤳ αὐτο ἐστιν ἐν ὑπακοη.

- ὑπακοη는 여성명사 ὑπακοη(복종)의 여격이다.
- -η(여성명사/주격어미) ⤳ -η(여성명사/여격어미)

□ **예문**

① <u>그는 있다</u>　　선생(으로)
　　　⇩　　　　　　　⇩

$\boxed{αὐτος\ ἐστιν}$　$διδασκαλ\boxed{ος}$ ⤳ αὐτος ἐστιν διδασκαλος.

- διδασκαλος(선생)는 남성명사이다.
- -ος(남성명사/주격어미)

② <u>그는 있다</u>　　친절한(상태로)
　　　⇩　　　　　　　⇩

$\boxed{αὐτος\ ἐστιν}$　$ἠπι\boxed{ος}$ ⤳ αὐτος ἐστιν ἠπιος.

- ἠπιος(친절한)은 (남성)형용사이다.
- -ος(남성형용사/주격어미)

③ <u>그는 있다</u>　　정의 안에
　　　⇩　　　　　　　⇩

$\boxed{αὐτος\ ἐστιν}$　ἐν δικη

- δικη는 여성명사 δικη(정의)의 여격이다.
- -η(여성명사/주격어미) ⤳ -η(여성명사/여격어미)

④ 그녀는 있다　　　여선지자(로)
⤵　　　　　　　⤵

$\boxed{\text{αὐτη ἐστιν}}$　προφητις　⇝ αὐτη ἐστιν προφητις.

- προφητ$\boxed{\text{ης}}$(남선지자) ⤳ προφητ$\boxed{\text{ις}}$(여선지자)

⑤ 그녀는 있다　　　영적인(상태로)
⤵　　　　　　　⤵

$\boxed{\text{αὐτη ἐστιν}}$　πνευματικ$\boxed{\text{η}}$　⇝ αὐτη ἐστιν πνευματικη.

- πνευματικ$\boxed{\text{η}}$는 πνευματικο$\boxed{\text{ς}}$(영적인)의 (여성)형용사이다.

⑥ 그녀는 있다　　　(그)성령 안에
⤵　　　　　　　⤵

$\boxed{\text{αὐτη ἐστιν}}$　ἐν $\boxed{\text{τω}}$ $\boxed{\text{πνευματι}}$

　　　　　　　　⇝ αὐτη ἐστιν ἐν τω πνευματι

- πνευματ$\boxed{\text{ι}}$는 ⇝ πνευμα(영)의 여격이다.
- -μα(중성명사/주격어미) ⤳ -μα$\boxed{\text{τι}}$(중성명사/여격어미)
- το(중성명사/주격관사) ⤳ τω(중성명사/여격관사)

⑦ 그것은 있다　　　피(로)
⤵　　　　　　　⤵

$\boxed{\text{αὐτο ἐστιν}}$　αἱ$\boxed{\text{μα}}$　⇝ αὐτο ἐστιν αἱμα.

- αἱμα(피)는 중성명사이다 ⇝ -μα(중성명사/주격어미)

⑧ 그것은 있다　　　생명력 있는(상태로)
⤵　　　　　　　⤵

$\boxed{\text{αὐτο ἐστιν}}$　βιωτικο$\boxed{\text{ν}}$　⇝ αὐτο ἐστιν βιωτικον.

- βιωτικον은 βιωτικος(생명력 있는)의 (중성)형용사이다.
- -ος(남성형용사/주격어미) ⤳ -ον(중성형용사/주격어미)

⑨ 그것은_있다　　　(그)몸 안에
⬇　　　　　　　　⬇

αὐτη ἐστιν　　ἐν τῳ σωματι

⤳ αὐτο ἐστιν ἐν τῳ σωματι.

■ σωματι는 중성명사인 σωμα(몸)의 여격이다.

연습문제(5A)

다음 헬라어 문장을 우리말로 직역하시오(＊답은 다음 페이지에)

①αὐτος ἐστιν ἀνηρ.	⑩αὐτη ἐστιν προφητις.
②αὐτος ἐστιν πλουσιος.	⑪αὐτη ἐστιν πνευματικη.
③αὐτος ἐστιν ἐν πλουτῃ.	⑫αὐτη ἐστιν ἐν τῳ πνευματι.
④αὐτος ἐστιν διδασκαλος.	⑬αὐτο ἐστιν τεκνον.
⑤αὐτος ἐστιν ἠπιος.	⑭αὐτο ἐστιν ὑπηκοον.
⑥αὐτος ἐστιν ἐν δικῃ.	⑮αὐτο ἐστιν ἐν ὑπακοῃ.
⑦αὐτη ἐστιν γυνη.	⑯αὐτο ἐστιν αἱμα.
⑧αὐτη ἐστιν πτωχη.	⑰αὐτο ἐστιν βιωτικον.
⑨αὐτη ἐστιν ἐν ἐλεει.	⑱αὐτο ἐστιν ἐν τῳ σωματι.

연습문제(5B)

다음 우리말을 헬라어로 바꾸시오(*답은 앞 페이지에)

① 그는 있다 남자(남편)로	⑩ 그녀는 있다 여선지자로
② 그는 있다 부유한(상태로)	⑪ 그녀는 있다 영적인(상태로)
③ 그는 있다 부유함 안에	⑫ 그녀는 있다 (그)성령 안에
④ 그는 있다 선생으로	⑬ 그것은 있다 자녀로
⑤ 그는 있다 친절한(상태로)	⑭ 그것은 있다 복종적인(상태로)
⑥ 그는 있다 정의 안에	⑮ 그것은 있다 복종 안에
⑦ 그녀는 있다 여자(아내)로	⑯ 그것은 있다 피로
⑧ 그녀는 있다 가난한(상태로)	⑰ 그것은 있다 생명력 있는(상태로)
⑨ 그녀는 있다 긍휼 안에	⑱ 그것은 있다 (그)몸 안에

제6과
비동사(현재/복수)

1인칭/복수 (우리는 있다) ἡμεις ἐσμεν	3인칭/남성복수 (그들은 있다) αὐτοι εἰσιν
	3인칭/여성복수 (그녀들은 있다) αὐται εἰσιν
2인칭/복수 (너희는 있다) ὑμεις ἐστε	3인칭/중성복수 (그것들은 있다) αὐτα εἰσιν

☐ **우리는 있다(ἡμεις ἐσμεν)**

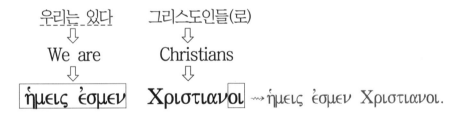

- Χριστιανοι는 남성명사 Χριστιανος(그리스도인)의 복수이다.
- -ος(남성주격/단수어미) ⟶ -οι(남성주격/복수어미)
- ἡμεις ἐσμεν(우리는 있다)를 통으로 묶어서 외우라.

□ 너희는 있다(ὑμεῖς ἐστε)

① 너희는(남성) 있다   신실한(상태로)
   ⇩   ⇩
   You are   faithful
   ⇩   ⇩
   ὑμεῖς ἐστε   πιστοι ⤳ ὑμεῖς ἐστε πιστοι.

■ πιστοι는 (남성)형용사인 πιστος(신실한)의 복수이다.
■ πιστος(신실한)의 어미 -ος가 복수 형태인 -οι로 바뀌었다.
■ 주어가 복수이면 보어인 형용사도 복수가 된다.

② 너희는(남성) 있다   신실한 제자들로
   ⇩   ⇩
   You are   faithful disciples
   ⇩   ⇩
   ὑμεῖς ἐστε   πιστοι μαθηται

                    ⤳ ὑμεῖς ἐστε πιστοι μαθηται.

■ μαθηται는 (남성)명사인 μαθητης(제자)의 복수형태이다.
■ μαθητης(제자)의 어미 -ης가 복수 형태인 -αι로 바뀌었다.
■ 주어가 복수이면 보어인 명사도 복수가 된다.

□ 그들은 있다(αὐτοι εἰσιν)

① 그들은 있다   (그)성령 안에
   ⇩   ⇩
   αὐτοι εἰσιν   ἐν τῳ πνευματι
                    ⤳ αὐτοι εἰσιν ἐν τῳ πνευματι

■ πνευματι는 중성명사 πνευμα(영)의 여격이다.
■ -μα(중성명사/주격어미) ⤳ -ματι(중성명사/여격어미)
■ 전치사 ἐν(안에) 뒤에는 여격명사가 온다
■ 헬라어에서 성령은 관사가 있는 το πνευμα를 쓰지만 전치사 ἐν과 함께
  쓸 때는 관용구로 정관사를 생략한다 : ἐν πνευματι

② 그들은 있다   영적인(상태로)
   ⇩   ⇩
   αὐτοι εἰσιν   πνευματικοι

                       ↝ αὐτοι εἰσιν πνευματικοι

- πνευματικος(신실한)이 (남성/복수)형용사인 πνευματικοι로 바뀌었다.

☐ 그녀들은 있다(αὐται εἰσιν)

① 그녀들은 있다   (그)은혜 안에
   ⇩   ⇩
   αὐται εἰσιν   ἐν τη χαριτι

                  ↝ αὐται εἰσιν ἐν τη χαριτι.

- χαριτι는 여성명사 χαρις의 여격으로 불규칙 변화를 한다.
- τη(여성/여격)관사

② 그녀들은 있다   행복한(상태)로
   ⇩   ⇩
   αὐται εἰσιν   μακαριαι   ↝ αὐται εἰσιν μακαριαι.

- μακαριαι는 형용사 μακαριος(행복한)의 (여성)복수이다
- -ος(남성단수/형용사어미) ↝ -οι(남성복수/형용사어미)
- -α(여성단수/형용사어미) ↝ -αι(여성복수/형용사어미)

☐ 그것들은 있다(αὐτα εἰσιν)

① 그것들은 있다   (그)능력 안에
   ⇩   ⇩
   αὐτα εἰσιν   ἐν τη δυναμει

                ↝ αὐτα εἰσιν ἐν τη δυναμει.

- δυναμει는 여성명사 δυναμις(능력)의 여격으로 불규칙 변화를 한다.

② 그것들은 있다　　능력있는(상태)로
　　　⇩　　　　　　　⇩
$$\boxed{α\dot{υ}τα\ ε\dot{\iota}σιν}\qquad δυνατ\boxed{α}\quad \leadsto\ α\dot{υ}τα\ ε\dot{\iota}σιν\ δυνατα.$$

- δυνατ$\boxed{α}$는 형용사 δυνατ$\boxed{ος}$(능력있는)의 (중성)복수이다.
- -ος(남성단수/형용사어미) ⤑ -οι(남성복수/형용사어미)
- -ον(중성단수/형용사어미) ⤑ -α(중성복수/형용사어미)

□ 예문

① 우리는 있다　　(그)제자들로
　　⇩　　　　　　⇩
$$\boxed{\dot{η}μεις\ \dot{ε}σμεν}\ \boxed{ο\dot{\iota}}\ μαθητα\boxed{\iota}\ \leadsto\ \dot{η}μεις\ \dot{ε}σμεν\ ο\dot{\iota}\ μαθηται.$$

- μαθητα$\boxed{\iota}$는 남성명사 μαθητ$\boxed{ης}$(제자)의 복수이다.
- ης(남성주격/단수어미) ⤑ αι(남성주격/복수어미)
- $\dot{ο}$(남성주격/단수관사) ⤑ ο$\dot{\iota}$(남성주격/복수관사)

② 우리는 있다　　　(그)사도들로
　　⇩　　　　　　　⇩
$$\boxed{\dot{η}μεις\ \dot{ε}σμεν}\quad \boxed{ο\dot{\iota}}\ \dot{α}ποστολ\boxed{οι}$$
$$\leadsto \dot{η}μεις\ \dot{ε}σμεν\ ο\dot{\iota}\ \dot{α}ποστολοι.$$

- $\dot{α}$ποστολ$\boxed{οι}$는 남성명사 $\dot{α}$ποστολ$\boxed{ος}$(사도)의 복수이다.
- -ος(남성주격/단수어미) ⤑ -οι(남성주격/복수어미)

③ 우리는 있다　　　(그)예언자들로
　　⇩　　　　　　　⇩
$$\boxed{\dot{η}μεις\ \dot{ε}σμεν}\quad \boxed{ο\dot{\iota}}\ προφητα\boxed{\iota}$$
$$\leadsto \dot{η}μεις\ \dot{ε}σμεν\ ο\dot{\iota}\ προφηται.$$

- προφητα$\boxed{\iota}$는 남성명사 προφητ$\boxed{ης}$(예언자/선지자)의 복수이다.
- -ης(남성주격/단수어미) ⤑ -αι(남성주격/복수어미)

④우리는 있다　　(그)여자들로

$\Downarrow$　　　　$\Downarrow$

ἡμεις ἐσμεν αἱ γυναικες … ἡμεις ἐσμεν αἱ γυναικες.

- γυναικες는 여성명사 γυνη(여자/아내)의 복수이다.
- γυνη(여자/아내)는 어미가 불규칙변화를 한다.
- 여성(관사) ἡ의 복수형은 αἱ이다.

⑤우리는 있다　　(그)자녀들로

$\Downarrow$　　　　$\Downarrow$

ἡμεις ἐσμεν τα τεκνα … ἡμεις ἐσμεν τα τεκνα.

- 중성(관사) το의 복수형은 τα이다.
- τεκνα는 중성명사 τεκνον(자녀)의 복수이다.

□ 예문

①너희는(남성) 있다　　능력있는(상태로)

$\Downarrow$　　　　$\Downarrow$

ὑμεις ἐστε　　　δυνατοι …ὑμεις ἐστε δυνατοι.

- 형용사 δυνατος(능력있는)가 복수형인 δυνατοι로 바뀌었다 : -ος … -οι
- 주어가 남성(복수)이면 보어인 형용사도 남성(복수)가 온다.

②너희는 있다　　(그)능력있는 선지자들로

$\Downarrow$　　　　$\Downarrow$

ὑμεις ἐστε οἱ δυνατοι προφηται

　　　　… ὑμεις ἐστε οἱ δυνατοι προφηται.

- 형용사 δυνατος(능력있는)가 복수형인 δυνατοι로 바뀌었다 : -ος … -οι
- 명사 προφητης(선지자)가 복수형인 προφηται로 바뀌었다 : -ης … -αι
- 남성단수(관사) ὁ가 복수(관사)인 οἱ로 바뀌었다 : ὁ … οἱ

③너희는(여성) 있다   행복한(상태)
⇓   ⇓
ὑμεις ἐστε   μακαριαι ⤳ ὑμεις ἐστε μακαριαι.

■μακαριαι는 μακαριος(능력있는)의 (여성/복수)형용사이다 : -ος ⤳ -αι
■주어가 여성이면 보어(형용사)도 여성이 온다.

④너희는 있다   (그)행복한 여자들로
⇓   ⇓
ὑμεις ἐστε   αἱ μακαριαι γυναικες

⤳ ἡμεις ἐστε αἱ μακαριαι γυναικες.

■μακαριος(행복한)이 여성복수(형용사) μακαριαι로 바뀌었다 : ος ⤳ οι
■γυναικες는 여성명사 γυνη의 복수형태이며 불규칙변화를 한다.
■여성단수(정관사) ἡ가 복수형인 αι로 바뀌었다 : ἡ ⤳ αἱ

⑤너희는(중성) 있다   복종적인(상태)로
⇓   ⇓
ὑμεις ἐστε   ὑπηκοα ⤳ ἡμεις ἐστε ὑπηκοα.

■ὑπηκοα는 ὑπηκοος(복종적인)의 (중성복수)형용사이다.
  -ος(남성단수/형용사어미) ⤳ -οι(남성복수/형용사어미)
  -ον(중성단수/형용사어미) ⤳ -α(중성복수/형용사어미)
■보어가 중성이므로 주어인 "너희"(ὑμεις)가 중성이라는 것을 알 수 있다.

⑥너희는 있다   (그)복종적인 자녀들로
⇓   ⇓
ὑμεις ἐστε   τα ὑπηκοα τεκνα

⤳ ἡμεις ἐστε τα ὑπηκοα τεκνα.

■ὑπηκοος(행복한)이 (중성/복수)형용사 ὑπηκοα로 바뀌었다 : -ος ⤳ -α
■중성명사 τεκνον(자녀)가 복수형 τεκνα로 바뀌었다 : -ον ⤳ -α
■중성단수주격(관사) το가 복수형인 τα로 바뀌었다 : το ⤳ τα

⑦ 그들은 있다   그리스도 안에
⇩   ⇩

αὐτοι εἰσιν ἐν Χριστῳ ⟶ αὐτοι εἰσιν ἐν Χριστῳ.

⑧ 그들은 있다   거룩한(상태로)
⇩   ⇩

αὐτοι εἰσιν   ἀληθεις ⟶ αὐτοι εἰσιν ἀληθεις.

■ ἀληθης(거룩한)이 (남성복수)형용사인 ἀληθεις로 바뀌었다(불규칙변화)

⑨ 그녀들은 있다   (그)거룩하게 됨 안에
⇩   ⇩

αὐται εἰσιν   ἐν τῳ ἀγιασμῳ

⟶ αὐται εἰσιν ἐν τῳ ἀγισμῳ.

■ ἀγιασμῳ는 남성명사 ἀγιασμος(거룩하게 됨)의 여격이다.
■ ὁ(남성주격/관사) ⟶ τῳ(남성여격/관사)

⑩ 그녀들은 있다   거룩한(상태)로
⇩   ⇩

αὐται εἰσιν   ἀγιαι ⟶ αὐται εἰσιν ἀγιαι.

■ ἀγιαι는 형용사 ἀγιος(거룩한)의 (여성)복수이다
■ α(여성단수/형용사어미) ⟶ αι(여성복수/형용사어미)

⑪ 그것들은 있다   (그)영광 안에
⇩   ⇩

αὐτα εἰσιν ἐν τη δοξη ⟶ αὐτα εἰσιν ἐν τη δοξη.

■ δοξη는 여성명사 δοξα(영광)의 여격이다.

⑫ 그것들은 있다   가치있는(상태)로
⇩   ⇩

αὐτα εἰσιν   ἀξια ⟶ αὐτα εἰσιν ἀξια.

■ ἀξια는 형용사 ἀξιος(가치있는)의 (중성)복수이다 : -α(중성복수/형용사어미)

연습문제(6A)

다음 헬라어 문장을 우리말로 직역하시오(*답은 다음 페이지에)

① ἡμεις ἐσμεν Χριστιανοι.	⑩ ὑμεις ἐστε αἱ μακαριαι γυναικες.
② ἡμεις ἐσμεν οἱ μαθηται.	⑪ ὑμεις ἐστε ὑπηκοα.
③ ἡμεις ἐσμεν οἱ ἀποστολοι.	⑫ ὑμεις ἐστε τα ὑπηκοα τεκνα.
④ ἡμεις ἐσμεν οἱ προφηται.	⑬ αὐτοι εἰσιν ἐν τῳ πνευματι.
⑤ ἡμεις ἐσμεν αἱ γυναικες.	⑭ αὐτοι εἰσιν ἁγιοι.
⑥ ἡμεις ἐσμεν τα τεκνα.	⑮ αὐται εἰσιν ἐν τῃ χαριτι.
⑦ ὑμεις ἐστε πιστοι.	⑯ αὐται εἰσιν μακαριαι.
⑧ ὑμεις ἐστε οἱ πιστοι μαθηται.	⑰ αὐτα εἰσιν ἐν τῃ δυναμει.
⑨ ὑμεις ἐστε μακαριαι.	⑱ αὐτα εἰσιν δυνατα.

연습문제(6B)

다음 우리말을 헬라어로 바꾸시오(*답은 앞 페이지에)

① 우리는 있다 그리스도인들로	⑩ 너희는 있다 (그)행복한 여자들로
② 우리는 있다 (그)제자들로	⑪ 너희는(중성) 있다 복종적인(상태로)
③ 우리는 있다 (그)사도들로	⑫ 너희는 있다 (그)복종적인 자녀들로
④ 우리는 있다 (그)예언자들로	⑬ 그들은 있다 (그)성령 안에
⑤ 우리는 있다 (그)아내들로	⑭ 그들은 있다 거룩한(상태로)
⑥ 우리는 있다 (그)자녀들로	⑮ 그녀들은 있다 (그)은혜 안에
⑦ 너희는(남성) 있다 신실한(상태로)	⑯ 그녀들은 있다 행복한(상태로)
⑧ 너희는 있다 (그)신실한 제자들로	⑰ 그것들은 있다 (그)능력 안에
⑨ 너희는(여성) 있다 행복한(상태로)	⑱ 그것들은 있다 능력있는(상태로)

비동사(과거/단수)

1인칭/단수과거(나는 있었다)
ἐγω ἠμην
2인칭/단수과거(너는 있었다)
συ ἠς
3인칭/단수과거 (그는 있었다/그녀는 있었다/그것은 있었다)
αὐτος ἠν / αὐτη ἠν / αὐτο ἠν

□ 나는 있었다 (ἐγω ἠμην)

① 나는 있었다   그리스도인(으로)
⇩   ⇩
ἐγω ἠμην   Χριστιανος ⇝ ἐγω ἠμην Χριστιανος.

② 나는 있었다   거룩한(상태로)
⇩   ⇩
ἐγω ἠμην   ἀγιος ⇝ ἐγω ἠμην ἀγιος.

③ 나는 있었다   (그)은혜 안에
⇩   ⇩
ἐγω ἠμην   ἐν τῃ χαριτι

⇝ ἐγω ἠμην ἐν τῃ χαριτι.

- χαριτι는 여성명사 χαρις의 여격으로 불규칙 변화를 한다.
- η(여성주격/관사) ⇝ τῃ(여성여격/관사)

□ 너는 있었다 (συ ἦς)

① 너는 있었다   제자(로)
⬇   ⬇
συ ἦς   μαθητης   ⤳ συ ἦς μαθητης.

② 너는 있었다   신실한(상태로)
⬇   ⬇
συ ἦς   πιστος   ⤳ συ ἦς πιστος.

③ 너는 있었다   (그)믿음 안에
⬇   ⬇
συ ἦς   ἐν τη πιστει ⤳ συ ἦς ἐν τη πιστει.

■ πιστει는 여성명사 πιστις(믿음) 여격이며 불규칙 변화를 한다.
■ τη는 여성명사(여격관사)이다.

□ 그는 있었다 (αὐτος ἦν)

① 그는 있었다   사도(로)
⬇   ⬇
αὐτος ἦν   ἀποστολος ⤳ αὐτος ἦν ἀποστολος.

② 그는 있었다   진실한(상태로)
⬇   ⬇
αὐτος ἦν   ἀληθης   ⤳ αὐτος ἦν ἀληθης.

■ ἀληθης(진실한)는 불규칙변화를 하는 형용사(단수)로 남성과 여성이 같다.

③ 그는 있었다   (그)진리 안에
⬇   ⬇
αὐτος ἦν   ἐν τη ἀληθεια

⤳ αὐτος ἦν ἐν τη ἀληθεια.

□ 그녀는 있었다 (αὐτη ἠν)

① 그녀는_ 있었다   아내(로)
   ⇩   ⇩
   | αὐτη ἠν | | γυνη | ⤳ αὐτη ἠν γυνη.

② 그녀는_ 있었다   행복한(상태로)
   ⇩   ⇩
   | αὐτη ἠν | | μακαρια | ⤳ αὐτη ἠν μακαρια.

   ■ μακαρια(행복한)은 (여성)형용사이다 : -α(여성형용사/어미)

③ 그는_ 있었다   기쁨 안에
   ⇩   ⇩
   | αὐτη ἠν | ἐν | τη | χαρα | ⤳ αὐτη ἠν ἐν τη χαρα.

   ■ χαρα는 여성명사 χαρα(기쁨)의 여격이다 : -α(여성명사/여격어미)

□ 그것은 있었다 (αὐτο ἠν)

① 그것은_ 있었다   자녀(로)
   ⇩   ⇩
   | αὐτο ἠν | | τεκνον | ⤳ αὐτο ἠν τεκον.

   ■ τεκνον(자녀)는 (중성)명사이다 : -ον(중성명사/어미)

② 그것은_ 있었다   복종적인(상태로)
   ⇩   ⇩
   | αὐτο ἠν | | ὑπηκοον | ⤳ αὐτο ἠν ὑπηκοον.

   ■ ὑπηκοον(복종적인)은 (중성)형용사이다 : -ον(중성형용사/어미)

③ 그것은_ 있었다   복종 안에
   ⇩   ⇩
   | αὐτο ἠν | ἐν | ὑπακοη | ⤳ αὐτο ἠν ἐν ὑπακοη.

   ■ ὑπακοη는 여성명사 ὑπακοη(복종)의 여격이다 : -η(여성명사/여격어미)

연습문제(7A)

다음 헬라어 문장을 우리말로 직역하시오 (*답은 다음 페이지에)

①ἐγω ἠμην Χριστιανος.	⑨αὐτος ἠν ἐν τη ἀληθεια.
②ἐγω ἠμην ἀγιος.	⑩αὐτη ἠν γυνη.
③ἐγω ἠμην ἐν τη χαριτι.	⑪αὐτη ἠν μακαρια.
④συ ἠς μαθητης.	⑫αὐτη ἠν ἐν τη χαρα.
⑤συ ἠς πιστος.	⑬αὐτο ἠν τεκνον.
⑥συ ἠς ἐν τη πιστει.	⑭αὐτο ἠν ὑπηκοον.
⑦αὐτος ἠν ἀποστολος.	⑮αὐτο ἠν ἐν ὑπακοη.
⑧αὐτος ἠν ἀληθης.	⑯αὐτο ἠν ἐν τω πνευματι.

연습문제(7B)

다음 우리말을 헬라어로 바꾸시오(*답은 앞 페이지에)

① 나는 있었다 그리스도인으로	⑨ 그는 있었다 (그)진리 안에
② 나는 있었다 거룩한 상태로	⑩ 그녀는 있었다 아내로
③ 나는 있었다 (그)은혜 안에	⑪ 그녀는 있었다 행복한(상태로)
④ 너는 있었다 제자로	⑫ 그녀는 있었다 (그)기쁨 안에
⑤ 너는 있었다 신실한(상태로)	⑬ 그것은 있었다 자녀로
⑥ 너는 있었다 (그)믿음 안에	⑭ 그것은 있었다 순종적인(상태로)
⑦ 그는 있었다 사도로	⑮ 그것은 있었다 순종 안에
⑧ 그는 있었다 진실한(상태로)	⑯ 그것은 있었다 (그)성령 안에

제**8**과

비동사(과거/복수)

1인칭/복수과거(우리는 있었다)
ἡμεῖς ἦμεν
2인칭/복수과거(너희는 있었다)
ὑμεῖς ἦτε
3인칭/복수과거 (그들은 있었다/그녀들은 있었다/그것들은 있었다)
αὐτοι ἦσαν / αὐται ἦσαν / αὐτα ἦσαν

☐ 우리는 있었다 (ἡμεῖς ἦμεν)

① 우리는 있었다   그리스도인들(로)
   ⇩   ⇩

ἡμεῖς ἦμεν Χριστιανοι ⤳ ἡμεῖς ἦμεν Χριστιανοι.

■ Χριστιανοι (그리스도인들)는 남성명사(복수)이다 : -οι (남성명사/복수어미)

② 우리는 있었다   거룩한(상태로)
   ⇩   ⇩

ἡμεῖς ἦμεν   ἁγιοι ⤳ ἡμεῖς ἦμεν ἁγιοι.

■ ἁγιοι (거룩한)은 남성형용사(복수)이다 : -οι (남성형용사/복수어미)

③ 우리는 있었다   (그)은혜 안에
   ⇩   ⇩

ἡμεῖς ἦμεν ἐν τη χαριτι

                    ⤳ ἡμεῖς ἦμεν ἐν τη χαριτι.

■ χαριτι 는 여성명사 χαρις (은혜)의 여격으로 불규칙 변화를 한다.

□ 너희는 있었다 (ὑμεις ἦτε)

① 너희는 있었다　제자들(로)
⇓　　　　⇓
ὑμεις ἦτε　μαθηται ⟶ ὑμεις ἦτε μαθηται.

■μαθηται는 남성명사 μαθητης(제자)의 복수이다 : -ης ⟶ -αι

② 너희는 있었다　신실한(상태로)
⇓　　　　⇓
ὑμεις ἦτε　πιστοι ⟶ ὑμεις ἦτε πιστοι.

■πιστοι는 형용사 πιστος(신실한) 남성(복수)형태이다 : -ος ⟶ -οι

③ 너희는 있었다　(그)믿음 안에
⇓　　　　⇓
ὑμεις ἦτε　ἐν τῃ πιστει ⟶ ὑμεις ἦτε ἐν τῃ πιστει.

■πιστει는 여성명사 πιστις(믿음)의 여격이다(불규칙 변형)

□ 그들은 있었다 (αὐτοι ἦσαν)

① 그들은 있었다　사도들(로)
⇓　　　　⇓
αὐτοι ἦσαν　ἀποστολοι ⟶ αὐτοι ἦσαν ἀποστολοι.

■ἀποστολοι는 남성명사 ἀποστολος(사도)의 복수이다 : -ος ⟶ -οι

② 그들은 있었다　진실한(상태로)
⇓　　　　⇓
αὐτοι ἦσαν　ἀληθεις ⟶ αὐτοι ἦσαν ἀληθεις.

■ἀληθεις는 ἀληθης(진실한)의 남성복수(형용사)이다(불규칙 변화)

③ 그들은 있었다   (그)진리 안에
⬇   ⬇

$$\boxed{\alpha\dot{\upsilon}\tau o\iota \ \dot{\eta}\sigma\alpha\nu} \ \dot{\epsilon}\nu \ \boxed{\tau\eta} \ \dot{\alpha}\lambda\eta\theta\epsilon\iota\underline{\alpha}$$

⤳ $\alpha\dot{\upsilon}\tau o\iota \ \dot{\eta}\sigma\alpha\nu \ \dot{\epsilon}\nu \ \tau\eta \ \dot{\alpha}\lambda\eta\theta\epsilon\iota\alpha.$

■$\dot{\alpha}\lambda\eta\theta\epsilon\iota\underline{\alpha}$는 여성명사 $\dot{\alpha}\lambda\eta\theta\epsilon\iota\alpha$(진리)의 여격이다 : $-\alpha$ ⤳ $-\underline{\alpha}$

☐ 그녀들은 있었다 ($\alpha\dot{\upsilon}\tau\alpha\iota \ \dot{\eta}\sigma\alpha\nu$)

① 그녀들은 있었다   아내들(로)
⬇   ⬇

$$\boxed{\alpha\dot{\upsilon}\tau\alpha\iota \ \dot{\eta}\sigma\alpha\nu} \ \ \gamma\upsilon\nu\alpha\iota\kappa\boxed{\epsilon\varsigma}$$ ⤳ $\alpha\dot{\upsilon}\tau\alpha\iota \ \dot{\eta}\sigma\alpha\nu \ \gamma\upsilon\nu\alpha\iota\kappa\epsilon\varsigma.$

■$\gamma\upsilon\nu\alpha\iota\kappa\boxed{\epsilon\varsigma}$는 여성명사 $\gamma\upsilon\nu\boxed{\eta}$(아내/여자)의 복수이다(불규칙 변형)

② 그녀들은 있었다   행복한(상태로)
⬇   ⬇

$$\boxed{\alpha\dot{\upsilon}\tau\alpha\iota \ \dot{\eta}\sigma\alpha\nu} \ \ \mu\alpha\kappa\alpha\rho\iota\boxed{\alpha\iota}$$

■$\mu\alpha\kappa\alpha\rho\iota\boxed{\alpha\iota}$는 형용사 $\mu\alpha\kappa\alpha\rho\iota\boxed{o\varsigma}$(행복한)의 여성복수이다.
■$-\alpha\varsigma$(여성단수/형용사어미) ⤳ $-\alpha\iota$(여성복수/형용사어미)

③ 그녀들은 있었다   기쁨 안에
⬇   ⬇

$$\boxed{\alpha\dot{\upsilon}\tau\alpha\iota \ \dot{\eta}\sigma\alpha\nu} \ \ \dot{\epsilon}\nu \ \chi\alpha\rho\boxed{\alpha}$$ ⤳ $\alpha\dot{\upsilon}\tau\alpha\iota \ \dot{\eta}\sigma\alpha\nu \ \dot{\epsilon}\nu \ \chi\alpha\rho\alpha.$

■$\chi\alpha\rho\boxed{\alpha}$는 여성명사 $\chi\alpha\rho\boxed{\alpha}$(기쁨)의 여격이다.

☐ $\alpha\dot{\upsilon}\tau\alpha \ \dot{\eta}\sigma\alpha\nu$ (그것들은 있었다)

① 그것들은 있었다   자녀들(로)
⬇   ⬇

$$\boxed{\alpha\dot{\upsilon}\tau\alpha \ \dot{\eta}\sigma\alpha\nu} \ \ \tau\epsilon\kappa\nu\boxed{\alpha}$$ ⤳ $\alpha\dot{\upsilon}\tau\alpha \ \dot{\eta}\sigma\alpha\nu \ \tau\epsilon\kappa\nu\alpha.$

■$\tau\epsilon\kappa\nu\boxed{\alpha}$는 중성명사 $\tau\epsilon\kappa\nu\boxed{o\nu}$(자녀)의 복수이다.

② 그것들은 있었다   복종적인(상태로)
   ⇓   ⇓

   $\overline{α\mathring{υ}τα\ \mathring{η}σαν}$ $\overline{\mathring{υ}πηκοα}$ ⇢ $α\mathring{υ}τα\ \mathring{η}σαν\ \mathring{υ}πηκοα.$

- $\mathring{υ}πηκοα$는 형용사 $\mathring{υ}πηκοος$(복종적인)의 중성복수이다.

③ 그것들은 있었다   순종 안에
   ⇓   ⇓

   $\overline{α\mathring{υ}τα\ \mathring{η}σαν}$ $\mathring{ε}ν\ \mathring{υ}πακοη$

                      ⇢ $α\mathring{υ}τα\ \mathring{η}σαν\ \mathring{η}ν\ \mathring{ε}ν\ \mathring{υ}πακοη.$

- $\mathring{υ}πακοη$ 는 여성명사 $\mathring{υ}πακοη$(순종)의 여격이다.

연습문제(8A)

다음 헬라어 문장을 우리말로 직역하시오(*답은 다음 페이지에)

①ἡμεῖς ἡμεν Χριστιανοι.	⑨αὐτοι ἡσαν ἐν τῃ ἀληθειᾳ.
②ἡμεῖς ἡμεν ἁγιοι.	⑩αὐται ἡσαν γυναικες.
③ἡμεῖς ἡμεν ἐν τῃ χαριτι.	⑪αὐται ἡσαν μακαριαι.
④ὑμεῖς ἡτε μαθηται.	⑫αὐται ἡσαν ἐν τῃ χαρᾳ.
⑤ὑμεῖς ἡτε πιστοι.	⑬αὐτα ἡσαν τεκνα.
⑥ὑμεῖς ἡτε ἐν τῃ πιστει.	⑭αὐτα ἡσαν ὑπηκοα.
⑦αὐτοι ἡσαν ἀποστολοι.	⑮αὐτα ἡσαν ἐν ὑπακοῃ.
⑧αὐτοι ἡσαν ἀληθεις.	⑯αὐτα ἡσαν ἐν Χριστῳ.

연습문제(8B)

다음 우리말을 헬라어로 바꾸시오(*답은 앞 페이지에)

①우리들은 있었다 그리스도인들로	⑨그들은 있었다 (그)진리 안에
②우리들은 있었다 거룩한(상태로)	⑩그녀들은 있었다 아내들로
③우리들은 있었다 (그)은혜 안에	⑪그녀들은 있었다 행복한(상태로)
④너희들은 있었다 제자들로	⑫그녀들은 있었다 (그)기쁨 안에
⑤너희들은 있었다 신실한(상태로)	⑬그것들은 있었다 자녀들로
⑥너희들은 있었다 (그)믿음 안에	⑭그것들은 있었다 순종적인(상태로)
⑦그들은 있었다 사도들로	⑮그것들은 있었다 순종 안에
⑧그들은 있었다 진실한(상태로)	⑯그것들은 있었다 그리스도 안에

{제2장}

일반동사(구문)

현재동사(단수)

(나는)믿는다	(나는)준다	(나는)기도한다
πιστευω	διδωμι	προσευχομαι

■ 헬라어 현재동사(단수)는 어미가 -ω와 -ωμι와 -ομαι 세 가지 형태가 있다.

☐ 어미가 -ω인 동사의 어미

1인칭(단수) (나는) ~한다	2인칭(단수) (너는) ~한다	3인칭(단수) (그는) ~한다
-ω	-εις	-ει

■ πιστευω(믿는다)

①(나는)믿는다 ⇨ πιστευω

②(너는)믿는다 ⇨ πιστευεις

③(그는)믿는다 ⇨ πιστευει

☐ 어미가 -ωμι로 끝나는 동사의 어미

1인칭(단수) (나는) ~한다	2인칭(단수) (너는) ~한다	3인칭(단수) (그는) ~한다
-ωμι	-ως	-ωσιν

■ δίδωμι (준다)

①(나는)준다 ⇨ δίδ**ωμι**

　■ -ωμι동사는 -ω동사의 고대 형태이다.

②(너는)준다 ⇨ διδ**ως**

③(그는)준다 ⇨ διδ**ωσιν**

■ ἵστημι (서있다)

①(나는)서있다 ⇨ ἵστ**ημι**

　■ -ημι는 -ωμι의 변형이다.

②(너는)서있다 ⇨ ἵστ**ης**

③(그는)서있다 ⇨ ἵστ**ησιν**

□ **어미가 -ομαι로 끝나는 동사**

1인칭(단수) (나는) ~한다	2인칭(단수) (너는) ~한다	3인칭(단수) (그는) ~한다
-ομαι	-εσαι	-εται

■ προσευχομαι (기도하다)

①(나는)기도한다 ⇨ προσευχ**ομαι**

　■ -ομαι동사는 디포넌트 동사로 형태상으로는 중간태이지만
　　의미상으로는 능동태이다.
　■ 디포넌트 동사에는 주어의 강한 의지가 들어있다.
　■ '기도하다'가 디포넌트 동사인 것은 기도는 의지를 써서 하기 때문이다.

②(너는)기도한다 ⇨ προσευχεσαι

③(그는)기도한다 ⇨ προσευχεται

□ **신약성경에서 자주 사용되는 동사 30**

헬라어 동사의 기본형은 일반적으로 1인칭 동사를 사용한다.

① ἀκουω 듣다 ⟶ (나는)듣는다

② διδωμι 주다 ⟶ (나는)준다

③ γινωσκω 알다 ⟶ (나는)안다

④ ἐχω 갖다(갖고 있다) ⟶ (나는)갖고있다

⑤ θελω 할거다 ⟶ (나는)할거다

⑥ ἀποκρινομαι 대답하다 ⟶ (나는)대답한다

⑦ γινομαι 되다 ⟶ (나는)된다

⑧ λαλεω 말하다 ⟶ (나는)말한다

⑨ λαμβανω 받다 ⟶ (나는)받는다

⑩ λεγω 이야기하다 ⟶ (나는)이야기한다

⑪ πιστευω 믿다 ⟶ (나는)믿는다

⑫ ποιεω 행하다 ⟶ (나는)행한다

⑬ δυναμαι 할 수 있다 ⟶ (나는)할 수 있다

⑭ ἐρχομαι 오다 ⟶ (나는)온다

⑮ ζαω 살다 ⟶ ζω(나는)살고 있다

⑯ ζητεω 찾다(추구하다) ⟶ (나는)찾는다

⑰ ἱστημι 서다 ⟶ (나는)서있다

⑱ βλεπω 바라보다 ⋯→ (나는)바라본다

⑲ γραφω 쓰다(기록하다) ⋯→ (나는)기록한다

⑳ καλεω 부르다 ⋯→ (나는)부른다

㉑ κρινω 판단하다 ⋯→ (나는)판단한다

㉒ μενω 머무르다 ⋯→ (나는)머무른다

㉓ παρακαλεω 권면하다 ⋯→ (나는)권면한다

㉔ σωζω 구원하다 ⋯→ (나는)구원한다

㉕ τιθημι 두다(놓다) ⋯→ (나는)둔다

㉖ ἀνιστημι 위에 세우다 ⋯→ (나는)위에 세운다

㉗ ἀκολουθεω 따라가다 ⋯→ (나는)따라간다

㉘ ἀναβαινω 오르다(올라가다) ⋯→ (나는)오른다

㉙ ἀρχω 지배하다(통치하다) ⋯→ (나는)지배한다

㉚ βαπτιζω 세례주다 ⋯→ (나는)세례준다

연습문제(9A)

다음 헬라어를 우리말로 직역하시오(*답은 다음 페이지에)

① ἀκουω	⑬ προσευχεται
② πιστευω	⑭ ἀκουει
③ ἀποκρινομαι	⑮ ἱστης
④ διδωμι	⑯ διδωσιν
⑤ προσευχομαι	⑰ ἱστησιν
⑥ διδως	⑱ ἀποκρινεται
⑦ πιστευεις	⑲ βλεπω
⑧ ἀποκρινεσαι	⑳ τιθημι
⑨ προσευχεσαι	㉑ βλεπεις
⑩ ἀκουεις	㉒ τιθης
⑪ πιστευει	㉓ βλεπει
⑫ ἱστημι	㉔ τιθησιν

㉕ ἔρχομαι	㊳ ἀνιστησιν
㉖ ποιεω	㊴ ποιεις
㉗ ἀκολουθεω	㊵ παρακαλεω
㉘ δυναμαι	㊶ δυνασαι
㉙ ποιει	㊷ γινομαι
㉚ ἔρχεσαι	㊸ καλει
㉛ ἀκολουθεις	㊹ παρακαλει
㉜ ἀνιστημι	㊺ γινεται
㉝ ἔρχεται	㊻ καλεις
㉞ ἀκολουθει	㊼ παρακαλεις
㉟ ἀνιστης	㊽ γινεσαι
㊱ δυναται	㊾ γινωσκεις
㊲ καλεω	㊿ γινωσκει

연습문제(9B)

다음 우리말을 헬라어로 바꾸시오(*답은 앞 페이지에)

①(나는)듣는다	⑬(그는)기도한다
②(나는)믿는다	⑭(그는)듣는다
③(나는)대답한다	⑮(너는)서있다
④(나는)준다	⑯(그는)준다
⑤(나는)기도한다	⑰(그는)서있다
⑥(너는)준다	⑱(그는)대답한다
⑦(너는)믿는다	⑲(나는)바라본다
⑧(너는)대답한다	⑳(나는)둔다
⑨(너는)기도한다	㉑(너는)바라본다
⑩(너는)듣는다	㉒(너는)둔다
⑪(그는)믿는다	㉓(그는)바라본다
⑫(나는)서있다	㉔(그는)둔다

㉕(나는)온다	㊳(그는)위에 서있다
㉖(나는)행한다	㊴(너는)행한다
㉗(나는)따라간다	㊵(나는)권면한다
㉘(나는)할 수 있다	㊶(너는)할 수 있다
㉙(그는)행한다	㊷(나는)된다
㉚(너는)온다	㊸(그는)부른다
㉛(너는)따라간다	㊹(그는)권면한다
㉜(나는)위에 서있다	㊺(그는)된다
㉝(그는)온다	㊻(너는)부른다
㉞(그는)따라간다	㊼(너는)권면한다
㉟(너는)위에 서있다	㊽(너는)된다
㊱(그는)할 수 있다	㊾(너는)안다
㊲(나는)부른다	㊿(그는)안다

목적격(명사)

(그)하나님을	(그)여자를	(그)자녀를
τον θεον	την γυνην	το τεκνον

- 중성명사는 주격과 목적격이 같다 : το τεκνον(그 자녀는/그 자녀를)

☐ 헬라어 목적어

① 남성단수(목적격)의 어미 : -ον 또는 -ην

(규칙변화)

τον θεον (그)하나님을

τον λογον (그)말씀을

τον Ἰησουν (그)예수님을

τον ἀδελφον (그)형제를

τον μαθητην (그)제자를

(불규칙변화)

τον ἀνδρα (그)남자를

τον πατερα (그)아버지를

τον βασιλεα (그)왕을

- 명사(목적격)불규칙 변화는 어미가 -α로 끝날 때가 많이 있다.
- 많이 사용되는 명사들의 어미가 불규칙 변화를 한다.

② 여성단수(목적격)의 어미 : -ην 또는 -αν

(규칙변화)

την γυνην   (그)여자를

την ζωην   (그)생명을

την καρδιαν   (그)마음을

την φωνην   (그)음성을

την ψυχην   (그)혼을

την ἀγαπην   (그)사랑을

την ἀληθειαν   (그)진리를

την ἀμαρτιαν   (그)죄를

την δοξαν   (그)영광을

(불규칙변화)

την πιστιν   (그)믿음을

την χαριτα   (그)은혜를

την σαρκα   (그)육신을

την μητερα   (그)어머니를

■ 불규칙변화를 하는 여성명사도 어미가 -α로 끝나는 단어들이 많다.

③중성단수(목적격)의 어미 : -μα 또는 -ον

■ 중성명사는 주격과 목적격이 동일하다.

(규칙변화)

το πνευμα (그)영을

το ὀνομα (그)이름을

το σημειον (그)표적을

το αἱμα (그)피를

το τεκνον (그)자녀를

το στομα (그)입을

το παιδιον (그)유아를

το σαββατον (그)안식일을

το ῥημα (그)전해진 말을

(불규칙변화)

το ὀρος (그)경계를

το πυρ (그)불을

το φως (그)빛을

το ἑτος (그)연을/(그)해를

■ 불규칙변형을 하는 중성명사는 어미가 ς나 ρ로 끝나는 단어들이 많이 있다.

연습문제(10A)

다음 헬라어를 우리말로 직역하시오(*답은 다음 페이지에)

① τον θεον	⑪ την καρδιαν
② τον λογον	⑫ την φωνην
③ τον Ἰησουν	⑬ την ψυχην
④ τον ἀδελφον	⑭ την ἀγαπην
⑤ τον μαθητην	⑮ την ἀληθειαν
⑥ τον ἀνδρα	⑯ την ἁμαρτιαν
⑦ τον πατερα	⑰ την δοξαν
⑧ τον βασιλεα	⑱ την πιστιν
⑨ την γυνην	⑲ την χαριτα
⑩ την ζωην	⑳ την σαρκα

㉑ την μητερα	㉘ το παιδιον (목적어)
㉒ το πνευμα (목적어)	㉙ το σαββατον (목적어)
㉓ το ὀνομα (목적어)	㉚ το ῥημα (목적어)
㉔ το σημειον (목적어)	㉛ το ὀρος (목적어)
㉕ το αἱμα (목적어)	㉜ το πυρ (목적어)
㉖ το τεκνον (목적어)	㉝ το φως (목적어)
㉗ το στομα (목적어)	㉞ το ἑτος (목적어)

연습문제(10B)

다음 우리말을 헬라어로 바꾸시오(*답은 앞 페이지에)

①(그)하나님을	⑪(그)마음을
②(그)말씀을	⑫(그)음성을
③(그)예수님을	⑬(그)혼을
④(그)형제를	⑭(그)사랑을
⑤(그)제자를	⑮(그)진리를
⑥(그)남편을(남자를)	⑯(그)죄를
⑦(그)아버지를	⑰(그)영광을
⑧(그)왕을	⑱(그)믿음을
⑨(그)아내를(여자를)	⑲(그)은혜를
⑩(그)생명을	⑳(그)육신을

㉑(그)어머니를	㉘(그)유아를
㉒(그)영을	㉙(그)안식일을
㉓(그)이름을	㉚(그)전해진 말을
㉔(그)표적을	㉛(그)경계를
㉕(그)피를	㉜(그)불을
㉖(그)자녀를	㉝(그)빛을
㉗(그)입을	㉞(그)연을(해를)

제11과

(단수/주어)동사 + 목적어(단수)

헬라어는 동사 안에 주어가 대명사 형태로 들어있으므로 대명사로 시작하는 주어는 생략하지만, 간혹 주어를 강조하기 위해 사용하기도 한다.

☐ 동사 + 목적어

■ (동사+목적어)는 헬라어 문장의 일반적 형태이다.

①(나는)믿는다   (그)하나님을
⇓   ⇓
πιστευω   τον θεον ⤳ πιστευω τον θεον.

②(너는)믿는다   (그)하나님을
⇓   ⇓
πιστευεις   τον θεον ⤳ πιστευεις τον θεον.

③(그는)믿는다   (그)하나님을
⇓   ⇓
πιστευει   τον θεον ⤳ πιστευει τον θεον.

☐ 목적어 + 동사

■ 헬라어는 어순이 바뀌어도 의미가 통하므로 강조를 위해 종종 어순이 바뀐다.

①(그)하나님을   (나는)믿는다
⇓   ⇓
τον θεον   πιστευω ⤳ τον θεον πιστευω.

■ 강조를 위해 목적어를 문장의 맨 앞에 두었다.

②(그)하나님을   (너는)믿는다
⇓   ⇓
[τον] θεον   πιστευεις ⇢ τον θεον πιστευεις.

③(그)하나님을   (그는)믿는다
⇓   ⇓
[τον] θεον   πιστευει ⇢ τον θεον πιστευει.

□ 대명사(주어) + 목적어 + 동사

■ 주어를 강조하기 위해 대명사를 사용할 때가 있다.

① 나는   (나는)믿는다   (그)하나님을
⇓   ⇓   ⇓
ἐγω   πιστευω   [τον] θεον
⇢ ἐγω πιστευω τον θεον.

② 너는   (너는)믿는다   (그)하나님을
⇓   ⇓   ⇓
συ   πιστευεις   [τον] θεον
⇢ συ πιστευεις τον θεον.

③ 그는   (그는)믿는다   (그)하나님을
⇓   ⇓   ⇓
αὐτος   πιστευει   [τον] θεον
⇢ αὐτος πιστευει τον θεον.

④ 그녀는   (그녀는)믿는다   (그)하나님을
⇓   ⇓   ⇓
αὐτη   πιστευει   [τον] θεον
⇢ αὐτη πιστευει τον θεον.

□ 대명사(주어) +고유명사 + 목적어 + 동사

■ 주어를 강조하기 위해 대명사와 고유명사를 함께 사용할 때도 있다.

①나 바울은   (그는)믿는다   (그)하나님을
  ⇩   ⇩

ἐγω Παυλος   πιστευει   τον θεον

            ⤳ἐγω Παυλος πιστευει τον θεον.

②너 바울은   (그는)믿는다   (그)하나님을
  ⇩   ⇩   ⇩

συ Παυλος   πιστευει   τον θεον

            ⤳συ Παυλος πιστευει τον θεον.

③바울 그 자신은   (그는)믿는다   (그)하나님을
    ⇩   ⇩   ⇩

Παυλος αὐτος   πιστευει   τον θεον

          ⤳Παυλος αὐτος πιστευει τον θεον.

④마리아 그녀 자신은   (그녀는)믿는다   (그)하나님을
    ⇩   ⇩   ⇩

Μαρια αὐτη   πιστευει   τον θεον

          ⤳Μαρια αὐτη πιστευει τον θεον.

□ 예문

① (나는)안다   (그)아버지를
⇩   ⇩

γινωσκω   τον πατερα ⤳ γινωσκω τον πατερα.

② (나는)준다   (그)사랑을
⇩   ⇩

διδωμι   την ἀγαπην ⤳ διδωμι την ἀγαπην.

③ (나는)대답한다   (그)예수님에게
⇩   ⇩

ἀποκρινομαι   τον Ἰησουν

⤳ ἀποκρινομαι τον Ἰησουν.

④ (너는)안다   (그)아버지를
⇩   ⇩

γινωσκεις   τον πατερα ⤳ γινωσκεις τον πατερα.

⑤ (너는)준다   (그)사랑을
⇩   ⇩

διδως   την ἀγαπην ⤳ διδως την ἀγαπην.

⑥ (너는)대답한다   (그)예수님에게
⇩   ⇩

ἀποκρινεσαι   τον Ιησουν

⤳ ἀποκρινοσαι τον Ἰησουν.

⑦ (그는)안다   (그)아버지를
⇩   ⇩

γινωσκει   τον πατερα ⤳ γινωσκει τον πατερα.

⑧(그는)준다   (그)사랑을
    ⇩   ⇩

διδωσιν   την   ἀγαπην ⤳ διδωσιν την ἀγαπην.

⑨(그는)대답한다   (그)예수님에게
     ⇩   ⇩

ἀποκρινεται   τον   Ιησουν

                 ⤳ ἀποκρινοται τον Ἰησουν.

⑩(나는)바라본다 (그)주님을
   ⇩   ⇩

βλεπω   τον   κυριον ⤳ βλεπω τον κυριον.

⑪(나는)둔다   (그)진리를
   ⇩   ⇩

τιθημι   την   ἀληθειαν ⤳ τιθημι την ἀληθειαν.

⑫(나는)할 수 있다 (그)사역을
    ⇩   ⇩

δυναμαι   το   ἐργον ⤳ δυναμαι το ἐργον.

⑬(너는)바라본다   (그)주님을
    ⇩   ⇩

βλεπεις   τον   κυριον ⤳ βλεπεις τον κυριον.

⑭(너는)둔다   (그)진리를
   ⇩   ⇩

τιθης   την   ἀληθειαν ⤳ τιθης την ἀληθειαν.

⑮(너는)할 수 있다 (그)사역을
    ⇩   ⇩

δυνασαι   το   ἐργον ⤳ δυναμαι το ἐργον.

⑯(그는)바라본다 (그)주님을
⇩   ⇩
βλεπει τον κυριον ⤳ βλεπει τον κυριον.

⑰(그는)듣다   (그)진리를
⇩   ⇩
τιθησιν την ἀληθειαν ⤳ τιθησιν την αληθειαν.

⑱(그는)할 수 있다 (그)사역을
⇩   ⇩
δυναται   το ἑργον ⤳ δυναται το ἑργον.

⑲나 바울은   (그는)기록한다   (그)말씀을
⇩   ⇩   ⇩
ἑγω Παυλος γραφει   τον λογον

⤳ ἑγω Παυλος γραφει τον λογον.

⑳마리아 그녀 자신은 (그녀는)듣는다   (그)음성을
⇩   ⇩   ⇩
Μαρια αὐτη   ἀκουει   την φωνην

⤳ Μαρια αὐτη ἀκουει την φπνην.

연습문제(11A)

다음 헬라어 문장을 우리말로 직역하시오(*답은 앞 페이지에)

① γινωσκω τον πατερα.	⑪ τιθημι την ἀληθειαν.
② διδωμι την ἀγαπην.	⑫ δυναμαι το ἐργον.
③ ἀποκρινομαι τον Ἰησουν.	⑬ βλεπεις τον κυριον.
④ γινωσκεις τον πατερα.	⑭ τιθης την ἀληθειαν.
⑤ διδως την ἀγαπην.	⑮ δυνασαι το ἐργον.
⑥ ἀποκρινεσαι τον Ἰησουν.	⑯ βλεπει τον κυριον.
⑦ γινωσκει τον πατερα.	⑰ τιθησιν την ἀληθειαν.
⑧ διδωσιν την ἀγαπην.	⑱ δυναται το ἐργον.
⑨ ἀποκρινεται τον Ἰησουν.	⑲ ἐγω Παυλος γραφει τον λογον.
⑩ βλεπω τον κυριον.	⑳ Μαρια αὐτη ἀκουει την φωνην.

연습문제(11B)
다음 우리말을 헬라어로 바꾸시오(*답은 다음 페이지에)

①(나는)안다 (그)아버지를	⑪(나는)둔다 (그)진리를
②(나는)준다 (그)사랑을	⑫(나는)할 수 있다 (그)사역을
③(나는)대답한다 (그)예수님에게	⑬(너는)바라본다 (그)주님을
④(너는)안다 (그)아버지를	⑭(너는)둔다 (그)진리를
⑤(너는)준다 (그)사랑을	⑮(너는)할 수 있다 (그)사역을
⑥(너는)대답한다 (그)예수님에게	⑯(그는)바라본다 (그)주님을
⑦(그는)안다 (그)아버지를	⑰(그는)둔다 (그)진리를
⑧(그는)준다 (그)사랑을	⑱(그는)할 수 있다 (그)사역을
⑨(그는)대답한다 (그)예수님에게	⑲나 바울은 기록한다 (그)말씀을
⑩(나는)바라본다 (그)주님을	⑳마리아 그녀 자신은 듣는다 (그)음성을

동사 + 주어(단수) + 목적어(단수)

(그는)사랑한다 (그)형제는 (그)자매를
ἀγαπᾳ ὁ ἀδελφος την ἀδελφην

■ 일반적으로 헬라어의 어순은 ①동사 ②주어 ③목적어의 순서를 갖지만 어순을 따르지 않고 강조하는 것을 맨 앞에 둘 때가 종종 있다.

☐ 단수명사 주격과 목적격의 어미변화 비교

남성(단수)어미	여성(단수)어미	중성(단수)어미
ος(주격)···▸ον(목적격)	η(주격)···▸ην(목적격)	ον(주격)···▸ον(목적격)
ης(주격)···▸ην(목적격)	α(주격)···▸αν(목적격)	μα(주격)···▸μα(목적격)

①(그는)사랑한다　(그)형제는　　(그)자매를

⟶ ἀγαπᾳ ὁ ἀθελφος την ἀθελφην.

■ ἀγπᾳ의 기본형은 ἀγαπαω(사랑하다)로 불규칙 변화를 한다.

②(그는)가르친다　(그)선생은　　　(그)제자를

⟶ διδασκει ὁ διδασκαλος τον μαθητην.

③(그는)듣는다   (그)마리아는   (그)음성을
  ↓   ↓   ↓
ἀκουει   ἡ Μαρια   την φωνην

→ ἀκουει ἡ Μαρια την φωνην.

④(그는)판단한다   (그)남자는   (그)바울을
  ↓   ↓   ↓
κρινει   ὁ ἀνηρ   τον Παυλον

→ κρινει ὁ ἀνηρ τον Παυλον.

■ 남성명사 ἀνηρ(남자/남편)는 어미가 불규칙 변화를 한다.

⑤(그는)안다   (그)주님은   (그)남자를
  ↓   ↓   ↓
γινωσκει   ὁ κυριος   τον ἀνδρα

→ γινωσκει ὁ κυριος τον ἀνδρα.

⑥(그는)부른다   (그)왕은   (그)아내를
  ↓   ↓   ↓
καλει   ὁ βασιλευς   την γυνην

→ καλει ὁ βασιλευς την γυνην.

■ 남성명사 βασιλευς(왕)은 어미가 불규칙변화의 형태를 띤다.

⑦(그는)여쭌다   (그)아내는   (그)왕에게
  ↓   ↓   ↓
αἰτει   ἡ γυνη   τον βασιλεα

→ αἰτει ἡ γυνη τον βασιλεα.

⑧(그는)복음을 전한다   (그)베드로는   (그)사람에게
  ↓   ↓   ↓
εὐαγγελιζει   ὁ Πετρος   τον ἀνθρωπον

→ εὐαγγελιζει ὁ Πετρος τον ἀνθρωπον.

⑨(그는)감사한다   (그)사람은   (그)베드로에게
⬇   ⬇   ⬇
εὐχαριστει   ὁ ἀνθρωπος   τον Πετρον

    ⇝ εὐχαριστει ὁ ἀνθρωπος τον Πετρον.

⑩(그는)준다   (그)어머니는   (그)사랑을
⬇   ⬇   ⬇
διδωσιν   ἡ μητηρ   την ἀγαπην

    ⇝ διδωσιν ἡ μητηρ την αγαπην.

⑪(그는)갖는다   (그)자녀는   (그)소망을
⬇   ⬇   ⬇
ἐχει   το τεκνον   την ἐλπιδα

    ⇝ ἐχει το τεκνον την ἐλπιδα.

⑫(그는)기뻐한다   (그)바울은   (그)복음을
⬇   ⬇   ⬇
χαιρει   ὁ Παυλος   το εὐαγγελιον

    ⇝ χαιρει ὁ Παυλος το εὐαγγελιον.

⑬(그는)기록한다   (그)마가는   (그)말씀을
⬇   ⬇   ⬇
γραφει   ὁ Μαρκος   τον λογον

    ⇝ γραφει ὁ Μαρκος τον λογον.

⑭(그는)물어본다   (그)유대인은   (그)예언자에게
⬇   ⬇   ⬇
ἐρωτα   ὁ Ἰουδαιος   τον προφητην

    ⇝ ἐρωτα ὁ Ἰουδαιος τον προφητην.

■ ἐρωτα의 기본형은 ἐρωταω(물어보다)로 불규칙 변화를 한다.

⑮(그는)말한다　(그)예언자는　(그)유대인에게
　↓　　　　　↓　　　　　↓
λαλει　ὁ προφητης　τον Ιουδαιον

　⇝ λαλει ὁ προφητης τον Ιουδαιον.

⑯(그는)소망한다　(그)안나는　(그)은혜를
　↓　　　　　↓　　　　↓
ἐλπιζει　ἡ ᾽Αννα　την χαριτα

　⇝ ἐλπιζει ἡ ᾽Αννα την χαριτα.

⑰(그는)구원한다　(그)예수님은　(그)이방인을
　↓　　　　　↓　　　　　↓
σωζει　ὁ ᾽Ιησους　το ἐθνος

　⇝ σωζει ὁ ᾽Ιησους το ἐθνος.

⑱(그는)믿는다　(그)이방인은　(그)예수님을
　↓　　　　↓　　　　↓
πιστευει　το ἐθνος　τον ᾽Ιησουν

　⇝ πιστευει το ἐθνος τον ᾽Ιησουν.

⑲(그는)찾는다　(그)아버지는　(그)아들을
　↓　　　　↓　　　　↓
ζητει　ὁ πατηρ　τον υἱον

　⇝ ζητει ὁ πατηρ τον υἱον.

⑳(그는)발견한다　(그)아들은　(그)아버지를
　↓　　　　　↓　　　　↓
εὑρισκει　ὁ υἱος　τον πατερα

　⇝ εὑρισκει ὁ υἱος τον πατερα.

연습문제(12A)

다음 헬라어 문장을 우리말로 직역하시오(*답은 다음 페이지에)

①ἀκουει ἡ Μαρια την φωνην.

②ἀγαπα ὁ ἀδελφος την ἀδελφην.

③διδασκει ὁ διδασκαλος τον μαθητην.

④κρινει ὁ ἀνηρ τον Παυλον.

⑤γινωσκει ὁ κυριος τον ἀνδρα.

⑥καλει ὁ βασιλευς την γυνην.

⑦αἰτει ἡ γυνη τον βασιλεα.

⑧εὐαγγελιζει ὁ Πετρος τον ἀνθρωπον.

⑨εὐχαριστει ὁ ἀνθρωπος τον Πετρον.

⑩διδωσιν ἡ μητηρ την ἀγαπην.

⑪ἔχει το τεκνον την ἐλπιδα.

⑫χαιρει ὁ Παυλος το εὐαγγελιον.

⑬γραφει ὁ Μαρκος τον λογον.

⑭ἐρωτᾳ ὁ Ἰουδαιος τον προφητην.

⑮λαλει ὁ προφητης τον Ιουδαιον.

⑯ἐλπιζει ἡ Ἀννα την χαριτα.

⑰σωζει ὁ Ἰησους το ἐθνος.

⑱πιστευει το ἐθνος τον Ἰησουν.

⑲ζητει ὁ πατηρ τον υἱον.

⑳εὑρισκει ὁ υἱος τον πατερα.

연습문제(12B)

다음 우리말을 헬라어로 바꾸시오(*답은 앞 페이지에)

①(그는)듣는다 (그)마리아는 (그)음성을.

②(그는)사랑한다 (그)형제는 (그)자매를.

③(그는)가르친다 (그)선생은 (그)제자를.

④(그는)판단한다 (그)남자는 (그)바울을.

⑤(그는)안다 (그)주님은 (그)남자를.

⑥(그는)부른다 (그)왕은 (그)아내를.

⑦(그는)여쭌다 (그)아내는 (그)왕에게.

⑧(그는)복음을 전한다 (그)베드로는 (그)사람에게.

⑨(그는)감사한다 (그)사람은 (그)베드로에게.

⑩(그는)준다 (그)어머니는 (그)사랑을.

⑪(그는)갖고있다 (그)자녀는 (그)소망을.
⑫(그는)기뻐한다 (그)바울은 (그)복음을.
⑬(그는)기록한다 (그)마가는 (그)말씀을.
⑭(그는)묻는다 (그)유대인은 (그)예언자에게.
⑮(그는)말한다 (그)예언자는 (그)유대인에게.
⑯(그는)소망한다 (그)안나는 (그)은혜를.
⑰(그는)구원한다 (그)예수는 (그)이방인을.
⑱(그는)믿는다 (그)이방인은 (그)예수를.
⑲(그는)찾는다 (그)아버지는 (그)아들을.
⑳(그는)발견한다 (그)아들은 (그)아버지를.

제13과

(복수/주어)동사 + 목적어(단수)

☐ 어미가 -ω로 끝나는 동사의 복수형 어미

1인칭 (복수)어미	2인칭 (복수)어미	3인칭 (복수)어미
-ομεν	-ετε	-ουσιν

■ πιστευω (나는)믿는다

①(우리는)믿는다 ⇨ πιστευομεν

②(너희는)믿는다 ⇨ πιστευετε

③(그들은)믿는다 ⇨ πιστευουσιν

☐ 어미가 -ωμι로 끝나는 동사의 복수형 어미

1인칭 (복수)	2인칭 (복수)	3인칭 (복수)
-ομεν	-οτε	-οασιν

■ διδωμι (나는)준다

①(우리는)준다 ⇨ διδομεν

②(너희는)준다 ⇨ διδοτε

③(그들은)준다 ⇨ διδοασιν

■ -ω로 끝나는 동사와 -ωμι로 끝나는 동사의 복수형 어미 변화에는 공통점이 있다

  ομεν → ομεν   ετε → οτε   ουσιν → οασιν

☐ 어미가 -ομαι로 끝나는 동사의 복수형 어미

1인칭(복수)어미	2인칭(복수)어미	3인칭(복수)어미
-ομεθα	-εσθε	-ονται

■ προσευχ**ομαι** (나는)기도한다

①(우리는)기도한다 ⇨ προσευχ**ομεθα**

②(너희는)기도한다 ⇨ προσευχ**εσθε**

③(그들은)기도한다 ⇨ προσευχ**ονται**

☐ 예문

①(우리는)안다　　(그)아버지를

γινωσκ**ομεν**　　**τον** πατερ**α** ⤳ γινωσκομεν τον πατερα.

②(너희는)안다　　(그)아버지를

γινωσκ**ετε**　　**τον** πατερ**α** ⤳ γινωσκετε τον πατερα.

③(그들은)안다　　(그)아버지를

γινωσκ**ουσιν**　　**τον** πατερ**α** ⤳ γινωσκουσιν τον πατερα.

④(우리는)준다　　(그)사랑을

διδ**ομεν**　　**την** ἀγαπ**ην** ⤳ διδομεν την ἀγαπην.

⑤(너희는)준다　　(그)사랑을

διδ**οτε**　　**την** ἀγαπ**ην** ⤳ διδοτε την ἀγαπην.

⑥(그들은)준다   (그)사랑을

διδοασιν   την ἀγαπην ⟿ διδοασιν την ἀγαπην.

⑦(우리는)대답한다   (그)진리 안에서

ἀποκρινομεθα ἐν τη ἀληθεια
⟿ ἀποκρινομεθα ἐν τη ἀληθεια.

⑧(너희는)대답한다   (그)진리 안에서

ἀποκρινεσθε ἐν τη ἀληθεια
⟿ ἀποκρινοσθε ἐν τη ἀληθεια.

⑨(그들은)대답한다   (그)진리 안에서

ἀποκρινονται ἐν τη ἀληθεια
⟿ ἀποκρινονται τη ἀληθεια.

⑩(우리는)바라본다 (그)주님을

βλεπομεν τον κυριον ⟿ βλεπομεν τον κυριον.

⑪(너희는)바라본다 (그)주님을

βλεπετε   τον κυριον ⟿ βλεπετε τον κυριον.

⑫(그들은)바라본다 (그)주님을

βλεπουσιν τον κυριον ⟿ βλεπουσιν τον κυριον.

⑬(우리는)서있다   그리스도 안에

ἱσταμεν   ἐν Χριστω ⟿ ἱσταμεν ἐν Χριστω.

⑭(너희는) 서있다   그리스도 안에
$\Downarrow$ $\Downarrow$

ἱστατε   ἑν Χριστῳ ⟿ ἱστατε ἑν Χριστῳ.

⑮(그들은)서있다   그리스도 안에
$\Downarrow$ $\Downarrow$

ἱστασιν   ἑν Χριστῳ ⟿ ἱστασιν ἑν Χριστῳ.

⑯(우리는)할 수 있다   (그)사역을
$\Downarrow$ $\Downarrow$

δυναμεθα   το ἑργον ⟿ δυναμεθα το ἑργον.

⑰(너희는)할 수 있다   (그)사역을
$\Downarrow$ $\Downarrow$

δυνασθε   το ἑργον ⟿ δυνασθε το ἑργον.

⑱(그들은)할 수 있다   (그)사역을
$\Downarrow$ $\Downarrow$

δυνανται   το ἑργον ⟿ δυνανται το ἑργον.

⑲우리 사도들은   (그들은)쓴다   (그)말씀을
$\Downarrow$ $\Downarrow$ $\Downarrow$

ἡμεις ἀποστολοι γραφουσιν   τον λογον

⟿ ἡμεις ἀποστολοι γραφουσιν τον λογον.

⑳(그)여자들 (그녀)자신들은   듣는다   (그)음성을
$\Downarrow$ $\Downarrow$ $\Downarrow$

αἱ γυναικες αὑται ἀκουουσιν   την φωνην

⟿ αἱ γυναικες αὑται ἀκουουσιν την φωνην.

연습문제(13A)

다음 헬라어 문장을 우리말로 직역하시오(*답은 다음 페이지에)

① γινωσκομεν τον πατερα.	⑪ βλεπετε τον κυριον.
② γινωσκετε τον πατερα.	⑫ βλεπουσιν τον κυριον.
③ γινωσκουσιν τον πατερα.	⑬ ἱσταμεν ἐν Χριστῳ.
④ διδομεν την ἀγαπην.	⑭ ἱστατε ἐν Χριστῳ.
⑤ διδοτε την ἀγαπην.	⑮ ἱστασιν ἐν Χριστῳ.
⑥ διδοασιν την ἀγαπην.	⑯ δυναμεθα το ἐργον.
⑦ ἀποκρινομεθα ἐν τη ἀληθειᾳ.	⑰ δυνασθε το ἐργον.
⑧ ἀποκρινεσθε ἐν τη ἀληθειᾳ.	⑱ δυνανται το ἐργον.
⑨ ἀποκρινονται ἐν τη ἀληθειᾳ.	⑲ ἡμεις ἀποστολοι γραφουσιν τον λογον.
⑩ βλεπομεν τον κυριον.	⑳ αἱ γυναικες αὐται ἀκουουσιν την φωνην.

연습문제(13B)

다음 우리말을 헬라어로 바꾸시오(*답은 앞 페이지에)

①(우리는)안다 (그)아버지를	⑪(너희는)바라본다 (그)주님을
②(너희는)안다 (그)아버지를	⑫(그들은)바라본다 (그)주님을
③(그들은)안다 (그)아버지를	⑬(우리는)서 있다 그리스도 안에
④(우리는)준다 (그)사랑을	⑭(너희는)서 있다 그리스도 안에
⑤(너희는)준다 (그)사랑을	⑮(그들은)서 있다 그리스도 안에
⑥(그들은)준다 (그)사랑을	⑯(우리는)할 수 있다 (그)사역을
⑦(우리는)대답한다 (그)진리 안에서	⑰(너희는)할 수 있다 (그)사역을
⑧(너희는)대답한다 (그)진리 안에서	⑱(그들은)할 수 있다 (그)사역을
⑨(그들은)대답한다 (그)진리 안에서	⑲우리 사도들은 (그들은)쓴다 (그)말씀을
⑩(우리는)바라본다 (그)주님을	⑳(그)여자들 그녀(자신)들은 (그들은)듣는다 (그)음성을

제14과

동사 + 주어 + 목적어(단수/대명사)

1인칭	2인칭	3인칭		
나를 με (ἐμε)	너를 σε	그를 αὐτον	그녀를 αὐτην	그것을 αὐτο

■ 헬라어에서는 동사 다음에 주어가 오지만 원칙은 아니다. 어순이 바뀔 수도 있다.

①(그는)사랑한다　(그)하나님은　　나를
　　⇩　　　　　　　⇩　　　　　　⇩
　　ἀγαπα　　　　ὁ θεος　　　　με ⤳ ἀγαπα ὁ θεος με.

■ με는 ἐμε(나를)의 단축형이다. 성경에는 με가 ἐμε보다 더 많이 사용된다.

②(그는)신뢰한다　　(그)예수님은　　너를
　　⇩　　　　　　　⇩　　　　　　⇩
　　πιστευει　　　ὁ Ἰησους　　σε
　　　　　　　　　　　⤳ πιστευει ὁ Ἰησους σε.

③(그는)이야기한다　(그)여자는　　그에게
　　⇩　　　　　　　⇩　　　　　⇩
　　λεγει　　　　ἡ γυνη　　αὐτον
　　　　　　　　　　⤳ λεγει ἡ γυνη αὐτον.

④(그는)말한다　(그)남자는　　그녀에게
　　⇩　　　　　⇩　　　　　⇩
　　λαλει　　ὁ ἀνηρ　　αὐτην
　　　　　　　　⤳ λαλει ὁ ἀνηρ αὐτην.

⑤(그는)갖고있다　(그)자녀는　　그것을
　　⇩　　　　　　⇩　　　　　⇩
　　ἐχει　　　το τεκνον　αὐτο
　　　　　　　　⤳ ἐχει το τεκνον αὐτο.

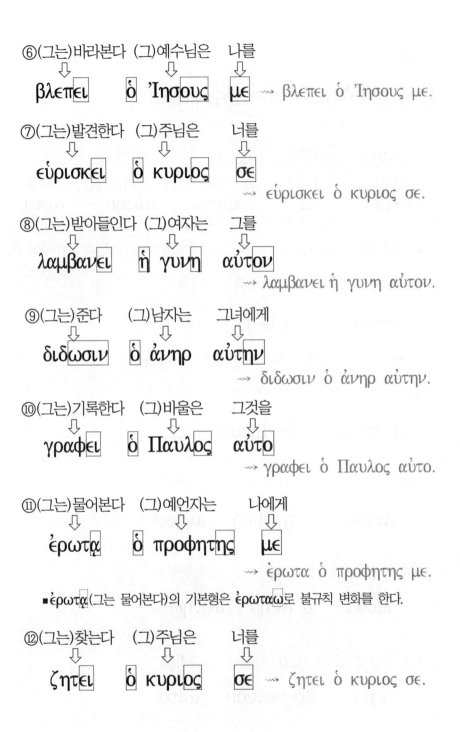

⑥(그는)바라본다 (그)예수님은   나를

βλεπει   ὁ Ἰησους   με ⤳ βλεπει ὁ Ἰησους με.

⑦(그는)발견한다 (그)주님은   너를

εὑρισκει   ὁ κυριος   σε

⤳ εὑρισκει ὁ κυριος σε.

⑧(그는)받아들인다 (그)여자는   그를

λαμβανει   ἡ γυνη   αὑτον

⤳ λαμβανει ἡ γυνη αὑτον.

⑨(그는)준다 (그)남자는   그녀에게

διδωσιν   ὁ ἀνηρ   αὑτην

⤳ διδωσιν ὁ ἀνηρ αὑτην.

⑩(그는)기록한다 (그)바울은   그것을

γραφει   ὁ Παυλος   αὑτο

⤳ γραφει ὁ Παυλος αὑτο.

⑪(그는)물어본다 (그)예언자는   나에게

ἐρωτα   ὁ προφητης   με

⤳ ἐρωτα ὁ προφητης με.

■ἐρωτα(그는 물어본다)의 기본형은 ἐρωταω로 불규칙 변화를 한다.

⑫(그는)찾는다 (그)주님은   너를

ζητει   ὁ κυριος   σε ⤳ ζητει ὁ κυριος σε.

⑬ (그는)여쭌다　(그)제자는　그에게
↓　　　↓　　　↓
αἰτει ο μαθητης αὐτον　--→ αἰτει ὁ μαθητης αὐτον.

⑭ (그는)가르친다　(그)선생은　그녀를
↓　　　　↓　　　　↓
διδασκει ὁ διδασκαλος αὐτην
--→ διδασκει ὁ διδασκαλος αὐτην

⑮ (그는)받는다　(그)마리아는　그것을
↓　　　↓　　　↓
λαμβανει ἡ Μαρια αὐτο
--→ λαμβανει ἡ Μαρια αὐτο.

⑯ (그는)판단한다　(그)사람은　나를
↓　　　↓　　　↓
κρινει ὁ ἀνθρωπος με　--→ κρινει ὁ ἀνθρωπος με.

⑰ (그는)안다　(그)종은　너를
↓　　　↓　　↓
γινωσκει ὁ δουλος σε　--→ γινωσκει ὁ δουλος σε.

⑱ (그는)부른다　(그)왕은　그녀를
↓　　　↓　　↓
καλει ὁ βασιλευς αὐτην　--→ καλει ὁ βασιλευς αὐτην.

⑲ (그는)구원한다　(그)하나님은　그를
↓　　　↓　　↓
σωζει ὁ θεος αὐτον
--→ σωζει ὁ θεος αὐτον.

⑳ (그는)감사한다　(그)남자는　그것을
↓　　　↓　　↓
εὐχαριστει ὁ ἀνηρ αὐτο
--→ εὐχαριστει ὁ ἀνηρ αὐτο.

연습문제(14A)

다음 헬라어 문장을 우리말로 직역하시오(*답은 다음 페이지에)

① ἀγαπᾷ ὁ θεος με.	⑪ ἐρωτᾷ ὁ προφητης με.
② πιστευει ὁ Ἰησους σε.	⑫ ζητει ὁ κυριος σε.
③ λεγει ἡ γυνη αὐτον.	⑬ αἰτει ὁ μαθητης αὐτον.
④ λαλει ὁ ἀνηρ αὐτην.	⑭ διδασκει ὁ διδασκαλος αὐτην.
⑤ ἐχει το τεκνον αὐτο.	⑮ λαμβανει ἡ Μαρια αὐτο.
⑥ βλεπει ὁ Ἰησους με.	⑯ κρινει ὁ ἀνθρωπος με.
⑦ εὑρισκει ὁ κυριος σε.	⑰ γινωσκει ὁ δουλος σε.
⑧ ἀγαπᾷ ἡ γυνη αὐτον.	⑱ καλει ὁ βασιλευς αὐτην.
⑨ διδωσιν ὁ ἀνηρ αὐτην.	⑲ σωζει ὁ θεος αὐτων.
⑩ γραφει ὁ Παυλος αὐτο.	⑳ εὐχαριστει ὁ ἀνηρ αὐτο.

연습문제(14B)

다음 우리말을 헬라어로 바꾸시오(*답은 앞 페이지에)

①(그는)사랑한다 (그)하나님은 나를	⑪(그는)물어본다 (그)예언자는 나에게
②(그는)신뢰한다 (그)예수님은 너를	⑫(그는)찾는다 (그)주님은 너를
③(그는)이야기한다 (그)여자는 그에게	⑬(그는)여쭌다 (그)제자는 그에게
④(그는)말한다 (그)남자는 그녀에게	⑭(그는)가르친다 (그)선생은 그녀를
⑤(그는)갖고있다 (그)자녀는 그것을	⑮(그는)받는다 (그)마리아는 그것을
⑥(그는)바라본다 (그)예수님은 나를	⑯(그는)판단한다 (그)사람은 나를
⑦(그는)발견한다 (그)주님은 너를	⑰(그는)안다 (그)종은 너를
⑧(그는)사랑한다 (그)여자는 그를	⑱(그는)부른다 (그)왕은 그녀를
⑨(그는)준다 (그)남자는 그녀에게	⑲(그는)구원한다 (그)하나님은 그를
⑩(그는)기록한다 (그)바울은 그것을	⑳(그는)감사한다 (그)남자는 그것을

동사 + 주어 + 목적어(복수/대명사)

1인칭	2인칭	3인칭		
우리를 ἡμας	너희를 ὑμας	그들을 αὐτους	그녀들을 αὐτας	그것들을 αὐτα

①(그는)사랑한다　(그)하나님은　우리를

ἀγαπᾳ　　ὁ θεος　　ἡμας　⟶ ἀγαπᾳ ὁ θεος ἡμας.

②(그는)믿는다　　(그)왕은　　너희를

πιστευει　ὁ βασιλευς　ὑμας

⟶ πιστευει ὁ βασιλευς ὑμας.

③(그는)이야기한다　(그)주님은　그들에게

λεγει　　ὁ κυριος　αὐτους

⟶ λεγει ὁ κυριος αὐτους.

④(그들은)말한다　(그)남자들은　그녀들에게

λαλουσιν　οἱ ἀνδρες　αὐτας

⟶ λαλουσιν οἱ ἀνδρες αὐτας.

⑤(그는)갖고있다　(그)자녀는　그것들을

ἐκει　　το τεκνον　αὐτα

⟶ ἐκει το τεκνον αὐτα.

⑥(그는)바라본다 (그)예수님은 우리를

βλεπει ὁ Ἰησους ἡμας ⤳ βλεπει ὁ Ἰησους ἡμας.

⑦(그는)발견한다 (그)주님은 너희를

εὑρισκει ὁ κυριος ὑμας ⤳ εὑρισκει ὁ κυριος ὑμας.

⑧(그는)듣는다 (그)여자는 그들을

ἀκουει ἡ γυνη αὐτους ⤳ ἀκουει ἡ γυνη αὐτους.

⑨(그들은)준다 (그)남자들은 그녀들에게

διδοασιν οἱ ἀνδρα αὐτας

⤳ διδοασιν οἱ ἀνδρα αὐτας.

⑩(그는)기록한다 (그)바울은 그것들을

γραπει ὁ Παυλος αὐτα ⤳ γραπει ὁ Παυλος αὐτα.

⑪(그는)물어본다 (그)예언자는 우리들에게

ἐρωτα ὁ προφητης ἡμας

⤳ ἐρωτα ὁ προφητης ἡμας.

■ ἐρωτα의 기본형은 ἐρωταω(물어보다)로 불규칙 변화를 한다.

⑫(그는)찾는다 (그)주님은 너희를

ζητει ὁ κυριος ὑμας ⤳ ζητει ὁ κυριος ὑμας.

⑬(그들은)여쭌다 (그)제자들은 그들에게

αἰτουσιν οἱ μαθηται αὐτους

⤳ αἰτουσιν οἱ μαθηται αὐτους.

⑭(그는)가르친다　　(그)선생은　　　그녀들을
　　　↓　　　　　　　↓　　　　　　　↓
διδασκει **ὁ διδασκαλος** **αὐτας**

⤳ διδασκει ὁ διδασκαλος αὐτας.

⑮(그는)받는다　　(그)마리아는　　그것들을
　　　↓　　　　　　↓　　　　　　↓
λαμβανει **ἡ Μαρια** **αὐτα**

⤳ λαμβανει ἡ Μαρια αὐτα.

⑯(그들은)판단한다　　(그)사람들은　　　우리를
　　　↓　　　　　　　↓　　　　　　↓
κρινουσιν **οἱ ἀνθρωποι** **ἡμας**

⤳ κρινουσιν οἱ ἀνθρωποι ἡμας.

⑰(그는)안다　　(그)예수님은　너희를
　　　↓　　　　　↓　　　　↓
γινωσκει **ὁ Ἰησους** **ὑμας** ⤳ γινωσκει ὁ Ἰησους ὑμας.

⑱(그는)부른다　　(그)왕은　　　그들을
　　　↓　　　　　↓　　　　↓
καλει **ὁ βασιλευς** **αὐτους**

⤳ καλει ὁ βασιλευς αὐτους.

⑲(그는)구원한다　(그)하나님은　그녀들을
　　　↓　　　　　↓　　　　↓
σωζει **ὁ θεος** **αὐτας** ⤳σωζει ὁ Ἰησους αὐτας.

⑳(그들은)감사한다　　(그)여자들은　　그것들을
　　　↓　　　　　　　↓　　　　　↓
εὐχαριστουσιν **αἱ γυναικες** **αὐτα**

⤳ εὐχαριστουσιν αἱ γυναικες αὐτα.

연습문제(15A)

다음 헬라어 문장을 우리말로 직역하시오(*답은 다음 페이지에)

① ἀγαπᾳ ὁ θεος ἡμας.	⑪ ἐρωτᾳ ὁ προφητης ἡμας.
② πιστευει ὁ βασιλευς ὑμας.	⑫ ζητει ὁ κυριος ὑμας.
③ λεγει ὁ κυριος αὐτους.	⑬ αἰτουσιν οἱ μαθηται αὐτους.
④ λαλουσιν οἱ ἀνδρες αὐτας.	⑭ διδασκει ὁ διδασκαλος αὐτας.
⑤ ἐκει το τεκνον αὐτα.	⑮ λαμβανει ἡ Μαρια αὐτα.
⑥ βλεπει ὁ Ἰησους ἡμας.	⑯ κρινουσιν οἱ ἀνθρωποι ἡμας.
⑦ εὑρισκει ὁ κυριος ὑμας.	⑰ γινωσκει ὁ Ἰησους ὑμας.
⑧ ἀκουει ἡ γυνη αὐτους.	⑱ καλει ὁ βασιλευς αὐτους.
⑨ διδοασιν οἱ ἀνδρα αὐτας.	⑲ σωζει ὁ θεος αὐτας.
⑩ γραπει ὁ Παυλος αὐτα.	⑳ εὐχαριστουσιν αἱ γυναικες αὐτα.

연습문제(15B)

다음 우리말을 헬라어로 바꾸시오(*답은 앞 페이지에)

①(그는)사랑한다 (그)하나님은 우리를	⑪(그는)물어본다 (그)예언자는 우리에게
②(그는)믿는다 (그)왕은 너희를.	⑫(그는)찾는다 (그)주님은 너희를.
③(그는)이야기한다 (그)주님은 그들에게	⑬(그들은)여쭌다 (그)제자들은 그들에게
④(그들은)말한다 (그)남자들은 그녀들에게	⑭(그는)가르친다 (그)선생은 그녀들을
⑤(그는)갖고있다 (그)자녀는 그것들을.	⑮(그는)받는다 (그)마리아는 그것들을.
⑥(그는)바라본다 (그)예수님은 우리를	⑯(그들은)판단한다 (그)사람들은 우리를
⑦(그는)발견한다 (그)주님은 너희를.	⑰(그는)안다 (그)예수님은 너희를.
⑧(그는)듣는다 (그)여자는 그들을.	⑱(그는)부른다 (그)왕은 그들을.
⑨(그들은)준다 (그)남자들은 그녀들에게	⑲(그는)구원한다 (그)하나님은 그녀들을
⑩(그는)기록한다 (그)바울은 그것들을	⑳(그들은)감사한다 (그)여자들은 그것들을

동사 + 주어(복수) + 목적어(복수)

□ 복수명사 주격과 목적격의 어미변화

남성(복수)어미	여성(복수)어미	중성(복수)어미
οι(주격)⋯→ ους(목적격)	αι(주격) ⋯→ ας(목적격)	α(주격)⋯→ α(목적격)
αι(주격)⋯→ ας(목적격)		ματα(주격) ⋯→ ματα(목적격)

■중성명사(복수)는 주격과 목적격이 같다.

①(그들은)사랑한다   (그)형제들은   (그)자매들을

ἀγαπωσιν   οἱ ἀδελφοι   τας ἀδελφας

⋯→ ἀγαπωσιν οἱ ἀδελφοι τας ἀδελφας.

②(그들은)가르친다   (그)선생들은   (그)제자들을

διδασκουσιν   οἱ διδασκαλοι   τους μαθητας.

⋯→ διδασκουσιν οἱ διδασκαλοι τους μαθητας.

③(그들은)듣는다   (그)자녀들은   (그)음성들을

ἀκουουσιν   τα τεκνα   τας φωνας

⋯→ ἀκουουσιν τα τεκνα τας φωνας.

④(그들은)판단한다　　(그)남자들은　　(그)자녀들을
↓　　　　　　　↓　　　　　　↓
κρινουσιν　οἱ ἀνδρες　τα τεκνα

⤳ κρινουσιν οἱ ἀνδρες τα τεκνα.

■ἀνδρες(남자들은)의 기본형은 ἀνηρ(남자)로 불규칙변형을 한다.

⑤(그들은)안다　　　(그)사도들은　　　(그)남자들을
↓　　　　　　↓　　　　　　↓
γινωσκουσιν　οἱ ἀποστολοι　τους ἀνδρας

⤳ γινωσκουσιν οἱ ἀποστολοι τους ἀνδρας.

■ἀνδρας(남자들을)의 기본형은 ἀνηρ(남자)로 불규칙변형을 한다.

⑥(그들은)부른다　　(그)사람들은　　　(그)사도들을
↓　　　　　　↓　　　　　　↓
καλουσιν　οἱ ἀνθρωποι　τους ἀποστολους

⤳ καλουσιν οἱ ἀνθρωποι τους ἀποστολους.

⑦(그들은)여쭌다　　(그)여자들은　　　(그)왕들에게
↓　　　　　　↓　　　　　　↓
αἰτουσιν　αἱ γυναικες　τους βασιλεις

⤳ αἰτεουσιν αἱ γυναικες τους βασιλεις.

■γυναικες(여자들은)의 기본형은 여성명사인 γυνη(여자)로 불규칙변형이다.
■βασιλεις(왕들을)의 기본형은 남성명사인 βασιλευς(왕)으로 불규칙변형이다.

⑧(그들은)복음을 전한다　(그)제자들은　　(그)사람들에게
↓　　　　　　　　↓　　　　　　↓
εὐαγγελιζουσιν　οἱ μαθηται　τους ἀνθρωπους

⤳ εὐαγγελιζουσιν οἱ μαθηται τους ἀνθρωπους.

⑨(그들은)감사한다　　(그)사람들은　　　(그)제자들에게
↓　　　　　　↓　　　　　　↓
εὐχαριστουσιν　οἱ ἀνθρωποι　τους μαθητας

⤳ εὐχαριστουσιν οἱ ἀνθρωποι τους ματητας.

⑩(그들은)준다   (그)어머니들은   (그)빵들을
⬇   ⬇   ⬇
διδοαιν   αἱ μητερες   τους ἀρτους

⤳ διδοασιν αἱ μητερες τους ἀρτους.

■ μητερες(어머니들은)은 μητηρ(어머니)의 복수형으로 불규칙변형이다.

⑪(그들은)받는다   (그)자녀들은   (그)은사들을
⬇   ⬇   ⬇
λαμβανουσιν   τα τεκνα   τα χαρισματα

⤳ λαμβανουσιν τα τεκνα τα χαρισματα.

■ χαρισματα의 기본형은 중성명사인 χαρισμα(은사)이다.

⑫(그들은)기뻐한다   (그)여종들은   (그)선물들을
⬇   ⬇   ⬇
χαιρουσιν   αἱ δουλαι   τα δωρα

⤳ χαιρουσιν αἱ δουλαι τα δωρα.

■ δωρα의 기본형은 중성명사인 δωρον(선물)이다.

⑬(그들은)죽인다   (그)마귀들은   (그)몸들을
⬇   ⬇   ⬇
ἀποκτεινουσιν   οἱ διαβολοι   τα σωματα

⤳ἀποκτεινουσιν οἱ διαβολοι τα σωματα.

⑭(그들은)물어본다   (그)유대인들은   (그)예언자들에게
⬇   ⬇   ⬇
ἐρωτουσιν   οἱ Ἰουδαιοι   τους προφητας

⤳ ἐρωτουσιν οἱ Ἰουδαιοι τους προφητας.

⑮(그들은)말한다   (그)예언자들은   (그)유대인들에게
⬇   ⬇   ⬇
λαλουσιν   οἱ προφηται   τους Ιουδαιους

⤳ λαλουσιν οἱ προφηται τους Ιουδαιους.

⑯(그들은)갖고있다　　(그)왕들은　　　(그)권세들을
　　⇩　　　　　　⇩　　　　　　⇩
έχουσιν　οἱ βασιλεις　τας έξουσιας

⤳ έχουσιν οἱ βασιλεις τας ἐξουσιας.

- βασελεις의 기본형은 βασελα(왕)으로 어미가 불규칙 변형을 한다.
- βασελεις(왕들)은 주격과 목적격이 같다 - βασελεις(왕들은/왕들을)

⑰(그들은)구원한다　　(그)기독교인들은　　(그)이방인들을
　　⇩　　　　　　⇩　　　　　　⇩
σωζουσιν　οἱ χριστιανοι　τα έθνη

⤳ σωζουσιν οἱ χριστιανοι τα έθνη.

- έθνος(이방인)는 어미가 남성명사처럼 보이지만 중성명사이다.
- έθνη(이방인들을)은 중성명사 έθνος(이방인)의 목적격복수로 불규칙변형이다.

⑱(그들은)믿는다　　(그)이방인들은　　(그)사도들을
　　⇩　　　　　　⇩　　　　　　⇩
πιστευουσιν　τα έθνη　τους άποστολους

⤳ πιστευουσιν τα έθνη τους άποστολους.

- έθνη의 기본형은 중성명사인 έθνος(이방인)으로 어미가 불규칙변형을 한다.
- 중성명사는 주격과 목적격이 동일하다 : τα έθνη(이방인들은/이방인들을)

⑲(그들은)찾는다　　(그)아버지들은　　(그)아들들을
　　⇩　　　　　　⇩　　　　　　⇩
ζητουσιν　οἱ πατερες　τους υἱους

⤳ ζητουσιν οἱ πατερες τους υἱους.

- πατερες의 기본형은 남성명사인 πατηρ(아버지)로 어미가 불규칙변형을 한다.

⑳(그들은)발견한다　　(그)아들들은　　(그)아버지들을
　　⇩　　　　　　⇩　　　　　　⇩
εύρισκουσιν　οἱ υἱοι　τους πατερας

⤳ εύρισκουσιν οἱ υἱοι τους πατερας.

- πατερας의 기본형은 남성명사인 πατηρ(아버지)로 어미가 불규칙변형을 한다.

연습문제(16A)

다음 헬라어 문장을 우리말로 직역하시오(*답은 다음 페이지에)

①ἀγαπωσιν οἱ ἀδελφοι τας ἀδελφας.

②διδασκουσιν οἱ διδασκαλοι τους μαθητας.

③ἀκουουσιν τα τεκνα τας φωνας.

④κρινουσιν οἱ ἀνδρες τα τεκνα.

⑤γινωσκουσιν οἱ ἀποστολοι τους ἀνδρας.

⑥καλουσιν οἱ ἀνθρωποι τους ἀποστολους.

⑦αἰτουσιν αἱ γυναικες τους βασιλεις.

⑧εὐαγγελιζουσιν οἱ μαθηται τους ἀνθρωπους.

⑨εὐχαριστουσιν οἱ ἀνθρωποι τους ματητας.

⑩διδοασιν αἱ μητερες τους ἀρτους.

⑪ λαμβανουσιν τα τεκνα τα χαρισματα.

⑫ χαιρουσιν αἱ δουλαι τα δωρα.

⑬ ἀποκτεινουσιν οἱ διαβολοι τα σωματα.

⑭ ἐρωτουσιν οἱ Ἰουδαιοι τους προφητας.

⑮ λαλουσιν οἱ προφηται τους Ἰουδαιους.

⑯ ἐχουσιν οἱ βασιλεις τας ἐξουσιας.

⑰ σωζουσιν οἱ Χριστιανοι τα ἐθνη.

⑱ πιστευουσιν τα ἐθνη τους ἀποστολους.

⑲ ζητουσιν οἱ πατερες τους υἱους.

⑳ εὑρισκουσιν οἱ υἱοι τους πατερας.

연습문제(16B)

다음 우리말을 헬라어로 바꾸시오(*답은 다음 페이지에)

①(그들은)사랑한다 (그)형제들은 (그)자매들을
②(그들은)가르친다 (그)선생들은 (그)제자들을
③(그들은)듣는다 (그)자녀들은 (그)음성들을
④(그들은)판단한다 (그)남자들은 (그)자녀들을
⑤(그들은)안다 (그)사도들은 (그)남자들을
⑥(그들은)부른다 (그)사람들은 (그)사도들을
⑦(그들은)여쭌다 (그)여자들은 (그)왕들에게
⑧(그들은)복음을 전한다 (그)제자들은 (그)사람들에게
⑨(그들은)감사한다 (그)사람들은 (그)제자들에게
⑩(그들은)준다 (그)어머니들은 (그)빵들을

⑪(그들은)받는다 (그)자녀들은 (그)은사들을

⑫(그들은)기뻐한다 (그)여종들은 (그)선물들을

⑬(그들은)죽인다 (그)마귀들은 (그)몸들을

⑭(그들은)물어본다 (그)유대인들은 (그)예언자들에게

⑮(그들은)말한다 (그)예언자들은 (그)유대인들에게

⑯(그들은)갖고있다 (그)왕들은 (그)권세들을

⑰(그들은)구원한다 (그)그리스도인들은 (그)이방인들을

⑱(그들은)믿는다 (그)이방인들은 (그)사도들을

⑲(그들은)찾는다 (그)아버지들은 (그)아들들을

⑳(그들은)발견한다 (그)아들들은 (그)아버지들을

제3장

소유격, 여격
수동태(중간태)

제17과
소유격(단수)

(그)아들은 (그)하나님의
ὁ υιος του θεου

헬라어의 소유격명사는 일반적으로 뒤에서 앞에 있는 명사를 수식하며 우리말로는 "~의"로 번역된다.

☐ 단수명사 소유격의 어미변화

남성(단수)어미	여성(단수)어미	중성(단수)어미
ος(주격)⋯ου(소유격)	η(주격)⋯ης(소유격)	ον(주격)⋯ου(소유격)
ης(주격)⋯ου(소유격)	α(주격)⋯ας(소유격)	μα(주격)⋯ματος(소유격)

나의	너의	그의	그녀의	그것의
μου(ἐμου)	σου	αὐτου	αὐτης	αὐτου

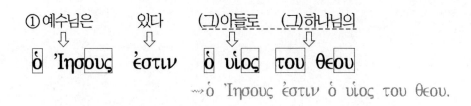

①예수님은   있다   (그)아들로   (그)하나님의
   ⇓   ⇓   ⇓   ⇓
ὁ Ἰησους ἐστιν   ὁ υιος   του θεου

⤳ὁ Ἰησους ἐστιν ὁ υιος του θεου.

②너는　　있다　　(그)자녀로　　　(그)하나님의
　↓　　　↓　　　↓　　　　　　↓

σu　εἰ　το τεκνον　του θεου

→ σu εἰ το τεκνον του θεου.

③(그는)사랑한다　(그)하나님은　(그)자녀들을　　　그분의
　　↓　　　　　↓　　　　　↓　　　　↓

ἀγαπᾷ　　ὁ θεος　τα τεκνα　αὐτου

→ ἀγαπᾷ ὁ θεος τα τεκνα αὐτου.

④(그들은)안다　　(그)그리스도인들은　　(그)사랑을　　　(그)예수님의
　　↓　　　　　　↓　　　　　　↓　　　　　↓

γινωσκουσιν　οἱ χριστιανοι　την ἀγαπην　του Ιησου

→ γινωσκουσιν οἱ χριστιανοι την ἀγαπην του Ιησου.

⑤(그는)복음을 전한다　(그)안드레는　　　형제에게　　그의
　　↓　　　　　　　↓　　　　　↓　　↓

εὐαγγελιζει　　ὁ Ἀνδρεας　ἀδελφον αὐτου

→ εὐαγγελιζει ὁ Ἀνδρεας ἀδελφον αὐτου.

⑥(그들은)발견한다　(그)제자들은　　(그)왕국을　　(그)하나님의
　　↓　　　　　↓　　　　　↓　　　　↓

εὑρισκουσιν　οἱ μαθηται　την βασιλειαν　του θεου

→ εὑρισκουσιν οἱ μαθηται την βασιλειαν του θεου.

⑦(그는)찾는다　(그)예수님은　　(그)사람을　　(그)믿음의
　　↓　　　　　↓　　　　　↓　　　　↓

ζητει　　ὁ Ιησους τον ἀνθρωπον της πιστεως

→ ζητει ὁ Ιησους τον ἀνθρωπον της πιστεως.

■ 여성명사 πιστις(믿음)의 소유격은 πιστεως(믿음의)로 어미가 불규칙하게 변한다.

⑧ (그)예수님은　있다　　주님으로　　　　(그)구원의

ὁ Ἰησους　ἐστιν　ὁ κυριος　της σωτηριας

⤳ ὁ Ἰησους ἐστιν ὁ κυριος της σωτηριας.

⑨ (그는)준다　(그)아들은　(그)하나님의　(그)구원을

διδωσιν　ὁ υἱος　του θεου　την σωτηριαν.

⤳ διδωσιν ὁ υἱος του θεου την σωτηριαν.

⑩ (그는)기뻐한다　(그)하나님은　　(그)믿음을　　너의

χαιρει　　ὁ θεος　　την πιστιν　σου

⤳ χαιρει ὁ θεος την πιστιν σου.

⑪ (나는)바라본다　　(그)주님을　　(그)영광의

βλεπω　　τον κυριον　της δοξης

⤳ βλεπω τον κυριον της δοξης

⑫ (그는)기록한다　마가는　　(그)말씀을　(그)하나님의

γραφει　ὁ Μαρκος　τον λογον　του θεου

⤳ γραφει ὁ Μαρκος τον λογον του θεου.

⑬ (그는)선포한다　(그)바울은　　(그)복음을　　(그)그리스도의

κηρυσσει ὁ Παυλος　το εὐαγγελιον　του Χριστου

⤳ κηρυσσει ὁ Παυλος το εὐαγγελιον του Χριστου.

⑭ (그는)이야기한다 (그)마리아는　　(그)구원을　　(그)몸의

λεγει　ἡ Μαρια　την σωτεριαν　του σωματος

⤳ λεγει ἡ Μαρια την σωτεριαν του σωματος.

⑮ (그는)찾는다 (그)제자는   (그)진리를   (그)복음의

ζητει ὁ μαθητης την ἀληθειαν του εὐαγγελιου

⤳ ζητει ὁ μαθητης την ἀληθειαν του εὐαγγελιου.

⑯ (그는)안다   (그)사도는   (그)능력을   (그)사랑의

γιωσκει ὁ ἀποστολος την δυναμιν της ἀγαπης

⤳ γινωσκει ὁ ἀποστολος την δυναμιν της ἀγαπης.

⑰ (그는)서있다   (그)예언자는   (그)말씀 안에   (그)진리의

ἱστησιν ὁ προφητης ἐν τω λογω της ἀληθειας

⤳ ἱστησιν ὁ προφητης ἐν τω λογω της ἀληθειας.

⑱ (그는)듣는다   (그)자녀는   (그)가르침을   (그)어머니의

ἀκουει το τεκνον την διδαχην της μητρος

⤳ ἀκουει το τεκνον την διδαχην της μητρος.

■ 불규칙변화를 하는 단수명사의 소유격의 어미는 -ος가 올 때가 많다.

⑲ (그는)감사한다   (그)마리아는   (그)은혜를   (그)주님의

εὐχαριστει ἡ Μαρια την χαριτα του κυριου

⤳ εὐχαριστει ἡ Μαρια την χαριτα του κυριου.

⑳ (그는)묻는다   (그)아내는   (그)뜻을   (그)남편의

ἐρωτᾳ   ἡ γυνη το θελημα του ἀνδρος

⤳ ἐρωτα ὁ ἀνηρ το θελημα του ανδρος.

연습문제(17A)

다음 헬라어 문장을 우리말로 직역하시오(*답은 다음 페이지에)

① ὁ Ἰησους ἐστιν ὁ υἱος του θεου.

② συ εἰ το τεκνον του θεου.

③ ἀγαπᾳ ὁ θεος τα τεκνα αὐτου.

④ γινωσκουσιν οἱ χριστιανοι την ἀγαπην του Ἰησου.

⑤ εὐαγγελιζει ὁ Ἀνδρεας ἀδελφον αὐτου.

⑥ εὑρισκουσιν οἱ μαθηται την βασιλειαν του θεου.

⑦ ζητει ὁ Ἰησους τον ἀνθρωπον της πιστεως.

⑧ ὁ Ἰησους ἐστιν ὁ κυριος της σωτηριας.

⑨ ὁ υἱος του θεου διδωσιν την σωτηριαν.

⑩ χαιρει ὁ θεος την πιστιν σου.

⑪βλεπω τον κυριον της δοξης.

⑫γραφει ὁ Μαρκος τον λογον του θεου.

⑬κηρυσσει ὁ Παυλος το εὐαγγελιον του Χριστου.

⑭λεγει ἡ Μαρια την σωτεριαν του σωματος.

⑮ζητει ὁ μαθητης την ἀληθειαν του εὐαγγελιου.

⑯γινωσκει ὁ ἀποστολος την δυναμιν της ἀγαπης.

⑰ἱστησιν ὁ προφητης ἐν τω λογω της ἀληθειας.

⑱ἀκουει το τεκνον την διδαχην της μητρος.

⑲εὐχαριστει ἡ Μαρια την χαριτα του κυριου.

⑳ἐρωτα ἡ γυνη το θελημα του ἀνδρος.

연습문제(17B)

다음 우리말을 헬라어로 바꾸시오(*답은 앞 페이지에)

①(그)예수님은 있다 (그)아들로 (그)하나님의
②너는 있다 (그)자녀로 (그)하나님의
③(그는)사랑한다 (그)하나님은 (그)자녀들을 그분의
④(그들은)안다 (그)그리스도인들은 (그)사랑을 (그)예수님의
⑤(그는)복음을 전한다 (그)안드레는 형제에게 그의
⑥(그들은)발견한다 (그)제자들은 (그)왕국을 (그)하나님의
⑦(그는)찾는다 (그)예수님은 (그)사람을 (그)믿음의
⑧(그)예수님은 있다 (그)주님으로 (그)구원의
⑨(그)아들은 (그)하나님의 준다 (그)구원을
⑩(그는)기뻐한다 (그)하나님은 (그)믿음을 너의

⑪(나는)바라본다 (그)주님을 (그)영광의

⑫(그는)기록한다 (그)마가는 (그)말씀을 (그)하나님의

⑬(그는)선포한다 (그)바울은 (그)복음을 (그)그리스도의

⑭(그는)이야기한다 (그)마리아는 (그)구원을 (그)몸의

⑮(그는)찾는다 (그)제자는 (그)진리를 (그)복음의

⑯(그는)안다 (그)사도는 (그)능력을 (그)사랑의

⑰(그는)서있다 (그)예언자는 (그)말씀 안에 (그)진리의

⑱(그는)듣는다 (그)자녀는 (그)가르침을 (그)어머니의

⑲(그는)감사한다 (그)마리아는 (그)은혜를 (그)주님의

⑳(그는)묻는다 (그)아내는 (그)뜻을 (그)남편의

소유격(복수)

(그)믿음은 (그)사도들의
ἡ πιστις των ματητων

□ 복수명사 소유격의 어미변화

※헬라어 복수명사 소유격의 어미는 성별에 관계없이 모두 –ων이다.

남성(복수)어미	여성(복수)어미	중성(복수)어미
종들의 δουλων	육신들의 σαρκων	어린아이들의 τεκνων

우리의	너희의	그들의	그녀들의	그것들의
ἡμων	ὑμων	αὐτων	αὐτων	αὐτων

① 우리는 있다   (그)제자들로   (그)사도들의

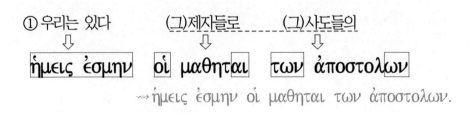

ἡμεις ἐσμην   οἱ μαθηται   των ἀποστολων

⇝ ἡμεις ἐσμην οἱ μαθηται των ἀποστολων.

② 너희는 있다　　　　(그)자녀들로　　(그)아버지들의
　　　⇩　　　　　　　　⇩　　　　　　⇩
ὑμεις ἐστη　　τα τεκνα　των πατερων

　　　　　↝ ὑμεις ἐστη τα τεκνα των πατερων.

③ 자녀들은　우리의　　있다　　순종적인(상태로)
　　⇩　　　⇩　　　⇩　　　　⇩
τεκνα ἡμων　εἰσιν　ὑπηκοα

　　　　　↝ τεκνα ἡμων εἰσιν ὑπηκοα.

④ 아내들은　　　그들의　　있다　　행복한(상태로)
　　⇩　　　　⇩　　　⇩　　　⇩
γυναικες αὐτων　εἰσιν　μακαριαι

　　　　　↝ γιναικες αὐτων εἰσιν μακαριαι.

⑤ 남편들은　　그녀들의　　있다　　신실한(상태로)
　⇩　　　　⇩　　　⇩　　　⇩
ἀνδρες　αὐτων　εἰσιν　πιστοι

　　　　　↝ ἀνδρες αὐτων εἰσιν πιστοι.

⑥ (그는)찾는다　(그)예수님은　(그)믿음을　　사도들의
　　⇩　　　　　⇩　　　　⇩　　　　⇩
ζητει　　ὁ Ιησους　την πιστιν ἀποστολων

　　　↝ ζητει ὁ Ιησους την πιστιν ἀποστολων.

⑦ (그들은)안다　여자들은　　(그)마음을　　남자들의
　　⇩　　　　　⇩　　　　⇩　　　　⇩
γινωσκουσιν　γυναικες　την καρδιαν ἀνδρων

　　　↝ γινωσκουσιν γυναικες την καρδιαν ἀνδρων

소유격(복수) 127

⑧ (그)예수님은   있다   (그)주님으로   (그)사람들의

  ⇩   ⇩   ⇩   ⇩

ὁ Ἰησους ἐστιν ὁ κυριος των ἀνθρωπων

            ⤳ ὁ Ἰησους ἐστιν ὁ κυριος των ἀνθρωπων.

⑨ (그들은)사랑한다 어머니들은 자녀들을 그녀들의

    ⇩   ⇩   ⇩   ⇩

ἀγαπωσιν μητερες τεκνα αὐτων

              ⤳ ἀγαπωσιν μητερες τεκνα αὐτων.

⑩ (그는)기뻐한다 (그)하나님은 사랑을 너희의

    ⇩   ⇩   ⇩   ⇩

χαιρει   ὁ θεος ἀγαπην ὑμων

           ⤳ χαιρει ὁ θεος ἀγαπην ὑμων.

연습문제(18A)

다음 헬라어 문장을 우리말로 직역하시오(*답은 다음 페이지에)

① ἡμεις ἐσμην οἱ μαθηται των ἀποστολων.

② ὑμεις ἐστη τα τεκνα των πατερων.

③ τεκνα ἡμων εἰσιν ὑπηκοα.

④ γυναικες αὐτων εἰσιν μακαριαι.

⑤ ἀνδρες αὐτων εἰσιν πιστοι.

⑥ ζητει ὁ Ιησους την πιστιν ἀποστολων.

⑦ γινωσκουσιν γυναικες την καρδιαν ἀνδρων.

⑧ ὁ Ιησους ἐστιν ὁ κυριος των ἀνθρωπων.

⑨ ἀγαπωσιν μητερες τεκνα αὐτων.

⑩ χαιρει ὁ θεος ἀγαπην ὑμων.

연습문제(18B)

다음 우리말을 헬라어로 바꾸시오(*답은 앞 페이지에)

---

①우리는 있다 (그)제자들로 (그)사도들의

②너희는 있다 (그)자녀들로 (그)아버지들의

③자녀들은 우리의 있다 순종적인(상태로)

④아내들은 그들의 있다 행복한(상태로)

⑤남편들은 그녀들의 있다 신실한(상태로)

⑥(그는)찾는다 (그)예수님은 (그)믿음을 사도들의

⑦(그들은)안다 여자들은 (그)마음을 남자들의

⑧(그)예수님은 있다 (그)주님으로 (그)사람들의

⑨(그들은)사랑한다 어머니들은 자녀들을 그녀들의

⑩(그는)기뻐한다 (그)하나님은 사랑을 너희의

여격(단수)

(그는)인도한다 (그)성령으로
ἀγει τῳ πνευματι

헬라어의 여격 명사는 일반적으로 앞에 있는 동사를 수식하며
우리말로는 "~에게", "~로" "~를 위하여" 등으로 번역된다.

□ 단수명사 여격의 어미변화

남성(단수)어미	여성(단수)어미	중성(단수)어미
-ος (주격) ···▸ -ῳ (여격)	-η (주격) ···▸ -η (여격)	-ον (주격) ···▸ -ῳ (여격)
-ης (주격) ···▸ -η (여격)	-α (주격) ···▸ -ᾳ (여격)	-μα (주격) ···▸ -ματι (여격)

내게	네게	그에게	그녀에게	그것에게
μοι(ἐμοι)	σοι	αὐτῳ	αὐτη	αὐτῳ

①(그는)인도한다 (그)예수님은 우리를 (그)성령으로
ἀγει ὁ Ἰησους ἡμας τῳ πνευματι

⤳ ἀγει ὁ Ἰησους ἡμας τῳ πνευματι.

②(나는)일한다   (그)나라를 위하여   (그)하나님의
  ⇩   ⇩   ⇩
ἐργαζ|ομαι| τη βασιλεια του θεου

⤳ ἐργαζομαι τη βασιλεια του θεου.

③(그는)준다 (그)하나님은 (그)성령을 (그)자녀에게 그분의
  ⇩   ⇩   ⇩   ⇩   ⇩
διδωσιν ὁ θεος το πνευμα τῳ τεκνῳ αὐτου

⤳ διδωσιν ὁ θεος το πνευμα τῳ τεκνῳ αὐτου

④(너는)할 수 있다 (그)일을 (그)능력으로 (그)성령의
  ⇩   ⇩   ⇩   ⇩
δυνα|σαι| |το| ἐργ|ον| τη δυναμ|ει| |του| πνευμ|ατος|

⤳ δυνασαι το ἐργον τη δυναμει του πνευματος

▪δυναμ|ει|(능력으로)는 여성명사 δυναμι|ς|(능력)의 여격으로 불규칙변화이다.

⑤(그)예수님은 존재한다 (그)말씀으로 내 안에서
  ⇩   ⇩   ⇩   ⇩
ὁ Ἰησ|ους| ἐστιν ὁ λογ|ος| ἐν |μοι|

⤳ ὁ Ἰησους ἐστιν ὁ λογος ἐν μοι.

⑥(우리는)일한다   (그)나라를 위하여   (그)하나님의
  ⇩   ⇩   ⇩
ἐργαζ|ομεθα| τη βασιλεια |του| θεου

⤳ ἐγραζομεθα τη βασιλεια του θεου.

⑦(그는)가르친다 (그)남자는 (그)자녀들을 (그)아내와(함께) 그의
  ⇩   ⇩   ⇩   ⇩   ⇩
διδασκ|ει| ὁ ἀνηρ |τα| τεκν|α| τη γυναικ|ι| αὐτ|ου|

⤳ διδασκει ὁ ἀνηρ τα τεκνα τη γυναικι αὐτου.

▪γυναικ|ι|는 γυνη(아내)의 여격명사이다.

⑧(우리는)믿는다　(그)예수님을　(그)구원을 위해 ___ 우리의
⇩　　　　　⇩　　　　⇩　　　⇩

πιστευομεν | τον | Ἰησουν | τη σωτηρια | ἡμων

⤳ πιστευομεν τον Ἰησουν τη σωτηρια ἡμων.

⑨(너희는)복음을 전한다　(그)영광을 위하여　(그)하나님의
⇩　　　　　　　⇩　　　　　⇩

εὐαγγελιζετε | τη δοξη | του θεου

⤳ εὐαγγελιζετε τη δοξη του θεου.

⑩(그는)준다　(그)예수님은　(그)은사를　(그)제자에게
⇩　　　　⇩　　　　⇩　　　　⇩

διδωσιν | ὁ Ἰησους | το χαρισμα | τω μαθητη

⤳ διδωσιν ὁ Ἰησους το χαρισμα τω μαθητη.

연습문제(19A)

다음 헬라어 문장을 우리말로 직역하시오(*답은 다음 페이지에)

① ἀγει ὁ Ἰησους ἡμας τῳ πνευματι.

② ἐργαζομαι τῃ βασιλειᾳ του θεου.

③ διδωσιν ὁ θεος το πνευμα τῳ τεκνῳ αὐτου

④ δυνασαι το ἐργον τῃ δυναμει του πνευματος.

⑤ ὁ Ἰησους ἐστιν ὁ λογος ἐν μοι.

⑥ ἐγραζομεθα τῃ βασιλειᾳ του θεου.

⑦ διδασκει ὁ ἀνηρ τα τεκνα τῃ γυναικι αὐτου.

⑧ πιστευομεν τον Ἰησουν τῃ σωτηριᾳ ἡμων.

⑨ εὐαγγελιζετε τῃ δοξῃ του θεου.

⑩ διδωσιν ὁ Ἰησους το χαρισμα τῳ μαθητῃ.

연습문제(19B)

다음 우리말을 헬라어로 바꾸시오(*답은 앞 페이지에)

① (그는)인도한다 (그)예수님은 우리를 (그)성령으로

② (나는)일한다 (그)나라를 위하여 (그)하나님의

③ (그는)준다 (그)하나님은 (그)성령을 (그)자녀에게 그분의

④ (너는)할 수 있다 (그)일을 (그)능력으로 (그)성령의

⑤ (그)예수님은 존재한다 (그)말씀으로 내 안에서

⑥ (우리는)일한다 (그)나라를 위하여 (그)하나님의

⑦ (그는)가르친다 (그)남자는 (그)자녀들을 (그)아내와(함께) 그의

⑧ (우리는)믿는다 (그)예수님을 (그)구원을 위해 우리의

⑨ (너희는)복음을 전한다 (그)영광을 위하여 (그)하나님의

⑩ (그는)준다 (그)예수님은 (그)은사를 (그)제자에게

제20과
여격(복수)

(그는)이야기한다 (그)바울은 (그)사람들과
λεγει ὁ Παυλος τοις ἀνθρωποις

☐ 복수명사(여격)의 어미변화

남성(복수)어미	여성(복수)어미	중성(복수)어미
οι (주격복수) ⋯→ οις (여격복수)	αι (주격복수) ⋯→ αις (여격복수)	α (주격복수) ⋯→ οις (여격복수)
αι (주격복수) ⋯→ αις (여격복수)		ματα (주격복수) ⋯→ μασιν (여격복수)

우리에게	너희에게	그들에게	그녀들에게	그것들에게
ἡμιν	ὑμιν	αὐτοις	αὐταις	αὐτοις

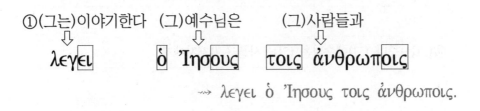

①(그는)이야기한다 (그)예수님은   (그)사람들과
　　⇩　　　　　　　　⇩　　　　　⇩
　λεγει　　　　　ὁ Ἰησους　　τοις ἀνθρωποις

⋯→ λεγει ὁ Ἰησους τοις ἀνθρωποις.

②(그들은)일한다   아버지들은   자녀들을 위하여 그들의
   ⇩   ⇩   ⇩   ⇩
ἐργαζ|ονται| πατερ|ες| τεκν|οις| αὐτ|ων|

　　　　⤳ ἐργαζονται πατερες τεκνοις αὐτων.

③(우리는)산다   (그)하늘들 안에서
   ⇩   ⇩
ζ|ωμεν| ἐν |τοις| οὐραν|οις|

　　　　⤳ ζωμεν ἐν τοις οὐρανοις.

　■ ζ|ωμεν|은 ζαω(살다)의 1인칭복수(능동태)동사로 불규칙변화를 한다.

④(그들은)복종한다   자녀들은   아버지들에게 그들의
   ⇩   ⇩   ⇩   ⇩
ὑπακου|ουσιν| |τα| τεκν|α| πατρ|ασιν| αὐτ|ων|

　　　　⤳ ὑπακουουσιν τα τεκνα πατρασιν αὐτων.

　■ πατρ|ασι|(ν)은 πατηρ(아버지)의 복수여격명사이다.
　■ -σι(ν)은 불규칙변형을 하는 복수명사의 여격어미에 주로 쓰인다: (예)πνευμασι(ν)

⑤(그들은)싸운다   그리스도인들은   (그)마귀들과
   ⇩   ⇩   ⇩
ἀγωνιζ|ονται| Χριστιαν|οι| |τοις| διαβολ|οις|

　　　　⤳ ἀγωνιζονται Χριστιανοι τοις διαβολοις.

⑥(나는)기도한다   (그)나라들을 위하여   (그)세상의
   ⇩   ⇩   ⇩
προσευχ|ομαι| |ταις| βασιλει|αις| |του| κοσμ|ου|

　　　　⤳ πορσευχομαι ταις βασιλειαις του κοσμου.

⑦많은 죄들이   존재한다   몸들 안에   사람들의
   ⇩   ⇩   ⇩   ⇩
πολλ|αι| ἁμαρτι|αι| εἰσιν   ἐν σωμ|ασιν| ἀνθρωπ|ων|

　　　　⤳ πολλαι ἁμαρτιαι εἰσιν ἐν σωμασιν ἀνθρωπων.

⑧ (그것은)역사한다   사랑은   (그)하나님의   (그)능력들 안에서
⟱   ⟱   ⟱   ⟱

ἐργαζεται ἀγαπη του θεου ἐν ταις δυναμεσιν

→ ἐργαζεται ἀγαπη του θεου ἐν ταις δυναμεσιν.

■ δυναμεσι(ν)은 여성명사 δυναμις(능력)의 여격이다.

⑨ (우리는)복음을 전한다   (그)민족들에게
⟱   ⟱

εὐαγγελιζομεν   τοις λαοις

→ εὐαγγελιζομεν τοις λαοις.

⑩ (그는)준다   (그)예수님은   (그)은사를   우리들에게
⟱   ⟱   ⟱   ⟱

διδωσιν ὁ Ἰησους το χαρισμα ἡμιν

→ διδωσιν ὁ Ἰησους το χαρισμα ἡμιν.

연습문제(20A)

다음 헬라어 문장을 우리말로 직역하시오(*답은 다음 페이지에)

① λεγει ὁ Ἰησους τοις ἀνθρωποις.

② ἐργαζονται πατερες τεκνοις αὐτων.

③ ζωμεν ἐν τοις οὐρανοις.

④ ὑπακουουσιν τεκνα πατρασιν αὐτων.

⑤ ἀγωνιζονται Χριστιανοι τοις διαβολοις.

⑥ πορσευχομαι ταις βασιλειαις του κοσμου.

⑦ πολλαι ἁμαρτιαι εἰσιν ἐν σωμασιν ἀνθρωπων.

⑧ ἐργαζεται ἀγαπη του θεου ἐν ταις δυναμεσιν.

⑨ εὐαγγελιζομεν τοις λαοις.

⑩ διδωσιν ὁ Ἰησους το χαρισμα ἡμιν.

연습문제(20B)

다음 우리말을 헬라어로 바꾸시오(*답은 앞 페이지에)

①(그는)이야기한다 (그)예수님은 (그)사람들과
②(그들은)일한다 아버지들은 자녀들을 위하여 그들의
③(우리는)산다 (그)하늘들 안에서
④(그들은)복종한다 자녀들은 아버지들에게 그들의
⑤(그들은)싸운다 그리스도인들은 (그)마귀들과
⑥(나는)기도한다 (그)나라들을 위하여 (그)세상의
⑦많은 죄들이 존재한다 몸들 안에 사람들의
⑧(그것은)일한다 사랑은 (그)하나님의 (그)능력들 안에서
⑨(우리는)복음을 전한다 (그)민족들에게
⑩(그는)준다 (그)예수님은 (그)은사를 우리에게

제21과

수동태/중간태(단수)

동사의 수동태는 주어가 목적어로부터 동작을 받는 것을 말하고
중간태는 주어의 동작이 주어 자신에게 영향을 미치는 것을 말한다.
헬라어는 동사의 시제에 따라 수동태와 중간태가 모양이 같을 때도 있고
다를 때도 있으므로 유의해야 한다.

□ 현재시제 수동태(중간태)의 어미변화

1인칭단수(수동태/중간태)	2인칭단수(수동태/중간태)	3인칭단수(수동태/중간태)
(나는)인도함을 받는다 ἄγομαι	(너는)인도함을 받는다 ἄγεσαι	(그는)인도함을 받는다 ἄγεται

- 헬라어 현재시제 수동태와 중간태는 어미변화가 동일하다.
- 헬라어 현재시제 수동태와 중간태의 어미변화는 디포넌트 동사와 동일하다.
- 헬2인칭단수(수동태/중간태)어미 −εσαι 는 줄임말로 −ῃ로 표기하기도 한다.
   ἄγεσαι ⟶ ἄγῃ

①(나는)인도함을 받는다   (그)말씀으로
   ⇩   ⇩
   ἄγομαι   τῷ λογῷ ⤳ ἄγομαι τῷ λογῷ.

②(너는)인도함을 받는다   (그)말씀으로
   ⇩   ⇩
   ἄγεσαι   τῷ λογῷ ⤳ ἄγεσαι τῷ λογῷ.

③(그는)인도함을 받는다　(그)말씀으로

⇩　　　　　　　　⇩

ἄγεται　　　　　τῳ λογῳ　⤳ ἄγεται τῳ λογῳ.

④(나는)세례받는다　(그)성령으로

⇩　　　　　　⇩

βαπτιζομαι　τῳ πνευματι

⤳ βαπτιζομαι τῳ πνευματι.

⑤(너는)세례받는다　(그)성령으로

⇩　　　　　　⇩

βαπτιζεσαι　τῳ πνευματι

⤳ βαπτιζεσαι τῳ πνευματι.

⑥(그는)세례받는다　(그)성령으로

⇩　　　　　　⇩

βαπτιζεται　τῳ πνευματι

⤳ βαπτιζεται τῳ πνευματι.

⑦(나는)입는다　(그)전신갑주를 ⋯⋯⋯ (그)하나님의

⇩　　　⇩　　　　　⇩

ἐνδυομαι　την πανοπλιαν　του θεου

⤳ ἐνδυομαι την πανοπλιαν του θεου.

- 헬라어에서 ἐνδυομαι(입다)는 중간태이다.
  능동태인 ἐνδυω는 다른 사람에게 옷을 입혀주는 것을 말한다.

⑧(너는)입는다　(그)전신갑주를 ⋯⋯⋯ (그)하나님의

⇩　　　⇩　　　　　⇩

ἐνδυεσαι　την πανοπλιαν　του θεου

⤳ ἐνδυεσαι την πανοπλιαν του θεου.

⑨(그는)입는다　　(그)전신갑주를 _____ (그)하나님의
　　⇩　　　　　　　　⇩　　　　　　　⇩
ἐνδυεται　　την πανοπλιαν　　του θεου

　　　⤳ ἐνδυεται την πανοπλιαν του θεου.

⑩(그것이)들린다　　(그)말씀이　(그)예수님의　　(그)제자들에게
　　⇩　　　　　　⇩　　　　⇩　　　　　⇩
ἀκουεται　　ὁ λογος　του Ἰησου　τοις μαθηταις

　　　⤳ ἀκουεται ὁ λογος του Ἰησου τοις μαθηταις.

연습문제(21A)

다음 헬라어 문장을 우리말로 직역하시오(*답은 다음 페이지에)

① ἀγομαι τῳ λογῳ.
② ἀγεσαι τῳ λογῳ.
③ ἀγεται τῳ λογῳ.
④ βαπτιζομαι τῳ πνευματι.
⑤ βαπτιζεσαι τῳ πνευματι.
⑥ βαπτιζεται τῳ πνευματι.
⑦ ἐνδυομαι την πανοπλιαν του θεου.
⑧ ἐνδυεσαι την πανοπλιαν του θεου.
⑨ ἐνδυεται την πανοπλιαν του θεου.
⑩ ἀκουεται ὁ λογος του Ἰησου τοις μαθηταις.

연습문제(21B)

다음 우리말을 헬라어로 바꾸시오(*답은 앞 페이지에)

①(나는)인도함을 받는다 (그)말씀으로
②(너는)인도함을 받는다 (그)말씀으로
③(그는)인도함을 받는다 (그)말씀으로
④(나는)세례받는다 (그)성령으로
⑤(너는)세례받는다 (그)성령으로
⑥(그는)세례받는다 (그)성령으로
⑦(나는)입는다 (그)전신갑주를 (그)하나님의
⑧(너는)입는다 (그)전신갑주를 (그)하나님의
⑨(그는)입는다 (그)전신갑주를 (그)하나님의
⑩(그것이)들린다 (그)말씀이 (그)예수님의 (그)제자들에게

수동태/중간태(복수)

(우리는)인도함을 받는다 (그)성령으로
ἀγομεθα τῳ πνευματι

■동사의 수동태는 주어가 목적어로부터 동작을 받는 것을 말하고
중간태는 주어의 동작이 주어 자신에게 영향을 미치는 것을 말한다.

□ 현재동사 수동태(중간태)의 어미변화

1인칭복수(수동태/중간태)	2인칭복수(수동태/중간태)	3인칭복수(수동태/중간태)
(우리는)인도함을 받는다	(너희는)인도함을 받는다	(그들은)인도함을 받는다
ἀγομεθα	ἀγεσθε	ἀγονται

■ 헬라어 현재동사 수동태와 중간태는 어미변화가 동일하다.
■ 헬라어 현재동사(복수) 수동태와 중간태의 어미변화는 디포넌트 동사와 같다.

①(우리는)인도함을 받는다 (그)말씀으로
⇩ ⇩
ἀγομεθα τῳ λογῳ

⤳ ἀγομεθα τῳ λογῳ.

②(너희는)인도함을 받는다　(그)말씀으로

⟱　　　　　⟱

ἀγεσθε　　　τῳ λογῳ　⟿ ἀγεσθε τῳ λογῳ.

③(그들은)인도함을 받는다　(그)말씀으로

⟱　　　　　⟱

ἀγονται　　　τῳ λογῳ　⟿ ἀγονται τῳ λογῳ.

④(우리는)세례받는다　　(그)성령으로

⟱　　　　　⟱

βαπτιζομεθα　τῳ πνευματι

⟿ βαπτιζομεθα τῳ πνευματι.

⑤(너희는)세례받는다　　(그)성령으로

⟱　　　　　⟱

βαπτιζεσθε　　τῳ πνευματι

⟿ βαπτιζεσθε τῳ πνευματι.

⑥(그들은)세례받는다　　(그)성령으로

⟱　　　　　⟱

βαπτιζονται　τῳ πνευματι

⟿ βαπτιζονται τῳ πνευματι.

⑦(우리는)입는다　　(그)전신갑주를　　(그)하나님의

⟱　　　　⟱　　　　⟱

ἐνδυομεθα　την πανοπλιαν　του θεου

⟿ ἐνδυομεθα την πανοπλιαν του θεου.

⑧(너희는)입는다　　(그)전신갑주를　　(그)하나님의

⟱　　　　⟱　　　　⟱

ἐνδυεσθε　την πανοπλιαν　του θεου

⟿ ἐνδυεσθε την πανοπλιαν του θεου.

⑨(그들은)입는다　　(그)전신갑주를 ⋯⋯ (그)하나님의
　　　⇩　　　　　　　　⇩　　　　　　⇩
ἐνδυονται　την πανοπλιαν　του θεου

　　　⤳ ἐνδυονται την πανοπλιαν του θεου.

⑩(그것들은)들린다　(그)말씀들이 ⋯ (그)예수님의　　(그)제자들에게
　　　⇩　　　　　⇩　　　　⇩　　　　　⇩
ἀκουονται　οἱ λογοι　του Ἰησου　τοις μαθηταις

　　　⤳ ἀκουονται οἱ λογοι του Ἰησου τοις μαθηταις.

연습문제(22A)

다음 헬라어 문장을 우리말로 직역하시오(*답은 다음 페이지에)

① ἀγομεθα τῳ λογῳ.

② ἀγεσθε τῳ λογῳ.

③ ἀγονται τῳ λογῳ.

④ βαπτιζομεθα τῳ πνευματι.

⑤ βαπτιζεσθε τῳ πνευματι.

⑥ βαπτιζονται τῳ πνευματι.

⑦ ἐνδυομεθα την πανοπλιαν του θεου.

⑧ ἐνδυεσθε την πανοπλιαν του θεου.

⑨ ἐνδυονται την πανοπλιαν του θεου.

⑩ ἀκουονται οἱ λογοι του Ἰησου τοις μαθηταις.

연습문제(22B)

다음 우리말을 헬라어로 바꾸시오(*답은 앞 페이지에)

①(우리는)인도함을 받는다 (그)말씀으로
②(너희는)인도함을 받는다 (그)말씀으로
③(그들은)인도함을 받는다 (그)말씀으로
④(우리는)세례받는다 (그)성령으로
⑤(너희는)세례받는다 (그)성령으로
⑥(그들은)세례받는다 (그)성령으로
⑦(우리는)입는다 (그)전신갑주를 (그)하나님의
⑧(너희는)입는다 (그)전신갑주를 (그)하나님의
⑨(그들은)입는다 (그)전신갑주를 (그)하나님의
⑩(그것들은)들린다 (그)말씀들이 (그)예수님의 (그)제자들에게

{제4장}

미래, 과거
아오리스트, 완료

제23과
미래(단수)

□ 능동태 미래(단수)

1인칭단수/능동태미래	2인칭단수/능동태미래	3인칭단수/능동태미래
(나는)믿을거다	(너는)믿을거다	(그는)믿을거다
πιστευσω	πιστεωσεις	πιστευσει

- 미래시제(단수/능동태)는 현재시제(단수/능동태)의 어미에 σ를 붙여서 만든다.

□ 중간태 미래(단수)

1인칭단수/중간태미래	2인칭단수/중간태미래	3인칭단수/수동태미래
(나는 자신을)믿을거다	(너는 자신을)믿을거다	(그는 자신을)믿을거다
πιστευσομαι	πιστευση	πιστευσεται

- 미래시제(단수/중간태)는 현재시제(단수/중간태)의 어미에 σ를 붙여서 만든다.
- 미래시제/2인칭단수/중간태의 어미는 원래 -σεσαι이지만 -ση로 줄임말을 사용한다.

□ 수동태 미래(단수)

1인칭단수/중간태미래	2인칭단수/중간태미래	3인칭단수/수동태미래
(나는)믿어질거다	(너는)믿어질거다	(그는)믿어질거다
πιστευθησομαι	πιστευθηση	πιστευθησεται

- 미래시제(수동태)의 어미는 현재시재(수동태)의 어미 앞에 θησ를 붙여 만든다.

① (나는)믿을거다　　(그)예수님을
↓　　　　　↓
πιστευσω　τον Ἰησουν　⤳ πιστευσω τον Ἰησουν.

② (너는)믿을거다　　(그)예수님을
↓　　　　　↓
πιστευσεις　τον Ἰησουν　⤳ πιστευσεις τον Ἰησουν.

③ (그는)믿을거다　　(그)예수님을
↓　　　　　↓
πιστευσει　τον Ἰησουν　⤳ πιστευσει τον Ἰησουν.

④ (나는)입을거다　　(그)전신갑주를　　(그)하나님의
↓　　　　　↓　　　　　↓
ἐνδυσομαι　την πανοπλιαν　του θεου

⤳ ἐνδυσομαι την πανοπλιαν του θεου.

⑤ (너는)입을거다　　(그)전신갑주를　　(그)하나님의
↓　　　　　↓　　　　　↓
ἐνδυση　την πανοπλιαν　του θεου

⤳ ἐνδυση την πανοπλιαν του θεου.

⑥ (그는)입을거다　　(그)하나님의　　(그)전신갑주를
↓　　　　　↓　　　　　↓
ἐνδυσεται　την πανοπλιαν　του θεου

⤳ ἐνδυσεται την πανοπλιαν του θεου.

⑦ (나는)세례받을거다　　(그)성령으로
↓　　　　　↓
βαπτισθησομαι　τῳ πνευματι

⤳ βαπτισθησομαι τῳ πνευματι.

⑧(너는)세례받을거다　　　(그)성령으로
βαπτισθηση　　τω πνευματι

⤳ βαπτισθηση τω πνευματι.

⑨(그는)세례받을거다　　　(그)성령으로
βαπτισθησεται　　τω πνευματι

⤳ βαπτισθησεται τω πνευματι.

⑩(나는)들을거다　　(그)음성을　　　(그)주님의
ἀκουσω　την φωνην　του κυριου

⤳ ἀκουσω την φωνην του κυριου.

⑪(너는)들을거다　　(그)음성을　　　(그)주님의
ἀκουσεις　την φωνην　του κυριου

⤳ ἀκουσεις την φωνην του κυριου.

⑫(그는)들을거다　(그)주님의　　(그)음성을
ἀκουσει　την φωνην　του κυριου

⤳ ἀκουσει την φωνην του κυριου.

⑬(나는 자신을)가르칠거다　(그)성령 안에서
διδαξομαι　ἐν τω πνευματι

⤳ διδαξομαι ἐν τω πνευματι

⑭(너는 자신을)가르칠거다　(그)성령 안에서
διδαξη　　ἐν τω πνευματι

⑮(그는 자신을)가르칠거다 (그)성령 안에서 ⤳ διδαξῃ ἐν τῳ πνευματι
⇩   ⇩
διδαξηται   ἐν τῳ πνευματι

⤳ διδαξηται ἐν τω πνευμαιτ.

⑯(나는)함께 십자가에 못박힐거다   그리스도와
⇩   ⇩
συσταυρωθησομαι   Χριστῳ

⤳ συσταυρωθεσομαι Χριστῳ

⑰(너는)함께 십자가에 못박힐거다   그리스도와
⇩   ⇩
συσταυρωθηση   Χριστῳ

⤳ συσταυρωθεση Χριστῳ

⑱(그는)함께 십자가에 못박힐거다   그리스도와
⇩   ⇩
συσταυρωθησεται   Χριστῳ

⤳ συσταυρωθησεται Χριστῳ

연습문제(23A)

다음 헬라어 문장을 우리말로 직역하시오(*답은 다음 페이지에)

① πιστευσω τον Ἰησουν.

② πιστευσεις τον Ἰησουν.

③ πιστευσει τον Ἰησουν.

④ ἐνδυσομαι την πανοπλιαν του θεου.

⑤ ἐνδυση την πανοπλιαν του θεου.

⑥ ἐνδυσεται την πανοπλιαν του θεου.

⑦ βαπτισθησομαι τῳ πνευματι.

⑧ βαπτισθηση τῳ πνευματι.

⑨ βαπτισθησεται τῳ πνευματι.

⑩ ἀκουσω την φωνην του κυριου.

⑪ ἀκουσεις την φωνην του κυριου.

⑫ ἀκουσει την φωνην του κυριου.

⑬ διδαξομαι ἐν τῳ πνευματι.

⑭ διδαξῃ ἐν τῳ πνευματι.

⑮ διδαξεται ἐν τῳ πνευματι.

⑯ συσταυρωθησομαι Χριστῳ.

⑰ συσταυρωθησῃ Χριστῳ.

⑱ συσταυρωθησεται Χριστῳ.

연습문제(23B)

다음 우리말을 헬라어로 바꾸시오(*답은 앞 페이지에)

①(나는)믿을거다 (그)예수님을
②(너는)믿을거다 (그)예수님을
③(그는)믿을거다 (그)예수님을
④(나는 자신에게)입힐거다 (그)전신갑주를 (그)하나님의
⑤(너는 자신에게)입힐거다 (그)전신갑주를 (그)하나님의
⑥(그는 자신에게)입힐거다 (그)전신갑주를 (그)하나님의
⑦(나는)세례받을거다 (그)성령으로
⑧(너는)세례받을거다 (그)성령으로
⑨(그는)세례받을거다 (그)성령으로
⑩(나는)들을거다 (그)음성을 (그)주님의

⑪(너는)들을거다 (그)음성을 (그)주님의
⑫(그는)들을거다 (그)음성을 (그)주님의
⑬(나는 자신을)가르칠거다 (그)성령 안에서
⑭(너는 자신을)가르칠거다 (그)성령 안에서
⑮(그는 자신을)가르칠거다 (그)성령 안에서
⑯(나는)함께 십자가에 못박힐거다 그리스도와
⑰(너는)함께 십자가에 못박힐거다 그리스도와
⑱(그는)함께 십자가에 못박힐거다 그리스도와

제 24 과

미래(복수)

☐ 능동태의 미래(복수)

1인칭복수/능동태미래	2인칭복수/능동태미래	3인칭복수/능동태미래
(우리는)믿을거다	(너희는)믿을거다	(그들은)믿을거다
πιστευσομεν	πιστευσετε	πιστευσουσιν

- 미래시제(복수/능동태)는 현재시제(복수/능동태)의 어미에 σ를 붙여서 만든다.

☐ 중간태의 미래(복수)

1인칭복수/중간태미래	2인칭복수/중간태미래	3인칭복수/수동태미래
(우리는 자신을)믿을거다	(너희는 자신을)믿을거다	(그들은 자신을) 믿을거다
πιστευσομεθα	πιστευσεσθε	πιστευσονται

- 미래시제(복수/중간태)는 현재시제(복수/중간태)의 어미에 σ를 붙여서 만든다.

☐ 수동태의 미래(복수)

1인칭복수/중간태미래	2인칭복수/중간태미래	3인칭복수/수동태미래
(우리는)믿어질거다	(너희는)믿어질거다	(그들은)믿어질거다
πιστευθησομεθα	πιστευθησεσθε	πιστευθησονται

- 미래시제(복수/수동태)는 현재시제(복수/수동태)의 어미에 θης를 붙여서 만든다.

①(우리는)믿을거다   (그)예수님을

πιστευσομεν   τον Ἰησουν

⟿ πιστευσομεν τον Ἰησουν.

②(너희는)믿을거다   (그)예수님을

πιστευσετε   τον Ἰησουν   ⟿ πιστευσετε τον Ἰησουν.

③(그들은)믿을거다   (그)예수님을

πιστευσουσιν   τον Ἰησουν

⟿ πιστευσουσιν τον Ἰησουν.

④(우리는)입을거다   (그)전신갑주를   (그)하나님의

ἐνδυσομεθα   την πανοπλιαν   του θεου

⟿ ἐνδυσομεθα την πανοπλιαν του θεου.

⑤(너희는)입을거다   (그)전신갑주를   (그)하나님의

ἐνδυσεσθε   την πανοπλιαν   του θεου

⟿ ἐνδυσεσθε την πανοπλιαν του θεου.

⑥(그들은)입을거다   (그)전신갑주를   (그)하나님의

ἐνδυσονται   την πανοπλιαν   του θεου

⟿ ἐνδυσονται την πανοπλιαν του θεου.

⑦(우리는)세례받을거다   (그)성령으로

βαπτισθησομεθα   τῳ πνευματι

⟿ βαπτισθησομεθα τῳ πνευματι.

⑧ (너희는)세례받을거다   (그)성령으로
    ⇩   ⇩

βαπτισθησεσθε   τω πνευματι

⤳ βαπτισθησεσθε τω πνευματι.

⑨ (그들은)세례받을거다   (그)성령으로
    ⇩   ⇩

βαπτισθησονται   τω πνευματι

⤳ βαπτισθησονται τω πνευματι.

⑩ (우리는)들을거다   (그)음성을   (그)주님의
    ⇩   ⇩   ⇩

ἀκουσομεν   την φωνην   του κυριου

⤳ ἀκουσομεν την φωνην του κυριου.

⑪ (너희는)들을거다   (그)음성을   (그)주님의
    ⇩   ⇩   ⇩

ἀκουσετε   την φωνην   του κυριου

⤳ ἀκουσετε την φωνην του κυριου.

⑫ (그들은)들을거다   (그)음성을   (그)주님의
    ⇩   ⇩   ⇩

ἀκουσουσιν   την φωνην   του κυριου

⤳ ἀκουσουσιν την φωνην του κυριου.

⑬ (우리는 자신을)가르칠거다   (그)성령 안에서
    ⇩   ⇩

διδαξομεθα   ἐν τω πνευματι

⤳ διδαξομεθα ἐν τω πνευματι.

⑭ (너희는 자신을)가르칠거다   (그)성령 안에서
    ⇩   ⇩

διδαξεσθε   ἐν τω πνευματι

⤳ διδαξεσθε ἐν τω πνευματι.

⑮ (그들은 자신을)가르칠거다   (그)성령 안에서
⇩   ⇩
διδαξονται   ἐν τῳ πνευματι

⇝ διδαξονται ἐν τῳ πνευματι.

⑯ (우리는)함께 십자가에 못박힐거다   그리스도와
⇩   ⇩
συστραυρωθησομεθα   Χριστῳ

⇝ συσταυρωθεσομεθα Χριστῳ

⑰ (너희는)함께 십자가에 못박힐거다   그리스도와
⇩   ⇩
συσταυρωθησεσθε   Χριστῳ

⇝ συσταυρωθεσεσθε Χριστῳ.

⑱ (그들은)함께 십자가에 못박힐거다   그리스도와
⇩   ⇩
συσταυρωθησονται   Χριστῳ

⇝ συσταυρωθησονται Χριστῳ.

연습문제(24A)

다음 헬라어 문장을 우리말로 직역하시오 (*답은 다음 페이지에)

① πιστευσομεν τον Ἰησουν.

② πιστευσετε τον Ἰησουν.

③ πιστευσουσιν τον Ἰησουν.

④ ἐνδυσομεθα την πανοπλιαν του θεου.

⑤ ἐνδυσεσθε την πανοπλιαν του θεου.

⑥ ἐνδυσονται την πανοπλιαν του θεου.

⑦ βαπτισθησομεθα τῳ πνευματι.

⑧ βαπτισθησεσθε τῳ πνευματι.

⑨ βαπτισθησονται τῳ πνευματι.

⑩ ἀκουσομεν την φωνην του κυριου.

⑪ἀκουσετε την φωνην του κυριου.

⑫ἀκουσουσιν την φωνην του κυριου.

⑬διδαξομεθα ἐν τω πνευματι.

⑭διδαξεσθε ἐν τω πνευματι.

⑮διδαξονται ἐν τω πνευματι.

⑯συσταυρωθεσομεθα Χριστω.

⑰συσταυρωθεσεσθε Χριστω.

⑱συσταυρωθησονται Χριστω.

연습문제(24B)

다음 우리말을 헬라어로 바꾸시오(*답은 앞 페이지에)

①(우리는)믿을거다 (그)예수님을
②(너희는)믿을거다 (그)예수님을
③(그들은)믿을거다 (그)예수님을
④(우리는)입을거다 (그)전신갑주를 (그)하나님의
⑤(너희는)입을거다 (그)전신갑주를 (그)하나님의
⑥(그들은)입을거다 (그)전신갑주를 (그)하나님의
⑦(우리는)세례받을거다 (그)성령으로
⑧(너희는)세례받을거다 (그)성령으로
⑨(그들은)세례받을거다 (그)성령으로
⑩(우리는)들을거다 (그)음성을 (그)주님의

⑪(너희는)들을거다 (그)음성을 (그)주님의
⑫(그들은)들을거다 (그)음성을 (그)주님의
⑬(우리는 자신을)가르칠거다 (그)성령 안에서
⑭(너희는 자신을)가르칠거다 (그)성령 안에서
⑮(그들은 자신을)가르칠거다 (그)성령 안에서
⑯(우리는)함께 십자가에 못박힐거다 그리스도와
⑰(너희는)함께 십자가에 못박힐거다 그리스도와
⑱(그들은)함께 십자가에 못박힐거다 그리스도와

제25과
과거(단수)

과거에 발생한 일을 나타내며 문법책에 따라 과거(시제)를 미완료(시제)로 표기하기도 한다. 미완료로 표기하는 것은 완료와 구별하기 위함이다.

☐ 능동태의 과거(단수)

1인칭단수(능동태/과거)	2인칭단수(능동태/과거)	3인칭단수(능동태/과거)
(나는)믿었다 ἐπίστευον	(너는)믿었다 ἐπίστευες	(그는)믿었다 ἐπίστευεν

■ 헬라어 과거시제는 단어의 어두에 ε를 붙이는 것이 특징이다.

☐ 중간태의 과거(단수)

1인칭단수(중간태/과거)	2인칭단수(중간태/과거)	3인칭단수(중간태/과거)
(나는 자신을)믿었다 ἐπιστευόμην	(너는 자신을)믿었다 ἐπιστεύου	(그는 자신을)믿었다 ἐπιστεύετο

☐ 수동태의 과거(단수) - 중간태와 동일

1인칭단수(수동태/과거)	2인칭단수(수동태/과거)	3인칭단수(수동태/과거)
(나는)믿어졌다 ἐπιστευόμην	(너는)믿어졌다 ἐπιστεύου	(그는)믿어졌다 ἐπιστεύετο

☐ **예문**

①(나는)믿었다   (그)예수님을
  ⬇   ⬇
  ἐπιστευον τον Ἰησουν ⤳ ἐπιστευον τον Ἰησουν.

②(너는)믿었다   (그)예수님을
  ⬇   ⬇
  ἐπιστευες τον Ἰησουν ⤳ ἐπιστευες τον Ἰησουν.

③(그는)믿었다   (그)예수님을
  ⬇   ⬇
  ἐπιστευεν τον Ἰησουν ⤳ ἐπιστευεν τον Ἰησουν.

④(나는)입었다   (그)전신갑주를   (그)하나님의
  ⬇   ⬇   ⬇
  ἠνδυομην   την πανοπλιαν   του θεου
              ⤳ ἠνδυομην την πανοπλιαν του θεου.

  ■ 동사의 첫 글자가 모음 ε로 시작할 때는 미완료의 첫 글자는 장모음
    η가 된다 : ἐνδυω(입다) - ἠνδυομην(입었다)

⑤(너는)입었다   (그)전신갑주를   (그)하나님의
  ⬇   ⬇   ⬇
  ἠνδυου   την πανοπλιαν   του θεου
            ⤳ ἠνδυου την πανοπλιαν του θεου.

⑥(그는)입었다   (그)전신갑주를   (그)하나님의
  ⬇   ⬇   ⬇
  ἠνδυετο   την πανοπλιαν   του θεου
             ⤳ ἠνδυετο την πανοπλιαν του θεου.

⑦(나는)세례받았다   (그)성령으로
  ⬇   ⬇
  ἐβαπτιζομην   τῳ πνευματι
              ⤳ ἐβαπτισομην τῳ πνευματι.

⑧ (너는)세례받았다   (그)성령으로
↓   ↓
ἐβαπτιζ[ου] [τῳ] [πνευματι] ⟿ ἐβαπτισου τῳ πνευματι.

⑨ (그는)세례받았다   (그)성령으로
↓   ↓
ἐβαπτιζ[ετο] [τῳ] [πνευματι] ⟿ ἐβαπτισετο τῳ πνευματι.

⑩ (나는)들었다   (그)음성을 _____ (그)주님의
↓   ↓   ↓
ἠκουον [την] [φωνην] [του] κυριου.
⟿ ἠκουον την φωνην του κυριου.

⑪ (너는)들었다   (그)음성을 _____ (그)주님의
↓   ↓   ↓
ἠκουες [την] [φωνην] [του] κυριου
⟿ ἠκουες την φωνην του κυριου.

⑫ (그는)들었다   (그)음성을 _____ (그)주님의
↓   ↓   ↓
ἠκουεν [την] [φωνην] [του] κυριου.
⟿ ἠκουεν την φωνην του κυριου.

⑬ (나는 자신을)낮추었다   (그)성령 안에서
↓   ↓
ἐταπεινω[μην]   ἐν [τῳ] [πνευματι]
⟿ ἐταπεινωμην ἐν τῳ πνευματι.

■ ἐταπεινω[μην]은 기본형은 ταπεινοω(낮추다, 겸손하게 하다)이다.

⑭ (너는 자신을)낮추었다   (그)성령 안에서
↓   ↓
ἐταπεινου   ἐν [τῳ] [πνευματι]
⟿ ἐταπεινου ἐν τῳ πνευματι.

⑮ (그는 자신을)낮추다　　(그)성령 안에서

$$\overset{\downarrow}{\epsilon\tau\alpha\pi\epsilon\iota\nu\epsilon\tau o} \quad \overset{\downarrow}{\epsilon\nu \ \tau\omega \ \pi\nu\epsilon\upsilon\mu\alpha\tau\iota}$$

⟿ ἐταπεινετο τῳ πνευματι.

⑯ (나는)함께 십자가에 못박했다　　예수 그리스도와

$$\overset{\downarrow}{\epsilon\sigma\upsilon\sigma\tau\alpha\upsilon\rho\omega\mu\eta\nu} \quad \overset{\downarrow}{\text{᾽Ι}\eta\sigma\upsilon \ \text{Χ}\rho\iota\sigma\tau\omega}$$

⟿ ἐσυσταυρωμην ᾽Ιησου Χριστω.

- συσταυρ**οω**(함께 십자가에 못박다)의 어미가 -οω로 끝나므로 미완료(수동태)의 어미가 -ωμην이 되었다.
- Ιησ**ους**는 소유격(Ιησ**ου**)과 여격(Ιησ**ου**)이 동일하다(불규칙변화)

⑰ (너는)함께 십자가에 못박했다　　예수 그리스도와

$$\overset{\downarrow}{\epsilon\sigma\upsilon\sigma\tau\alpha\upsilon\rho\upsilon} \quad \overset{\downarrow}{\text{᾽Ι}\eta\sigma\upsilon \ \text{Χ}\rho\iota\sigma\tau\omega}$$

⟿ ἐσυσταυρου ᾽Ιησου Χριστω.

⑱ (그는)함께 십자가에 못박했다　　예수 그리스도와

$$\overset{\downarrow}{\epsilon\sigma\upsilon\sigma\tau\alpha\upsilon\rho\epsilon\tau o} \quad \overset{\downarrow}{\text{᾽Ι}\eta\sigma\upsilon \ \text{Χ}\rho\iota\sigma\tau\omega}$$

⟿ ἐσυσταυρετο ᾽Ιησου Χριστω.

연습문제(25A)

다음 헬라어 문장을 우리말로 직역하시오(*답은 다음 페이지에)

①ἐπιστευον τον Ἰησουν.

②ἐπιστευες τον Ἰησουν.

③ἐπιστευεν τον Ἰησουν.

④ἠνδυομην την πανοπλιαν του θεου.

⑤ἠνδυου την πανοπλιαν του θεου.

⑥ἠνδυετο την πανοπλιαν του θεου.

⑦ἐβαπτιζομην τῳ πνευματι.

⑧ἐβαπτιζου τῳ πνευματι.

⑨ἐβαπτιζετο τῳ πνευματι.

⑩ἠκουον την φωνην του κυριου.

⑪ ἠκουες την φωνην του κυριου.

⑫ ἠκουεν την φωνην του κυριου.

⑬ ἐταπεινωμην ἐν τῳ πνευματι.

⑭ ἐταπεινου ἐν τῳ πνευματι.

⑮ ἐδταπενετο ἐν τῳ πνευματι.

⑯ ἐσυσταυρωμην Ἰησου Χριστω.

⑰ ἐσυσταυρου Ἰησου Χριστῳ.

⑱ ἐσυσταυρετο Ἰησου Χριστῳ.

연습문제(25B)

다음 우리말을 헬라어로 바꾸시오(*답은 앞 페이지에)

①(나는)믿었다 (그)예수님을

②(너는)믿었다 (그)예수님을

③(그는)믿었다 (그)예수님을

④(나는)입었다 (그)전신갑주를 (그)하나님의

⑤(너는)입었다 (그)전신갑주를 (그)하나님의

⑥(그는)입었다 (그)전신갑주를 (그)하나님의

⑦(나는)세례받았다 (그)성령으로

⑧(너는)세례받았다 (그)성령으로

⑨(그는)세례받았다 (그)성령으로

⑩(나는)들었다 (그)음성을 (그)주님의

⑪(너는)들었다 (그)음성을 (그)주님의
⑫(그는)들었다 (그)음성을 (그)주님의
⑬(나는 자신을)낮추었다 (그)성령 안에서
⑭(너는 자신을)낮추었다 (그)성령 안에서
⑮(그는 자신을)낮추었다 (그)성령 안에서
⑯(나는)함께 십자가에 못박혔다 예수 그리스도와
⑰(너는)함께 십자가에 못박혔다 예수 그리스도와
⑱(그는)함께 십자가에 못박혔다 예수 그리스도와

과거(복수)

□ 능동태/과거(복수)

1인칭복수/능동태과거	2인칭복수/능동태과거	3인칭복수/능동태과거
(우리는) 믿었다	(너희는) 믿었다	(그들은) 믿었다
ἐπιστευομεν	ἐπιστευετε	ἐπιστευον

■ 과거시제는 1인칭(단수)와 3인칭(복수)가 모양이 같다.

□ 중간태/과거(복수)

1인칭복수/중간태과거	2인칭복수/중간태과거	3인칭복수/중간태과거
(우리는 자신을) 믿었다	(너희는 자신을) 믿었다	(그들은 자신을) 믿었다
ἐπιστευομεθα	ἐπιστευεσθε	ἐπιστευοντο

□ 수동태/과거(복수) *중간태와 동일하다

1인칭복수/수동태과거	2인칭복수/수동태과거	3인칭복수/수동태미래
(우리는) 믿어졌다	(너희는) 믿어졌다	(그들은) 믿어졌다
ἐπιστευομεθα	ἐπιστευεσθε	ἐπιστευοντο

■ 과거시제(복수)와 현재시제(복수)의 어미는 1인칭과 2인칭은 같고 3인칭만 다르다.

  *πιστευουσιν(그들은 믿는다) - ἐπιστευον(그들은 믿었다)

  *πιστευονται(그들은 자신을 믿는다) - ἐπιστευοντο(그들은 자신을 믿었다)

□ **예문**

① (우리는)믿었다　　(그)예수님을
　　　⇩　　　　　　　⇩
　ἐπιστευομεν　τον ’Ιησουν　⤳ ἐπιστευομεν τον ’Ιησουν.

② (너희는)믿었다　　(그)예수님을
　　　⇩　　　　　　　⇩
　ἐπιστευετε　τον ’Ιησουν　⤳ ἐπιστευετε τον ’Ιησουν.

③ (그들은)믿었다　　(그)예수님을
　　　⇩　　　　　　　⇩
　ἐπιστευον　τον ’Ιησουν　⤳ ἐπιστευον τον ’Ιησουν.

④ (우리는)입었다　　(그)전신갑주를　　(그)하나님의
　　　⇩　　　　　　　⇩　　　　　　　⇩
　ἠνδυομεθα　την πανοπλιαν　του θεου
　　　⤳ ἠνδυομεθα την πανοπλιαν του θεου.

⑤ (너희는)입었다　　(그)전신갑주를　　(그)하나님의
　　　⇩　　　　　　　⇩　　　　　　　⇩
　ἠνδυεσθε　την πανοπλιαν　του θεου
　　　⤳ ἠνδυεσθε την πανοπλιαν του θεου.

⑥ (그들은)입었다　　(그)전신갑주를　　(그)하나님의
　　　⇩　　　　　　　⇩　　　　　　　⇩
　ἠνδυοντο　την πανοπλιαν　του θεου
　　　⤳ ἠνδυοντο την πανοπλιαν του θεου.

⑦ (우리는)세례받았다　　(그)성령으로
　　　⇩　　　　　　　⇩
　ἐβαπτιζομεθα　τῳ πνευματι
　　　⤳ ἐβαπτιζομεθα τῳ πνευματι.

⑧(너희는)세례받았다　　(그)성령으로
↓　　　　　　　↓

ἐβαπτιζεσθε　τῳ πνευματι

⤳ ἐβαπτιζεσθε τῳ πνευματι.

⑨(그들은)세례받았다　　(그)성령으로
↓　　　　　　　↓

ἐβαπτιζοντο　τῳ πνευματι

⤳ ἐβαπτιζοντο τῳ πνευματι.

⑩(우리는)들었다　　　(그)음성을　　　(그)주님의
↓　　　　　　↓　　　　　↓

ἠκουομεν　την φωνην　του κυριου

⤳ ἠκουομεν την φωνην του κυριου.

⑪(너희는)들었다　　(그)음성을　　　(그)주님의
↓　　　　　↓　　　　　↓

ἠκουετε　την φωνην　του κυριου

⤳ ἠκουετε την φωνην του κυριου.

⑫(그들은)들었다　　(그)음성을　　(그)주님의
↓　　　　　↓　　　　↓

ἠκουον　την φωνην　του κυριου

⤳ ἠκουον την φωνην του κυριου.

⑬(우리는 자신을)낮추었다　　(그)성령 안에서
↓　　　　　　　↓

ἐταπεινωμεθα　ἐν τῳ πνευματι

⤳ ἐταπεινωμεθα ἐν τῳ πνευματι.

⑭(너희는 자신을)낮추었다　　(그)성령 안에서
↓　　　　　　　↓

ἐταπεινεσθε　ἐν τῳ πνευματι

⤳ ἐταπεινεσθε ἐν τῳ πνευματι.

⑮ (그들은 자신을)가르쳤다   (그)성령 안에서

⬇   ⬇

$\boxed{\overset{\text{'}}{\epsilon}\tau\alpha\pi\epsilon\iota\boxed{\nu\text{o}\nu\tau\text{o}}}$ $\overset{\text{'}}{\epsilon}\nu$ $\boxed{\tau\omega}$ $\pi\nu\epsilon\upsilon\mu\alpha\tau\iota$

⟿ $\overset{\text{'}}{\epsilon}\tau\alpha\pi\epsilon\iota\nu\text{o}\nu\tau\text{o}$ $\overset{\text{'}}{\epsilon}\nu$ $\tau\omega$ $\pi\nu\epsilon\upsilon\mu\alpha\tau\iota.$

⑯ (우리는)함께 십자가에 못박혔다   예수 그리스도와

⬇   ⬇

$\overset{\text{'}}{\epsilon}\sigma\upsilon\sigma\tau\alpha\upsilon\rho\boxed{\omega\mu\epsilon\theta\alpha}$ $\overset{\text{'}}{I}\eta\sigma\boxed{\text{ou}}$ $X\rho\iota\sigma\boxed{\tau\omega}$

⟿ $\overset{\text{'}}{\epsilon}\sigma\upsilon\sigma\tau\alpha\upsilon\rho\omega\mu\epsilon\theta\alpha$ $\overset{\text{'}}{I}\eta\sigma\text{ou}$ $X\rho\iota\sigma\tau\omega.$

⑰ (너희는)함께 십자가에 못박혔다   예수 그리스도와

⬇   ⬇

$\overset{\text{'}}{\epsilon}\sigma\upsilon\sigma\tau\alpha\upsilon\rho\boxed{\epsilon\sigma\theta\epsilon}$ $\overset{\text{'}}{I}\eta\sigma\boxed{\text{ou}}$ $X\rho\iota\sigma\boxed{\tau\omega}$

⟿ $\overset{\text{'}}{\epsilon}\sigma\upsilon\sigma\tau\alpha\upsilon\rho\epsilon\sigma\theta\epsilon$ $\overset{\text{'}}{I}\eta\sigma\text{ou}$ $X\rho\iota\sigma\tau\omega.$

⑱ (그들은)함께 십자가에 못박혔다   예수 그리스도와

⬇   ⬇

$\overset{\text{'}}{\epsilon}\sigma\upsilon\sigma\tau\alpha\upsilon\rho\boxed{\text{o}\nu\tau\text{o}}$ $\overset{\text{'}}{I}\eta\sigma\boxed{\text{ou}}$ $X\rho\iota\sigma\boxed{\tau\omega}$

⟿ $\overset{\text{'}}{\epsilon}\sigma\upsilon\sigma\tau\alpha\upsilon\rho\text{o}\nu\tau\text{o}$ $\overset{\text{'}}{I}\eta\sigma\text{ou}$ $X\rho\iota\sigma\tau\omega.$

연습문제(26A)

다음 헬라어 문장을 우리말로 직역하시오(*답은 다음 페이지에)

---

① ἐπιστευομεν τον Ἰησουν.

---

② ἐπιστευετε τον Ἰησουν.

---

③ ἐπιστευον τον Ἰησουν.

---

④ ἠνδυομεθα την πανοπλιαν του θεου.

---

⑤ ἠνδυεσθε την πανοπλιαν του θεου.

---

⑥ ἠνδυοντο την πανοπλιαν του θεου.

---

⑦ ἐβαπτιζομεθα τῳ πνευματι.

---

⑧ ἐβαπτιζεσθε τῳ πνευματι.

---

⑨ ἐβαπτιζοντο τῳ πνευματι.

---

⑩ ἠκουομεν την φωνην του κυριου.

---

⑪ἠκουετε την φωνην του κυριου.

⑫ἠκουον την φωνην του κυριου.

⑬ἐταπεινωμεθα ἐν τῳ πνευματι.

⑭ἐταπεινεσθε ἐν τῳ πνευματι.

⑮ἐταπεινοντο ἐν τῳ πνευματι.

⑯ἐσυσταυρωμεθα Ἰησου Χριστῳ.

⑰ἐσυσταυρεσθε Ἰησου Χριστῳ.

⑱ἐσυσταυροντο Ἰησου Χριστῳ.

연습문제(26B)

다음 우리말을 헬라어로 바꾸시오(*답은 앞 페이지에)

① (우리는)믿었다 (그)예수님을
② (너희는)믿었다 (그)예수님을
③ (그들은)믿었다 (그)예수님을
④ (우리는)입었다 (그)전신갑주를 (그)하나님의
⑤ (너희는)입었다 (그)전신갑주를 (그)하나님의
⑥ (그들은)입었다 (그)전신갑주를 (그)하나님의
⑦ (우리는)세례받았다 (그)성령으로
⑧ (너희는)세례받았다 (그)성령으로
⑨ (그들은)세례받았다 (그)성령으로
⑩ (우리는)들었다 (그)음성을 (그)주님의

⑪(너희는)들었다 (그)음성을 (그)주님의
⑫(그들은)들었다 (그)음성을 (그)주님의
⑬(우리는 자신을)낮추었다 (그)성령 안에서
⑭(너희는 자신을)낮추었다 (그)성령 안에서
⑮(그들은 자신을)낮추었다 (그)성령 안에서1`
⑯(우리는)함께 십자가에 못박혔다 예수 그리스도와
⑰(너희는)함께 십자가에 못박혔다 예수 그리스도와
⑱(그들은)함께 십자가에 못박혔다 예수 그리스도와

제**27**과
아오리스트(단수)

아오리스트시제는 생각지 않게 순간적으로 일어나는 일이나 행동을 나타낼 때 쓰인다. 우리말로 쓰인 헬라어 문법책에서는 '부정과거시제'로 번역하여 아오리스트시제를 과거시제로 오해할 수 있는데 사실은 현재, 과거, 미래에 모두 쓰이는 시제이다. 아오리스트시제는 우리말이나 영어에는 없는 특별한 시제이므로 번역을 통해 그 의미를 나타내는 것이 쉽지 않다. 신약성경에는 아오리스트시제로 된 문장이 많이 나온다.

☐ 아오리스트 능동태(단수)

1인칭단수 (아오리스트/능동태)	2인칭단수 (아오리스트/능동태)	3인칭단수 (아오리스트/능동태)
(나는 순간적으로) 믿었다 ἐπίστευσα	(너는 순간적으로) 믿었다 ἐπίστευσας	(그는 순간적으로) 믿었다 ἐπίστευσε(ν)

■ 아오리트스시제는 단어의 어두에 ε가 오고 어미는 σα로 시작한다.

☐ 아오리트스 중간태(단수)

1인칭단수 (아오리스트/중간태)	2인칭단수 (아오리스트/중간태)	3인칭단수 (아오리스트/중간태)
(나는 순간적으로 자신을) 믿었다 ἐπίστευσαμην	(너는 순간적으로 자신을) 믿었다 ἐπίστευσω	(그는 순간적으로 자신을) 믿었다 ἐπίστευσατο

■ 아오리트스시제의 어미는 불규칙변화를 하므로 각각을 별도로 외어야 한다.

☐ 아오리스트 수동태(단수)

1인칭단수 (아오리스트/수동태)	2인칭단수 (아오리스트/수동태)	3인칭단수 (아오리스트/수동태)
(나는 순간적으로) 믿어졌다 $\overset{\text{'}}{\epsilon}\pi\iota\sigma\tau\epsilon\upsilon\boxed{\theta\eta\nu}$	(너는 순간적으로) 믿어졌다 $\overset{\text{'}}{\epsilon}\pi\iota\sigma\tau\epsilon\upsilon\boxed{\theta\eta\varsigma}$	(그는 순간적으로) 믿어졌다 $\overset{\text{'}}{\epsilon}\pi\iota\sigma\tau\epsilon\upsilon\boxed{\theta\eta}$

■ 아오리트스시제 수동태는 어두에 ϵ가 오고 어미가 $\theta\eta$로 시작한다.

☐ 예문

① (나는 순간적으로)믿었다   (그)예수님을

$\overset{\text{'}}{\epsilon}\pi\iota\sigma\tau\epsilon\upsilon\boxed{\sigma\alpha}$ $\boxed{\tau\omega\nu}$ $\boxed{{'}I\eta\sigma\omicron\upsilon\nu}$

                 ⤳ $\overset{\text{'}}{\epsilon}\pi\iota\sigma\tau\epsilon\upsilon\sigma\alpha$ $\tau\omicron\nu$ ${'}I\eta\sigma\omicron\upsilon\nu.$

② (너는 순간적으로)믿었다   (그)예수님을

$\overset{\text{'}}{\epsilon}\pi\iota\sigma\tau\epsilon\upsilon\boxed{\sigma\alpha\varsigma}$ $\boxed{\tau\omicron\nu}$ $\boxed{{'}I\eta\sigma\omicron\upsilon\nu}$

                 ⤳ $\overset{\text{'}}{\epsilon}\pi\iota\sigma\tau\epsilon\upsilon\sigma\alpha\varsigma$ $\tau\omicron\nu$ ${'}I\eta\sigma\omicron\upsilon\nu.$

③ (그는 순간적으로)믿었다   (그)예수님을

$\overset{\text{'}}{\epsilon}\pi\iota\sigma\tau\epsilon\upsilon\boxed{\sigma\epsilon\nu}$ $\boxed{\tau\omicron\nu}$ $\boxed{{'}I\eta\sigma\omicron\upsilon\nu}$

                 ⤳ $\overset{\text{'}}{\epsilon}\pi\iota\sigma\tau\epsilon\upsilon\sigma\epsilon\nu$ $\tau\omicron\nu$ ${'}I\eta\sigma\omicron\upsilon\nu.$

④ (나는 순간적으로)입었다   (그)전신갑주를

$\overset{\text{'}}{\eta}\nu\delta\upsilon\boxed{\sigma\alpha\mu\eta\nu}$ $\boxed{\tau\eta\nu}$ $\boxed{\pi\alpha\nu\omicron\pi\lambda\iota\alpha\nu}$

               ⤳ $\overset{\text{'}}{\eta}\nu\delta\upsilon\sigma\alpha\mu\eta\nu$ $\tau\eta\nu$ $\pi\alpha\nu\omicron\pi\lambda\iota\alpha\nu.$

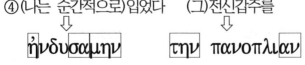

⑤(너는 순간적으로)입었다　(그)전신갑주를

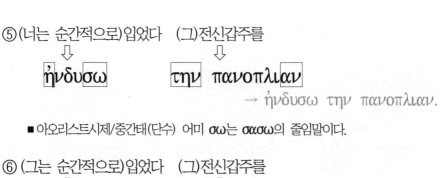

ἠνδυσω　　　　τὴν πανοπλιαν

⤳ ἠνδυσω τὴν πανοπλιαν.

■ 아오리스트시제/중간태(단수) 어미 σω는 σασω의 줄임말이다.

⑥(그는 순간적으로)입었다　(그)전신갑주를

ἠνδυσατο　　　τὴν πανοπλιαν

⤳ ἠνδυεσατο τὴν πανοπλιαν.

⑦(나는 순간적으로)세례받았다　(그)성령으로

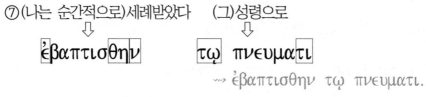

ἐβαπτισθην　　τῳ πνευματι

⤳ ἐβαπτισθην τῳ πνευματι.

⑧(너는 순간적으로)세례받았다　(그)성령으로

ἐβαπτισθης　　τῳ πνευματι

⤳ ἐβαπτισθης τῳ πνευματι.

⑨(그는 순간적으로)세례받았다　(그)성령으로

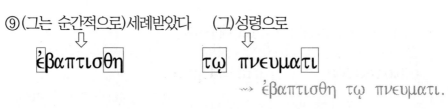

ἐβαπτισθη　　τῳ πνευματι

⤳ ἐβαπτισθη τῳ πνευματι.

⑩(나는 순간순간)듣는다　(그)음성을　　(그)주님의

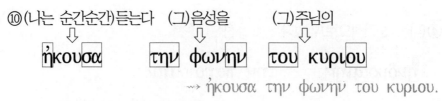

ἠκουσα　　τὴν φωνην　του κυριου

⤳ ἠκουσα τὴν φωνην του κυριου.

■ 아오리트스는 순간적으로 발생하는 시간의 상태를 나타내므로 현재시제, 과거시제, 미래시제 모두에 쓰일 수 있다.

⑪(너는 순간순간)듣는다　　(그)음성을　　　(그)주님의

ἤκουσας　　　την φωνην　του κυριου

　　　　　⤳ ἤκουσας την φωνην του κυριου.

⑫(그는 순간순간)듣는다　　(그)음성을　　　(그)주님의

ἤκουσεν　　　την φωνην　του κυριου.

　　　　　⤳ ἤκουσεν την φωνην του κυριου.

⑬(나는 순간 순간 자신을)낮춘다　　(그)성령 안에서

ἐταπεινωσαμην　　ἐν τῳ πνευματι

　　　　　⤳ ἐταπεινωσαμην ἐν τῳ πνευματι.

⑭(너는 순간 순간 자신을)낮춘다　　(그)성령 안에서

ἐταπεινωσω　　　ἐν τῳ πνευματι

　　　　　⤳ ἐταπεινωσω ἐν τῳ πνευματι.

⑮(그는 순간 순간 자신을)낮춘다　　(그)성령 안에서

ἐταπεινωσατο　　ἐν τῳ πνευματι

　　　　　⤳ ἐταπεινωσατο ἐν τῳ πνευματι.

⑯(나는 순간적으로)함께 십자가에 못박혔다　　그리스도와

ἐσυσταυρωθην　　　　Χριστῳ

　　　　　⤳ ἐσυσταυρωθην Χριστω.

⑰(너는 순간적으로)함께 십자가에 못박혔다   그리스도와
⇩   ⇩

ἐσυσταυρώθης   Χριστῷ

⤳ ἐσυσταυρώθης Χριστῷ.

⑱(그는 순간적으로)함께 십자가에 못박혔다   그리스도와
⇩   ⇩

ἐσυσταυρώθη   Χριστῷ

⤳ ἐσυσταυρώθη Χριστῷ.

연습문제(27A)

다음 헬라어 문장을 우리말로 직역하시오(*답은 다음 페이지에)

① ἐπιστευσα τον Ἰησουν.

② ἐπιστευσας τον Ἰησουν.

③ ἐπιστευσεν τον Ἰησουν.

④ ἠνδυσαμην την πανοπλιαν.

⑤ ἠνδυσω την πανοπλιαν.

⑥ ἠνδυεσατο την πανοπλιαν.

⑦ ἐβαπτισθην τῳ πνευματι.

⑧ ἐβαπτισθης τῳ πνευματι.

⑨ ἐβαπτισθη τῳ πνευματι.

⑩ ἠκουσα την φωνην του κυριου.

⑪ἠκουσας την φωνην του κυριου.

⑫ἠκουσεν την φωνην του κυριου.

⑬ἐταπεινωσαμην ἐν τῳ πνευματι.

⑭ἐταπεινωσω ἐν τῳ πνευματι.

⑮ἐταπεινωσατο ἐν τῳ πνευματι.

⑯ἐσυσταυρωθην Χριστω.

⑰ἐσυσταυρωθης Χριστῳ.

⑱ἐσυσταυρωθη Χριστῳ.

연습문제(27B)

다음 우리말을 헬라어로 바꾸시오(*답은 앞 페이지에)

①(나는 순간적으로)믿었다 (그)예수님을
②(너는 순간적으로)믿었다 (그)예수님을
③(그는 순간적으로)믿었다 (그)예수님을
④(나는 순간적으로)입었다 (그)전신갑주를
⑤(너는 순간적으로)입었다 (그)전신갑주를
⑥(그는 순간적으로)입었다 (그)전신갑주를
⑦(나는 순간적으로)세례받았다 (그)성령으로
⑧(너는 순간적으로)세례받았다 (그)성령으로
⑨(그는 순간적으로)세례받았다 (그)성령으로
⑩(나는 순간순간)듣는다 (그)음성을 (그)주님의

⑪(너는 순간순간)듣는다 (그)음성을 (그)주님의
⑫(그는 순간순간)듣는다 (그)음성을 (그)주님의
⑬(나는 순간순간 자신을)낮춘다 (그)성령 안에서
⑭(너는 순간순간 자신을)낮춘다 (그)성령 안에서
⑮(그는 순간순간 자신을))낮춘다 (그)성령 안에서
⑯(나는 순간적으로)함께 십자가에 못박혔다 그리스도와
⑰(너는 순간적으로)함께 십자가에 못박혔다 그리스도와
⑱(그는 순간적으로)함께 십자가에 못박혔다 그리스도와

제28과
아오리스트(복수)

아오리스트시제는 생각지 않게 순간적으로 일어나는 일이나 행동을 나타낼 때 쓰인다. 우리말로 쓰인 헬라어 문법책에서는 '부정과거시제'로 번역하여 아오리스트시제를 과거시제로 보는 경향이 있는데 사실은 현재, 과거, 미래에 모두 쓰일 수 있는 시제이다.

☐ 아오리스트 능동태(복수)

1인칭복수 (아오리스트/능동태)	2인칭복수 (아오리스트/능동태)	3인칭복수 (아오리스트/능동태)
(우리는 순간적으로) 믿었다 ἐπιστευσαμεν	(너희는 순간적으로) 믿었다 ἐπιστευσατε	(그들은 순간적으로) 믿었다 ἐπιστευσαν

■ 아오리트스시제는 단어의 어두에 ε가 오고 어미는 σα로 시작하는 특징이 있다.

☐ 아오리트스 중간태(복수)

1인칭복수 (중간태/아오리스트)	2인칭복수 (중간태/아오리스트)	3인칭복수 (중간태/아오리스트)
(우리는 순간적으로) 자신을 믿게했다 ἐπιστευσαμεθα	(너희는 순간적으로) 자신을 믿게했다 ἐπιστευσασθε	(그들은 순간적으로) 자신을 믿게했다 ἐπιστευσαντο

□ 수동태의 아오리트스(복수)

1인칭복수 (수동태/아오리스트)	2인칭복수 (수동태/아오리스트)	3인칭복수 (수동태/아오리스트)
(우리는 순간적으로) 믿어졌다	(너희는 순간적으로) 믿어졌다	(그들은 순간적으로) 믿어졌다
ἐπιστευθημεν	ἐπιστευθητε	ἐπιστευθησαν

■ 아오리트스시제 수동태(복수)의 어미는 θη로 시작하는 뒷부분은 능동태(복수)와
동일하다.

□ 예문

①(우리는 순간적으로)믿었다　　(그)예수님을
　　　⇩　　　　　　　　　⇩
ἐπιστευσαμεν　　τον Ἰησουν
　　　⤳ ἐπιστευσαμεν τον Ἰησουν.

②(너희는 순간적으로)믿었다　　(그)예수님을
　　　⇩　　　　　　　　　⇩
ἐπιστευσατε　　τον Ἰησουν
　　　⤳ ἐπιστευσατε τον Ἰησουν.

③(그들은 순간적으로)믿었다　　(그)예수님을
　　　⇩　　　　　　　　　⇩
ἐπιστευσαν　　τον Ἰησουν
　　　⤳ ἐπιστευσαν τον Ἰησουν.

④(우리는 순간적으로)입었다　　(그)전신갑주를
　　　⇩　　　　　　　　　⇩
ἠνδυσαμεθα　　την πανοπλιαν
　　　⤳ ἠνδυσαμεθα την πανοπλιαν.

⑤(너희는 순간적으로)입었다　　(그)전신갑주를
　　　⇩　　　　　　　　　⇩
ἠνδυσασθε　　την πανοπλιαν
　　　⤳ ἠνδυσασθε την πανοπλιαν.

⑥(그들은 순간적으로)입었다   (그)전신갑주를

⬇   ⬇

$\dot{\eta}\nu\delta\upsilon\sigma\alpha\nu\tau o$ $\tau\eta\nu\ \pi\alpha\nu o\pi\lambda\iota\alpha\nu$

⤳ $\dot{\eta}\nu\delta\upsilon\sigma\alpha\nu\tau o\ \tau\eta\nu\ \pi\alpha\nu o\pi\lambda\iota\alpha\nu.$

⑦(우리는 순간적으로)세례받았다   (그)성령으로

⬇   ⬇

$\dot{\epsilon}\beta\alpha\pi\tau\iota\sigma\theta\eta\mu\epsilon\nu$ $\tau\omega\ \pi\nu\epsilon\upsilon\mu\alpha\tau\iota$

⤳ $\dot{\epsilon}\beta\alpha\pi\tau\iota\sigma\theta\eta\mu\epsilon\nu\ \tau\omega\ \pi\nu\epsilon\upsilon\mu\alpha\tau\iota.$

⑧(너희는 순간적으로)세례받았다   (그)성령으로

⬇   ⬇

$\dot{\epsilon}\beta\alpha\pi\tau\iota\sigma\theta\eta\tau\epsilon$ $\tau\omega\ \pi\nu\epsilon\upsilon\mu\alpha\tau\iota$

⤳ $\dot{\epsilon}\beta\alpha\pi\tau\iota\sigma\theta\eta\tau\epsilon\ \tau\omega\ \pi\nu\epsilon\upsilon\mu\alpha\tau\iota.$

⑨(그들은 순간적으로)세례받았다   (그)성령으로

⬇   ⬇

$\dot{\epsilon}\beta\alpha\pi\tau\iota\sigma\theta\eta\sigma\alpha\nu$ $\tau\omega\ \pi\nu\epsilon\upsilon\mu\alpha\tau\iota$

⤳ $\dot{\epsilon}\beta\alpha\pi\tau\iota\sigma\theta\eta\sigma\alpha\nu\ \tau\omega\ \pi\nu\epsilon\upsilon\mu\alpha\tau\iota.$

⑩(우리는 순간적으로)들었다   (그)음성을 _____ (그)주님의

⬇   ⬇   ⬇

$\dot{\eta}\kappa o\upsilon\sigma\alpha\mu\epsilon\nu$ $\tau\eta\nu\ \phi\omega\nu\eta\nu$ $\tau o\upsilon\ \kappa\upsilon\rho\iota o\upsilon$

⤳ $\dot{\eta}\kappa o\upsilon\sigma\alpha\mu\epsilon\nu\ \tau\eta\nu\ \phi\omega\nu\eta\nu\ \tau o\upsilon\ \kappa\upsilon\rho\iota o\upsilon.$

⑪(너희는 순간적으로)들었다   (그)음성을 _____ (그)주님의

⬇   ⬇   ⬇

$\dot{\eta}\kappa o\upsilon\sigma\alpha\tau\epsilon$ $\tau\eta\nu\ \phi\omega\nu\eta\nu$ $\tau o\upsilon\ \kappa\upsilon\rho\iota o\upsilon$

⤳ $\dot{\eta}\kappa o\upsilon\sigma\alpha\tau\epsilon\ \tau\eta\nu\ \phi\omega\nu\eta\nu\ \tau o\upsilon\ \kappa\upsilon\rho\iota o\upsilon.$

아오리스트(복수) 195

⑫(그들은 순간적으로)들었다   (그)음성을 ___ (그)주님의
⇩   ⇩   ⇩   ⇩
ἠκουσαν   την φωνην του κυριου

⇝ ἠκουσαν την φωνην του κυριου.

⑬(우리는 순간순간 자신을)낮추었다   (그)성령 안에서
⇩   ⇩
ἐταπεινωσαμεθα   ἐν τῳ πνευματι

⇝ ἐταπεινωσαμεθα ἐν τῳ πνευματι.

⑭(너희는 순간순간 자신을)낮추었다   (그)성령 안에서
⇩   ⇩
ἐταπεινωσασθε   ἐν τῳ πνευματι

⇝ ἐταπεινωσασθε ἐν τῳ πνευματι.

⑮(그들은 순간순간 자신을)낮추었다   (그)성령 안에서
⇩   ⇩
ἐταπεινωσαντο   ἐν τῳ πνευματι

⇝ ἐταπεινωσαντο ἐν τῳ πνευματι.

⑯(우리는 순간적으로)함께 십자가에 못박혔다   그리스도와
⇩   ⇩
ἐσυσταυρωθημεν   Χριστῳ

⇝ ἐσυστραυρωθεμεν Χριστω.

⑰(너희는 순간적으로)함께 십자가에 못박혔다   그리스도와
⇩   ⇩
ἐσυσταυρωθητε   Χριστῳ

⇝ ἐσυσραυρωθητε Χριστῳ.

⑱(그들은 순간적으로)함께 십자가에 못박혔다   그리스도와
⇩   ⇩
ἐσυσταυρωθησαν   Χριστῳ

⇝ ἐσυσταυρωθησαν Χριστω.

연습문제(28A)

다음 헬라어 문장을 우리말로 직역하시오(*답은 다음 페이지에)

① ἐπιστευσαμεν τον Ἰησουν.

② ἐπιστευσατε τον Ἰησουν.

③ ἐπιστευσαν τον Ἰησουν.

④ ἠνδυσαμεθα την πανοπλιαν.

⑤ ἠνδυσασθε την πανοπλιαν.

⑥ ἠνδυσαντο την πανοπλιαν.

⑦ ἐβαπτισθημεν τῳ πνευματι.

⑧ ἐβαπτισθητε τῳ πνευματι.

⑨ ἐβαπτισθησαν τῳ πνευματι.

⑩ ἠκουσαμεν την φωνην του κυριου.

⑪ ἠκουσατε την φωνην του κυριου.

⑫ ἠκουσαν την φωνην του κυριου.

⑬ ἐταπεινωσαμεθα ἐν τῳ πνευματι.

⑭ ἐταπεινωσασθε ἐν τῳ πνευματι.

⑮ ἐταπεινωσαντο ἐν τῳ πνευματι.

⑯ ἐσυσταυρωθημεν Χριστω.

⑰ ἐσυσταυρωθητε Χριστῳ.

⑱ ἐσυσταυρωθησαν Χριστῳ.

연습문제(28B)

다음 우리말을 헬라어로 바꾸시오(*답은 앞 페이지에)

①(우리는 순간적으로)믿었다 (그)예수님을

②(너희는 순간적으로)믿었다 (그)예수님을

③(그들은 순간적으로)믿었다 (그)예수님을

④(우리는 순간적으로)입었다 (그)전신갑주를

⑤(너희는 순간적로)입었다 (그)전신갑주를

⑥(그들은 순간적으로)입었다 (그)전신갑주를

⑦(우리는 순간적으로)세례받았다 (그)성령으로

⑧(너희는 순간적으로)세례받았다 (그)성령으로

⑨(그들은 순간적으로)세례받았다 (그)성령으로

⑩(우리는 순간적으로)들었다 (그)음성을 (그)주님의

⑪(너희는 순간적으로)들었다 (그)음성을 (그)주님의

⑫(그들은 순간적으로)들었다 (그)음성을 (그)주님의

⑬(우리는 순간순간 자신을)낮추었다 (그)성령 안에서

⑭(너희는 순간순간 자신을)낮추었다 (그)성령 안에서

⑮(그들은 순간순간 자신을)낮추었다 (그)성령 안에서

⑯(우리는 순간적으로)함께 십자가에 못박혔다 그리스도와

⑰(너희는 순간적으로)함께 십자가에 못박혔다 그리스도와

⑱(그들은 순간적으로)함께 십자가에 못박혔다 그리스도와

제**29**과
현재완료

현재완료시제는 과거에 일어났던 일이 현재에도 영향을 미치고 있는 것을 말한다. 현재 시점을 기준으로 한 과거의 행동에 대한 결과이다. 예를 들면 "나는 밥을 먹었다"에서 "먹었다"를 현재완료로 쓰면 나는 밥을 먹었는데(과거) 그래서 지금도 배가 부르다는 뜻이다(현재완료).

☐ 현재완료 능동태/단수

1인칭단수 (능동태/현재완료)	2인칭단수 (능동태/현재완료)	3인칭단수 (능동태/현재완료)
(나는) 믿어왔다 πεπιστευκα	(너는) 믿어왔다 πεπιστευκας	(그는) 믿어왔다 πεπιστευκε(ν)

- 현재완료시제를 만들 때는 (동사 첫 단어+ε)을 접두어로 사용한다.
  예를 들면 π로 시작하는 동사는 πε, γ로 시작하는 동사는 γε가 접두어로 사용된다.
- 현재완료시제 능동태의 어미는 κα로 시작한다 : 3인칭 단수만 예외

☐ 현재완료 능동태(복수)

1인칭복수 (능동태/현재완료)	2인칭복수 (능동태/현재완료)	3인칭복수 (능동태/현재완료)
(우리는) 믿어왔다 πεπιστευκαμεν	(너희는) 믿어왔다 πεπιστευκατε	(그들은) 믿어왔다 πεπιστευκασι

☐ 현재완료 중간태(단수)

1인칭단수 (중간태/현재완료)	2인칭단수 (중간태/현재완료)	3인칭단수 (중간태/현재완료)
(나는 자신을)믿어왔다 πεπιστευμαι	(너는 자신을)믿어왔다 πεπιστευσαι	(그는 자신을)믿어왔다 πεπιστευται

■ 현재완료시제 중간태의 어미는 현재시제 중간태 어미와 비슷하다
ομαι ⋯ μαι   εσαι ⋯ σαι   εται ⋯ ται

☐ 현재완료 중간태(복수)

1인칭복수 (중간태/현재완료)	2인칭복수 (중간태/현재완료)	3인칭복수 (중간태/현재완료)
(우리는 자신을)믿어왔다 πεπιστευμεθα	(너희는 자신을)믿어왔다 πεπιστευσθε	(그들은 자신을)믿어왔다 πεπιστευνται

■ 현재완료시제 중간태의 어미는 현재시제 중간태 어미와 비슷하다
ομεθα ⋯ μεθα   εσθε ⋯ σθε   ονται ⋯ νται

☐ 현재완료 중간태(단수) *중간태(단수)와 동일하다

1인칭단수 (수동태/현재완료)	2인칭단수 (수동태/현재완료)	3인칭단수 (수동태/현재완료)
(나는)믿어져왔다 πεπιστευμαι	(너는)믿어져왔다 πεπιστευσαι	(그는)믿어져왔다 πεπιστευται

☐ 현재완료 중간태(복수) *중간태(복수)와 동일하다

1인칭복수 (중간태/현재완료)	2인칭복수 (중간태/현재완료)	3인칭복수 (중간태/현재완료)
(우리는 자신을)믿어왔다 πεπιστευμεθα	(너희는 자신을)믿어왔다 πεπιστευσθε	(그들은 자신을)믿어왔다 πεπιστευνται

□ **예문**

①(나는)믿어왔다 　　 (그)진리를
　　　⇩　　　　　　　　 ⇩
　πεπιστευκα　 την ἀληθειαν

　　　　　　　⤳ πεπιστευκα την ἀληθειαν.

②(너는)믿어왔다 　　 (그)진리를
　　　⇩　　　　　　　　 ⇩
　πεπιστευκας　 την ἀληθειαν

　　　　　　　⤳ πεπιστευκας την ἀληθειαν.

③(그는)믿어왔다 　　 (그)진리를
　　　⇩　　　　　　　 ⇩
　πεπιστευκε　 την ἀληθειαν

　　　　　　　⤳ πεπιστευκε την ἀληθειαν.

④(우리는)믿어왔다 　　　 (그)진리를
　　　⇩　　　　　　　　　 ⇩
　πεπιστευκαμεν　 την ἀληθειαν

　　　　　　　⤳ πεπιστευκαμεν την ἀληθειαν.

⑤(너희는)믿어왔다 　　 (그)진리를
　　　⇩　　　　　　　　 ⇩
　πεπιστευκατε　 την ἀληθειαν

　　　　　　　⤳ πεπιστευκατε την ἀληθειαν.

⑥(그들은)믿어왔다 　　 (그)진리를
　　　⇩　　　　　　　 ⇩
　πεπιστευκασι　 την ἀληθειαν

　　　　　　　⤳ πεπιστευκασι την ἀληθειαν.

⑦(나는 자신을)낮추어왔다 　 그리스도 안에서
　　　⇩　　　　　　　　　　　 ⇩
　τεταπειμαι　　　 ἐν Χριστῳ

　　　　　　　⤳ τεταπειμαι ἐν Χριστῳ.

⑧(너는 자신을)낮추어왔다　그리스도 안에서
⇩　　　　　　　　　　⇩
$\boxed{\tau\epsilon\tau\alpha\pi\epsilon\iota\sigma\alpha\iota}$　　　ἐν Χριστῷ

～ τεταπεισαι ἐν Χριστῳ.

⑨(그는 자신을)낮추어왔다　그리스도 안에서
⇩　　　　　　　　　　⇩
$\boxed{\tau\epsilon\tau\alpha\pi\epsilon\iota\tau\alpha\iota}$　　　ἐν Χριστῷ

～ τεταπειται ἐν Χριστῳ.

⑩(우리는 자신을)낮추어왔다　그리스도 안에서
⇩　　　　　　　　　　⇩
$\boxed{\tau\epsilon\tau\alpha\pi\epsilon\iota\mu\epsilon\theta\alpha}$　　ἐν Χριστῷ

～ τεταπειμεθα ἐν Χριστῳ.

⑪(너희는 자신을)낮추어왔다　그리스도 안에서
⇩　　　　　　　　　　⇩
$\boxed{\tau\epsilon\tau\alpha\pi\epsilon\iota\sigma\theta\epsilon}$　　ἐν Χριστῷ

～ τεταπεισθε ἐν Χριστῳ.

⑫(그들은 자신을)낮추어왔다　그리스도 안에서
⇩　　　　　　　　　　⇩
$\boxed{\tau\epsilon\tau\alpha\pi\epsilon\iota\nu\tau\alpha\iota}$　　ἐν Χριστῷ

～ τεταπεινται ἐν Χριστῳ.

⑬(나는)죽임을 당해왔다　(그)육신 안에서
⇩　　　　　　　　　⇩
$\boxed{\dot{\eta}\pi\text{ο}\kappa\tau\epsilon\iota\mu\alpha\iota}$　　ἐν $\boxed{\tau\eta}$ $\boxed{\sigma\alpha\rho\kappa\iota}$

～ ἠποκτειμαι ἐν τη σαρκι.

■ 현재완료시제에서 첫 글자가 모음으로 시작할 때는 어두를 장모음으로 바꾸어준다

$\dot{\alpha}\pi\text{ο}\kappa\tau\epsilon\iota\nu\omega$(나는 죽인다) → $\boxed{\dot{\eta}\pi\text{ο}\kappa\tau\epsilon\iota\mu\alpha\iota}$(나는 죽임을 당해왔다)

⑭ (너는)죽임을 당해왔다　　(그)육신 안에서
⇩　　　　　　　　　⇩
ἠποκτεισαι　　ἐν τῃ σαρκι

⤳ ἠποκτεισαι ἐν τῃ σαρκι.

⑮ (그는)죽임을 당해왔다　　(그)육신 안에서
⇩　　　　　　　　　⇩
ἠποκτειται　　ἐν τῃ σαρκι

⤳ ἠποκτειται ἐν τῃ σαρκι.

⑯ (우리는)죽임을 당해왔다　　(그)육신 안에서
⇩　　　　　　　　　⇩
ἠποκτειμεθα　　ἐν τῃ σαρκι

⤳ ἠποκτειμεθα ἐν τῃ σαρκι.

⑰ (너희는)죽임을 당해왔다　　(그)육신 안에서
⇩　　　　　　　　　⇩
ἠποκτεισθε　　ἐν τῃ σαρκι

⤳ ἠποκτεισθε ἐν τῃ σαρκι.

⑱ (그들은)죽임을 당해왔다　　(그)육신 안에서
⇩　　　　　　　　　⇩
ἠποκτεινται　　ἐν τῃ σαρκι

⤳ ἠποκτεινται ἐν τῃ σαρκι.

연습문제(29A)

다음 헬라어 문장을 우리말로 직역하시오(*답은 다음 페이지에)

---

① πεπιστευκα την ἀληθειαν.

---

② πεπιστευκας την ἀληθειαν.

---

③ πεπιστευκε την ἀληθειαν.

---

④ πεπιστευκαμεν την ἀληθειαν.

---

⑤ πεπιστευκατε την ἀληθειαν.

---

⑥ πεπιστευκασι την ἀληθειαν.

---

⑦ τεταπειμαι ἐν Χριστῳ.

---

⑧ τεταπεισαι ἐν Χριστῳ.

---

⑨ τεταπειται ἐν Χριστῳ.

---

⑩ τεταπειμεθα ἐν Χριστῳ.

---

⑪ τεταπεισθε ἐν Χριστῳ.

---

⑫ τεταπεινται ἐν Χριστῳ.

---

⑬ ἠποκτειμαι ἐν τῃ σαρκι.
⑭ ἠποκτεισαι ἐν τῃ σαρκι.
⑮ ἠποκτειται ἐν τῃ σαρκι.
⑯ ἠποκτειμεθα ἐν τῃ σαρκι.
⑰ ἠποκτεισθε ἐν τῃ σαρκι.
⑱ ἠποκτεινται ἐν τῃ σαρκι.

연습문제(29B)

다음 우리말을 헬라어로 바꾸시오(*답은 앞 페이지에)

①(나는)믿어왔다 (그)진리를
②(너는)믿어왔다 (그)진리를
③(그는)믿어왔다 (그)진리를
④(우리는)믿어왔다 (그)진리를
⑤(너희는)믿어왔다 (그)진리를
⑥(그들은)믿어왔다 (그)진리를
⑦(나는 자신을)낮추어왔다 그리스도 안에서
⑧(너는 자신을)낮추어왔다 그리스도 안에서
⑨(그는 자신을)낮추어왔다 그리스도 안에서
⑩(우리는 자신을)낮추어왔다 그리스도 안에서
⑪(너희는 자신을)낮추어왔다 그리스도 안에서
⑫(그들은 자신을)낮추어왔다 그리스도 안에서

⑬(나는)죽임을 당해왔다 (그)육신 안에서

⑭(너는)죽임을 당해왔다 (그)육신 안에서

⑮(그는)죽임을 당해왔다 (그)육신 안에서

⑯(우리는)죽임을 당해왔다 (그)육신 안에서

⑰(너희는)죽임을 당해왔다 (그)육신 안에서

⑱(그들은)죽임을 당해왔다 (그)육신 안에서

제**30**과

과거완료

과거완료(시제)는 과거의 어느 시점을 기준으로 그 이전에 일어났던 행동에 대한 결과를 말한다. 성경에서 과거완료는 그리 많이 나오지는 않는다.

☐ 과거완료 능동태(단수)

1인칭단수 (능동태/과거완료)	2인칭단수 (능동태/과거완료)	3인칭단수 (능동태/과거완료)
(나는) 믿어왔었다 ἐπεπιστευκειν	(너는) 믿어왔었다 ἐπεπιστευκεις	(그는) 믿어왔었다 ἐπεπιστευκει

- 과거완료시제의 어두는 현재완료시제의 어두 앞에 ε가 온다.
  예를 들면 π로 시작하는 동사는 ἐπε, γ로 시작하는 동사는 ἐγε가 접두어로 온다.
- 과거완료시제(능동태)의 어미는 κει로 시작한다 : 3인칭 단수만 예외

☐ 과거완료 능동태(복수)

1인칭복수 (능동태/과거완료)	2인칭복수 (능동태/과거완료)	3인칭복수 (능동태/과거완료)
(우리는) 믿어왔다 ἐπεπιστευκειμεν	(너희는) 믿어왔다 ἐπεπιστευκειτε	(그들은) 믿어왔다 ἐπεπιστευκεισαν

☐ 과거완료 중간태(단수)

1인칭단수 (중간태/과거완료)	2인칭단수 (중간태/과거완료)	3인칭단수 (중간태/과거완료)
(나는 자신을) 믿어왔었다 ἐπεπιστευμην	(너는 자신을) 믿어왔었다 ἐπεπιστευσο	(그는 자신을) 믿어왔었다 ἐπεπιστευτο

■ 과거완료(중수동태/단수)의 어미는 불규칙하게 변하므로 주의해야 한다.

☐ 과거완료 중간태(복수)

1인칭복수 (중간태/과거완료)	2인칭복수 (중간태/과거완료)	3인칭복수 (중간태/과거완료)
(우리는 자신을) 믿어왔다 ἐπεπιστευμεθα	(너희는 자신을) 믿어왔다 ἐπεπιστευσθε	(그들은 자신을) 믿어왔다 ἐπεπιστευντο

☐ 과거완료 수동태(단수) *중간태(단수)와 동일

1인칭단수 (수동태/과거완료)	2인칭단수 (수동태/과거완료)	3인칭단수 (수동태/과거완료)
(나는) 믿어져왔었다 ἐπεπιστευμην	(너는) 믿어져왔었다 ἐπεπιστευσο	(그는) 믿어져왔었다 ἐπεπιστευτο

☐ 과거완료 수동태(복수) *중간태(복수)와 동일

1인칭복수 (수동태/과거완료)	2인칭복수 (수동태/과거완료)	3인칭복수 (수동태/과거완료)
(우리는) 믿어져왔었다 ἐπεπιστευμεθα	(너희는) 믿어져왔었다 ἐπεπιστευσθε	(그들은) 믿어져왔었다 ἐπεπιστευντο

□ 예문

① (나는)믿어왔었다   (그)진리를

① ἐπεπιστευκειν την ἀληθειαν

    ⤳ ἐπεπιστευκειν την ἀληθειαν.

② (너는)믿어왔었다   (그)진리를

ἐπεπιστευκεις την ἀληθειαν

    ⤳ ἐπεπιστευκεις την ἀληθειαν.

③ (그는)믿어왔었다   (그)진리를

ἐπεπιστευκει την ἀληθειαν

    ⤳ ἐπεπιστευκει την ἀληθειαν.

④ (우리는)믿어왔었다   (그)진리를

ἐπεπιστευκειμεν την ἀληθειαν

    ⤳ ἐπεπιστευκειμεν την ἀληθειαν.

⑤ (너희는)믿어왔었다   (그)진리를

ἐπεπιστευκειτε την ἀληθειαν

    ⤳ ἐπεπιστευκειτε την ἀληθειαν

⑥ (그들은)믿어왔었다   (그)진리를

ἐπεπιστευκεισαν την ἀληθειαν

    ⤳ ἐπεπιστευκεισαν την ἀληθειαν.

⑦ (나는 자신을)낮추어왔었다   그리스도 안에서

ἐτεταπειμην ἐν Χριστῳ

    ⤳ ἐτεταπειμην ἐν Χριστῳ.

⑧(너는 자신을)낮추어왔었다　그리스도 안에서
⬇　　　　　　　　　　⬇
ἐτεταπεισο　　　　ἐν Χριστῳ

⤳ ἐτεταπεισο ἐν Χριστῳ.

⑨(그는 자신을)낮추어왔었다　그리스도 안에서
⬇　　　　　　　　　　⬇
ἐτεταπειτο　　　　ἐν Χριστῳ

⤳ ἐτεταπειτο ἐν Χριστῳ.

⑩(우리는 자신을)낮추어왔었다　그리스도 안에서
⬇　　　　　　　　　　⬇
ἐτεταπειμεθα　　　ἐν Χριστῳ

⤳ ἐτεταπειμεθα ἐν Χριστῳ.

⑪(너희는 자신을)낮추어왔다　그리스도 안에서
⬇　　　　　　　　　　⬇
ἐτεταπεισθε　　　ἐν Χριστῳ

⤳ ἐτεταπεισθε ἐν Χριστῳ.

⑫(그들은 자신을)낮추어왔다　그리스도 안에서
⬇　　　　　　　　　　⬇
ἐτεταπεινto　　　ἐν Χριστῳ

⤳ ἐτεταπεινto ἐν Χριστῳ

⑬(나는)죽임을 당해왔었다　(그)육신 안에서
⬇　　　　　　　　　　⬇
ἠποκτειμην　　ἐν τῃ σαρκι

⤳ ἠποκτειμην ἐν τῃ σαρκι.

■ 과거완료시제에서 첫 글자가 모음으로 시작할 때는 어두를 장모음으로 바꾸어준다
ἀποκτεινω(나는 죽인다) ⇢ ἠποκτειμην(나는 죽임을 당해왔었다)

⑭(너는)죽임을 당해왔었다 　 (그)육신 안에서
⬇ 　 　 　 ⬇

ἠποκτεισο　　　　　 ἐν τη σαρκι

⤳ ἠποκτεισο ἐν τη σαρκι.

⑮(그는)죽임을 당해왔었다 　 (그)육신 안에서
⬇ 　 　 　 ⬇

ἠποκτειτο　　　　　 ἐν τη σαρκι

⤳ ἠποκτειτο ἐν τη σαρκι.

⑯(우리는)죽임을 당해왔었다 　 (그)육신 안에서
⬇ 　 　 　 ⬇

ἠποκτειμεθα　　　　 ἐν τη σαρκι

⤳ ἠποκτειμεθα ἐν τη σαρκι.

■ 동사가 모음으로 시작할 때 현재완료(1인칭복수/수동태)와 과거완료(1인칭복수
/수동태)의 모양이 동일하다

⑰(너희는)죽임을 당해왔었다 　 (그)육신 안에서
⬇ 　 　 　 ⬇

ἠποκτεισθε　　　　 ἐν τη σαρκι

⤳ ἠποκτεισθε ἐν τη σαρκι.

■ 동사가 모음으로 시작할 때 현재완료(2인칭복수/수동태)와 과거완료(자인칭복수
/수동태)의 모양이 동일하다

⑱(그들은)죽임을 당해왔었다 　 (그)육신 안에서
⬇ 　 　 　 ⬇

ἠποκτεινϲο　　　　 ἐν τη σαρκι

⤳ ἠποκτεινττο ἐν τη σαρκι.

연습문제(30A)

다음 헬라어 문장을 우리말로 직역하시오(*답은 다음 페이지에)

① ἐπεπιστευκειν τὴν ἀληθειαν.

② ἐπεπιστευκεις τὴν ἀληθειαν.

③ ἐπεπιστευκει τὴν ἀληθειαν.

④ ἐπεπιστευκειμεν τὴν ἀληθειαν.

⑤ ἐπεπιστευκειτε τὴν ἀληθειαν

⑥ ἐπεπιστευκεισαν τὴν ἀληθειαν.

⑦ ἐτεταπειμην ἐν Χριστῳ.

⑧ ἐτεταπεισο ἐν Χριστῳ.

⑨ ἐτεταπειτο ἐν Χριστῳ.

⑩ ἐτεταπειμεθα ἐν Χριστῳ.

⑪ ἐτεταπεισθε ἐν Χριστῳ.

⑫ ἐτεταπεινιτο ἐν Χριστῳ.

⑬ ἠποκτειμην ἐν τῃ σαρκι.

⑭ ἠποκτεισο ἐν τῃ σαρκι.

⑮ ἠποκτειτο ἐν τῃ σαρκι.

⑯ ἠποκτειμεθα ἐν τῃ σαρκι.

⑰ ἠποκτεισθε ἐν τῃ σαρκι.

⑱ ἠποκτειντο ἐν τῃ σαρκι.

연습문제(30B)

다음 우리말을 헬라어로 바꾸시오(*답은 앞 페이지에)

①(나는)믿어왔었다 (그)진리를
②(너는)믿어왔었다 (그)진리를
③(그는)믿어왔었다 (그)진리를
④(우리는)믿어왔었다 (그)진리를
⑤(너희는)믿어왔었다 (그)진리를
⑥(그들은)믿어왔었다 (그)진리를
⑦(나는 자신을)낮추어왔었다 그리스도 안에서
⑧(너는 자신을)낮추어왔었다 그리스도 안에서
⑨(그는 자신을)낮추어왔었다 그리스도 안에서
⑩(우리는 자신을)낮추어왔었다 그리스도 안에서
⑪(너희는 자신을)낮추어왔었다 그리스도 안에서
⑫(그들은 자신을)낮추어왔었다 그리스도 안에서

⑬(나는)죽임을 당해왔었다 (그)육신 안에서
⑭(너는)죽임을 당해왔었다 (그)육신 안에서
⑮(그는)죽임을 당해왔었다 (그)육신 안에서
⑯(우리는)죽임을 당해왔었다 (그)육신 안에서
⑰(너희는)죽임을 당해왔었다 (그)육신 안에서
⑱(그들은)죽임을 당해왔었다 (그)육신 안에서

제5장

관계대명사
부정사, 분사

제31과
관계대명사

관계대명사는 앞 문장에 있는 특정 명사(선행사)를 공통 분모로 하여 뒤 문장과
연결시키는 것을 말한다. 헬라어 관계대명사는 격과 수에 따라 달라지는 데 명사
의 어미에 역숨표를 붙여서 만든다. 관계대명사의 번역은 (그런데 누구는)이라고
하면서 앞 문장과 뒤 문장을 연결시키면 된다. 예를 들면 다음과 같다.

- [주격] 나는 믿는다 예수님은 (그런데 그는) 십자가에 죽으셨다 우리를 위해
- [목적격] 나는 믿는다 예수님은 (그런데 그를) 사람들이 십자가에 못박았다
- [소유격] 나는 믿는다 예수님은 (그런데 그의) 제자로 우리는 부름을 받았다
- [여격] 나는 믿는다 예수님은 (그런데 그에게로) 우리는 나아가야 한다

①주격/관계대명사

주격/남성(단수) ὅς	주격/여성(단수) ἥ	주격/중성(단수) ὅ
주격/남성(복수) οἵ	주격/여성(복수) αἵ	주격/중성(복수) ἅ

②목적격/관계대명사

목적격/남성(단수) ὅν	목적격/여성(단수) ἥν	목적격/중성(단수) ὅ
목적격/남성(복수) οὕς	목적격/여성(복수) ἅς	목적격/중성(복수) ἅ

③소유격/관계대명사

소유격/남성(단수) οὗ	소유격/여성(단수) ἧς	소유격/중성(단수) οὗ
소유격/남성(복수) ὧν	소유격/여성(복수) ὧν	소유격/중성(복수) ὧν

④여격/관계대명사

여격/남성(단수) ᾧ	여격/여성(단수) ᾗ	여격/중성(단수) ᾧ
여격/남성(복수) οἷς	여격/여성(복수) αἷς	여격/중성(복수) οἷς

■ 관계대명사는 일반적으로 (격/성/수)에 따른 명사의 어미변화와 모양이 비슷하다.
　(예) 주격/남성/단수(어미) -ος ⟶ 주격/남성/단수(관계대명사) ὅς
■ 주격단수(중성/관계대명사) ὅ는 주격단수(남성/관사) ὁ와 같아 주의가 필요하다.

□ 예문

①주격/남성(단수)관계대명사

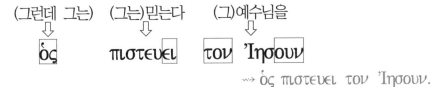

⤳ ὅς πιστευει τον Ἰησουν.

②주격/남성(복수)관계대명사

⤳ οἱ πιστευουσιν τον Ἰησουν.

③주격/여성(단수)관계대명사

⤳ ἡ ἀκολουθει τον κυριον.

④주격/여성(복수)관계대명사

⤳ αἱ ἀκολουθουσιν τον κυριον.

⑤주격/중성(단수)관계대명사

(그런데 그것은) (그것은)준다 (그)소망을
⇓   ⇓   ⇓

ὁ   διδωσιν   την ἐλπιδα

→ ὁ διδωσιν την ἐλπιδα.

⑥주격/중성(복수)관계대명사

(그런데 그것들은) (그것들은)준다 (그)소망을
⇓   ⇓   ⇓

ἁ   διδοασιν   την ἐλπιδα

→ ἁ διδοασιν την ἐλπιδα.

⑦목적격/남성(단수)관계대명사

(그런데 그를) (나는)믿는다 (그)진리 안에서
⇓   ⇓   ⇓

ὁν   πιστευω   ἐν τη ἀληθεια

→ ὁν πιστευω ἐν τη ἀληθεια.

⑧목적격/남성(복수)관계대명사

(그런데 그들을) (우리는)믿는다 (그)진리 안에서
⇓   ⇓   ⇓

οὑς   πιστευομεν   ἐν τη ἀληθεια

→ οὑς πιστευω ἐν τη ἀληθεια.

⑨목적격/여성(단수)관계대명사

(그런데 그녀를) (나는)따른다 소망 안에서
⇓   ⇓   ⇓

ἡν   ἀκολουθεω   ἐν ἐλπιδι

→ ἡν ἀκολουθεω ἐν ἐλπιδι.

⑩목적격/여성(복수)관계대명사

(그런데 그녀들을) (우리는)따른다   소망 안에서
⇓   ⇓   ⇓

ἁς   ἀκολουθομεν   ἐν ἐλπιδι

⤳ ἁς ἀκολουομεν ἐν ἐλπιδι.

⑪목적격/중성(단수)관계대명사

(그런데 그것을) (너는)준다 사람들에게
⇓   ⇓   ⇓

ὁ   διδος   ἀνθρωπους

⤳ ὁ διδος ἀνθρωπους

■ 주격(중성)관계대명사와 목적격(중성) 관계대명사는 동일하다. 단수는 ὁ 복수는 ἁ

⑫목적격/중성(복수)관계대명사

(그런데 그것들을) (너희는)준다 사람들에게
⇓   ⇓   ⇓

ἁ   διδοτε   ἀνθρωπους

⤳ ἁ διδοτε ἀνθρωπους

⑬소유격/남성(단수)관계대명사

(그런데 그의) 사랑을   (나는)안다   그리스도 안에서
⇓   ⇓   ⇓   ⇓

οὑ   ἀγαπην   γινωσκω   ἐν Χριστῳ

⤳ οὑ ἀγπην γινωσκω ἐν Χριστῳ.

⑭소유격/남성(복수)관계대명사

(그런데 그들의) 사랑을   (우리는)안다   그리스도 안에서
⇓   ⇓   ⇓   ⇓

ὡν   ἀγαπην γινωσκομεν   ἐν Χριστῳ

⤳ ὡν ἀγπην γινωσκομεν ἐν Χριστῳ.

⑮소유격/여성(단수)관계대명사

(그런데 그녀의) 믿음을   (너는)안다   주님 안에서
⇩   ⇩   ⇩   ⇩

ἧς   πιστιν   γινωσκεις   ἐν κυριῳ

⤳ ἧς πιστιν γινωσκεις ἐν κυριῳ.

⑯소유격/여성(복수)관계대명사

(그런데 그녀들의) 믿음을   (너희는)안다   주님 안에서
⇩   ⇩   ⇩   ⇩

ὧν   πιστιν   γινωσκετε   ἐν κυριῳ

⤳ ὧν πιστιν γινωσκετε ἐν κυριῳ.

⑰소유격/중성(단수)관계대명사

(그런데 그것의) 능력을   (그는)준다   사람들에게
⇩   ⇩   ⇩   ⇩

οὑ   δυναμιν   διδωσιν   ἀνθρωπους

⤳ οὑ δυαμιν διδωσιν ἀνθρωπους.

■소유격(남성/관계대명사)와 소유격(중성/관계대명사)는 동일하다. 단수는 οὑ 복수는 ὧν

⑱소유격/중성(복수)관계대명사

(그런데 그것들의) 능력을   (그들은)준다   사람들에게
⇩   ⇩   ⇩   ⇩

ὧν   δυναμιν   διδοασιν   ἀνθρωπους

⤳ ὧν δυαμιν διδοασιν ἀνθρωπους.

⑲여격/남성(단수)관계대명사

(그런데 그 안에서) (나는)증언한다   (그)복음을
⇩   ⇩   ⇩

ἐν ᾧ   μαρτυρεω   το εὑαγγελιον

⤳ ἐν ᾧ μαρτυρεω το εὑαγγελιον.

⑳여격/남성(복수)관계대명사

(그런데 그들 안에서)   (우리는)증언한다   (그)복음을
⇓   ⇓   ⇓
ἐν οἷς   μαρτυρομεν   το εὐαγγελιον

⤳ ἐν οἷς μαρτυρομεν το εὐαγγελιον.

㉑여격/여성(단수)관계대명사

(그런데 그녀 안에서)   (나는)보았다 (그)사랑을   (그)주님의
⇓   ⇓   ⇓   ⇓
ἐν ᾗ   οἰδα   την ἀγαπην   του θεου

⤳ ἐν ᾗ οιδα την ἀγαπην του θεου.

■ οἰδα는 εἰδω(보다)의 현재완료로 불규칙 변형이다.

㉒여격/여성(복수)관계대명사

(그런데 그녀들 안에서) (우리는)보았다 (그)사랑을   (그)주님의
⇓   ⇓   ⇓   ⇓
ἐν αἷς   οἰδαμεν   την ἀγαπην   του θεου

⤳ ἐν αἷς οἰδαμεν την ἀγαπην του θεου.

㉓여격/중성(단수)관계대명사

(그런데 그것 안에서)   (너는)발견한다   (그)능력을
⇓   ⇓   ⇓
ἐν ᾧ   εὐρισκεις   την δυναμιν

⤳ ἐν ᾧ εὐρισκεις την δυναμιν.

㉔여격/중성(복수)관계대명사

(그런데 그것들 안에서) (너희는)발견한다   (그)능력을
⇓   ⇓   ⇓
ἐν οἷς   εὐρισκετε   την δυναμιν

⤳ ἐν οἷς εὐρισκετε την δυναμιν.

■ 여격(남성)관계대명사와 여격(중성)관계대명사는 동일하다: 단수는 ᾧ 복수는 οἷς

연습문제(31A)

다음 헬라어 문장을 우리말로 직역하시오(*답은 다음 페이지에)

① ὃς πιστευει τον Ἰησουν.

② οἱ πιστευουσιν τον Ἰησουν.

③ ἡ ἀκολουθει τον κυριον.

④ αἱ ἀκολουθουσιν τον κυριον.

⑤ ὁ διδωσιν την ἐλπιδα.

⑥ ἃ διδοασιν την ἐλπιδα.

⑦ ὃν πιστευω ἐν τη ἀληθεια.

⑧ οὓς πιστευομεν ἐν τη ἀληθεια.

⑨ ἣν ἀκολουθεω ἐν ἐλπιδι.

⑩ ἃς ἀκολουθομεν ἐν ἐλπιδι.

⑪ ὁ διδος ἀνθρωπους.

⑫ ἃ διδοτε ἀνθρωπους.

⑬ οὑ ἀγπην γινωσκω ἐν Χριστῳ.

⑭ ὡν ἀγπην γινωσκομεν ἐν Χριστῳ.

⑮ ἡς πιστην γινωσκκες ἐν κυριῳ.

⑯ ὡν (여성) πιστην γινωσκετε ἐν κυριῳ.

⑰ οὑ (중성) δυναμιν διδωσιν ἀνθρωπους.

⑱ ὡν (중성) δυναμιν διδοασιν ἀνθρωπους.

⑲ ἐν ῳ μαρτυρεω το εὐαγγελιον.

⑳ ἐν οἱς μαρτυρομεν το εὐαγγελιον.

㉑ ἐν ἡ οἰδα την ἀγαπην του θεου.

㉒ ἐν αἱς οἰδαμεν την ἀγαπην του θεου.

㉓ ἐν ῳ (중성) εὐρισκεις την δυναμιν.

㉔ ἐν οἱς (중성) εὐρισκετε την δυναμιν.

연습문제(31B)

다음 우리말을 헬라어로 바꾸시오(*답은 앞 페이지에)

①(그런데 그는) (그는)믿는다 (그)예수님을
②(그런데 그들은) (그들은)믿는다 (그)예수님을
③(그런데 그녀는) (그녀는)따른다 (그)주님을
④(그런데 그녀들은) (그녀들은)따른다 (그)주님을
⑤(그런데 그것은) (그것은)준다 (그)소망을
⑥(그런데 그것들은) (그것들은)준다 (그)소망을
⑦(그런데 그를) (나는)믿는다 (그)진리 안에서
⑧(그런데 그들을) (우리는)믿는다 (그)진리 안에서
⑨(그런데 그녀를) (나는)따른다 소망 안에서
⑩(그런데 그녀들을) (우리는)따른다 소망 안에서
⑪(그런데 그것을) (너는)준다 사람들에게
⑫(그런데 그것들을) (너희는)준다 사람들에게

⑬(그런데 그의) 사랑을 (나는)안다 그리스도 안에서

⑭(그런데 그들의) 사랑을 (우리는)안다 그리스도 안에서

⑮(그런데 그녀의) 믿음을 (너는)안다 주님 안에서

⑯(그런데 그녀들의) 믿음을 (너희는)안다 주님 안에서

⑰(그런데 그것의 능력을) (그는)준다 사람들에게

⑱(그런데 그것들의 능력을) (그들은)준다 사람들에게

⑲(그런데 그 안에서) (나는)증언한다 (그)복음을

⑳(그런데 그들 안에서) (우리는)증언한다 (그)복음을

㉑(그런데 그녀 안에서) (나는)보았다 (그)사랑을 (그)주님의

㉒(그런데 그녀들 안에서) (나는)보았다 (그)사랑을 (그)주님의

㉓(그런데 그것 안에서) (너는)발견한다 (그)능력을

㉔(그런데 그것들 안에서) (너희는)발견한다 (그)능력을

제32과
부정사

헬라어 부정사는 영어의 to 부정사처럼 동사를 부사나 명사의 기능으로 바꾸는 역할을 한다. 영어에서 to부정사가 동사원형이 쓰인 것처럼 헬라어에서도 인칭이나 수와 관계없이 기본시제만 쓰이며 신약성경에는 주로 현재시제와 아오리스트 시제가 사용된다.

부정사/현재시제

능동태	중간태	수동태
(믿도록)(믿는 것을) πιστευειν	(자신을 믿도록)(자신을 믿는 것을) πιστευεσθαι	(믿어지도록)(믿어지는 것을) πιστευεσθαι

- 부정사(현재시제)는 중간태와 수동태가 같다.
- 헬라어 부정사는 몇 개 안 되므로 어미변화를 통으로 외우면 된다.
- 헬라어 부정사는 단수/복수 구분이 없다.

부정사/아오리스트시제

능동태	중간태	수동태
(순간적으로 믿도록)(순간적으로 믿는 것을) πιστευσαι	(순간적으로 자신을 믿도록)(순간적으로 자신을 믿는 것을) πιστευσασθαι	(순간적으로 믿어지도록)(순간적으로 믿어지는 것을) πιστευθηναι

- 부정사(아오리스트시제)는 중간태와 수동태가 다르다.
- 헬라어 부정사는 단수/복수 구분이 없다.

□ 예문

① (나는)복음을 전한다　그녀에게　(그)예수님을 믿으라고
⇩　　　　　⇩　　　⇩

εὐαγγελιζω　αὐτην　πιστευειν　τον Ἰησουν

⤳ εὐαγγελιζω αὐτην πιστευειν τον Ἰησουν.

■ 현재시제 부정사의 부사적 용법이다.

② (나는)할 수 있다　복음 전하는 것을
⇩　　　⇩

δυναμαι το εὐαγγελιζειν ⤳ δυναμαι το εὐαγγελιζειν.

■ 현재시제 부정사의 명사적 용법으로 정관사 το와 함께 쓰였다.

③ (나는)권면한다　그에게　전신갑주를 입으라고
⇩　　　⇩　　　⇩

παρακαλεω　αὐτον　ἐνδυεσθαι πανοπλιαν

⤳ παρακαλεω αὐτον ἐνδυεσθαι πανοπλιαν.

■ 옷을 입는 것은 중간태이므로 부정사 중간태가 사용되었다.

④ (나는)말했다　(그)자녀에게　세례받으라고
⇩　　⇩　　⇩

ἐλαλουν το τεκνον βαπτιζεσθαι

⤳ ἐλαλουν το τεκνον βαπτιζεσθαι.

⑤ (그것은)성취될거다　(그)복음은　세례받는 것 안에서
⇩　　　⇩　　　⇩

πληρωθεσεται το εὐαγγελιον ἐν τῳ βαπτιζεσθαι

⤳ πληρωθησεται το εὐαγγελιον ἐν τῳ βαπτιζεσθαι.

■ 부정사의 명사적 용법이다 : 전치사 + 부정사(명사형)

⑥(나는)복음을 전한다　　그녀에게　　예수님을 (순간적으로)믿으라고
　　　　⇩　　　　　　　⇩　　　　　　　⇩
εὐαγγελιζω　　αὐτην　　πιστευσαι τον Ἰησουν

⤳ ηὐαγγελιον αὐτην πιστευσαι τον Ἰησουν.

■아오리스트시제 부정사의 부사적 용법이다.

⑦(나는)할 수 있다　　(순간적으로)복음 전하는 것을
　　　⇩　　　　　　　⇩
δυναμαι　　　το εὐαγγελισαι

⤳ δυναμαι το εὐαγγελισαι.

■아오리스트시제 부정사의 명사적 용법으로 정관사 το와 함께 쓰였다.

⑧(나는)권면한다　　그에게　　전신갑주를 (순간적으로)입으라고
　　　⇩　　　　　　⇩　　　　　　　⇩
παρακαλεω　　αὐτον　　ἐνδυσασθαι πανοπλιαν

⤳ παρακαλεω αὐτον ἐνδυσασθαι πανοπλιαν.

■옷을 입는 것은 중간태이므로 부정사 중간태가 사용되었다.

⑨(나는)말했다　　(그)자녀에게　　(순간적으로)세례받으라고
　　　⇩　　　　　⇩　　　　　　⇩
ἐλαλουν　　το τεκνον　　βαπτισθηναι

⤳ ἐλαλουν το τεκνον βαπτισθηναι.

⑩(그것은)성취될거다　　(그)복음은　　(순간적으로)세례받는 것 안에서
　　　⇩　　　　　　　⇩　　　　　　　⇩
πληρωθεσεται το εὐαγγελιον　ἐν τῳ βαπτισθηναι

⤳ πληρωθησεται το εὐαγγελιον ἐν τῳ βαπτισθηναι.

■부정사의 명사적 용법이다 : 전치사 + 부정사(명사형)

연습문제(32A)

다음 헬라어 문장을 우리말로 직역하시오(*답은 다음 페이지에)

①εὐαγγελιζω αὐτην πιστευειν τον Ἰησουν.

②δυναμαι το εὐαγγελιζειν.

③παρακαλεω αὐτον ἐνδυεσθαι πανοπλιαν.

④ἐλαλουν το τεκνον βαπτιζεσθαι.

⑤πληρωθησεται το εὐαγγελιον ἐν τῳ βαπτιζεσθαι.

⑥εὐαγγελιω αὐτην πιστευσαι τον Ἰησουν.

⑦δυναμαι το εὐαγγελισαι.

⑧παρακαλεω αὐτον ἐνδυσασθαι πανοπλιαν.

⑨ἐλαλουν το τεκνον βαπτισθηναι.

⑩πληρωθησεται το εὐαγγελιον ἐν τῳ βαπτισθηναι.

연습문제(32B)

다음 우리말을 헬라어로 바꾸시오(*답은 앞 페이지에)

①(나는)복음을 전한다 그녀에게 (그)예수님을 믿으라고

②(나는)할 수 있다 복음전하는 것을

③(나는)권면한다 그에게 전신갑주를 입으라고

④(나는)말했다 (그)자녀에게 세례받으라고

⑤(그것은)성취될거다 (그)복음은 세례받는 것 안에서

⑥(나는)복음을 전한다 그녀에게 예수님을 (순간적으로)믿으라고

⑦(나는)할 수 있다 (순간적으로)복음전하는 것을

⑧(나는)권면한다 그에게 전신갑주를 (순간적으로)입으라고

⑨(나는)말했다 (그)자녀에게 (순간적으로)세례받으라고

⑩(그것은)성취될거다 (그)복음은 (순간적으로)세례받는 것 안에서

제33과
현재분사(주격)

헬라어 현재분사는 동사의 진행의 상태를 나타내며 문장 중에서 형용사나 부사의 기능을 하는 데 영어의 현재분사인 (동사ing)와 비슷하다.

- 현재분사의 어미 : 능동태 남성과 중성은 οντ로, 능동태 여성은 ουσ로 시작하고 중간태(수동태)는 ομεν으로 시작
- 현재분사의 어미변화는 οντ나 ουσ나 ομεν 뒤에 단어의 성에 알맞는 어미를 붙여주면 된다.

☐ 현재분사가 주격으로 쓰일 때

현재분사(주격/능동태/단수)

남성단수(주격/능동태)	여성단수(주격/능동태)	중성단수(주격/능동태)
(그는)믿으면서 믿는(그는) πιστευων	(그녀는)믿으면서 믿는(그녀는) πιστευουσα	(그것은)믿으면서 믿는(그것은) πιστευον

현재분사(주격/능동태/복수)

남성복수(주격/능동태)	여성복수(주격/능동태)	중성복수(주격/능동태)
(그들은)믿으면서 믿는(그들은) πιστευοντες	(그녀들은)믿으면서 믿는(그녀들은) πιστευουσαι	(그것들은)믿으면서 믿는(그것들은) πιστευοντα

- (남성복수)어미 οντες의 ες는 불규칙(복수명사)의 어미에 쓰인다: ἀνδρες(남자들)

①(그)바울은　　(그는)있었다　　(그)예수님을 믿으면서
　↓　　　　　　↓　　　　　　↓
ὁ Παυλος　　ἠν　　　πιστευων τον Ἰησουν

～ὁ Παυλος ἠν πιστευων τον Ἰησουν.

■ 현재분사가 비동사와 함께 쓰일때는 영어의 be동사+현재분사(동사ing)처럼
현재진행의 의미를 갖는다.

②(그)주님을　믿는 자는　　　　　(그는)구원받는다.
　↓　　　　　　　　　↓
ὁ πιστευων τον κυριον　　σωζεται

～ὁ πιστευων τον κυριον σωζεται.

■ 현재분사가 정관사와 함께 쓰일 때는 정관사를 수식하는 형용사의 기능을 한다
따라서 ὁ πιστευων은 "믿는 자는"이 된다.

③(그)주님을 믿는 자들은　　　　　(그들은)구원받는다.
　↓　　　　　　　　　　↓
οἱ πιστευοντες τον κυριον　　σωζονται

～οἱ πιστευοντες τον κυριον σωζονται.

■ 남성복수(주격/관사)인 οἱ와 남성복수(주격/현재분사) πιστευοντες가 합쳐서
"믿는 자들은"이 되었다.

④(그)마리아는　　(그녀는)기도한다　　(그)말씀을 들으면서
　↓　　　　　　↓　　　　　　↓
ἡ Μαρια　　προσευχεται　　ἀκουουσα τον λογον

～ἡ Μαρια προσευχεται ἀκουουσα τον Ἰησουν.

⑤(그)말씀을 듣는 그녀는　　　　　(그녀는)기뻐한다.
　↓　　　　　　　　↓
ἡ ἀκουουσα τον λογον　　　χαιρει

～ἡ ἀκουουσα τον λογον χαιρει.

■ 여성단수(주격/관사)인 ἡ와 여성단수(주격/현재분사) ἀκουουσα가 합쳐서
"듣는 그녀는"이 되었다.

⑥(그)말씀을 듣는 그녀들은　　　(그녀들은)기뻐한다.
⇩　　　　　　　　　⇩

αἱ ἀκουουσαι τον λογον　χαιρουσιν

⤳ αἱ ἀκουουσαι τον λογον χαιρουσιν.

■ 여성복수주격(관사)인 αἱ가 여성복수(주격/현재분사) ἀκουουσαι와 합쳐서
"듣는 그녀들은"이 되었다.

⑦(그)자녀는　　　(그것은)감사한다　　(그)선물을 받으면서
⇩　　　　　⇩　　　　　⇩

το τεκνον　εὐχαριστει　λαμβανον το δωρον

⤳ το τεκνον εὐχαριστει λαμβανον το δωρον.

■ τεκνον이 중성명사이므로 현재분사인 λαμβανον도 중성이다.

⑧(그)선물을 받는 (그)자녀는　　　　　　　(그것은)감사한다
⇩　　　　　　　　　　　　　　⇩

το τεκνον λαμβανον το δωρον　εὐχαριστει

⤳ το τεκνον λαμβανον το δωρον εὐχαριστει.

■ 중성단수(주격/명사)인 το τεκνον과 중성단수(주격/현재분사) λαμβανον이 합쳐서
"받는 (그)자녀는"이 되었다.

⑨(그)선물을 받는 (그)자녀들은　　　　　　(그것들은)감사한다
⇩　　　　　　　　　　　　　⇩

τα τεκνα λαμβανοντα το δωρον　εὐχαριστονται

⤳ τα τεκνα λαμβανοντα το δωρον εὐχαριστονται.

■ 중성복수(주격/관사)인 τα τεκνα가 중성복수(주격/현재분사) λαμβανοντα와 합쳐서
"받는 (그)자녀들은"이 되었다.

현재분사(주격/중간태/단수) *중간태와 수동태는 동일하다

남성단수(주격/중간태)	여성단수(주격/중간태)	중성단수(주격/중간태)
(그는)자신을 믿으면서 자신을 믿는(그는)	(그녀는)자신을 믿으면서 스스로 믿는(그녀는)	(그것은)자신을 믿으면서 자신을 믿는(그것은)
πιστευομενος	πιστευομενη	πιστευομενον

현재분사(주격/중간태/복수) *중간태와 수동태는 동일하다

남성복수(주격/중간태)	여성복수(주격/중간태)	중성복수(주격/중간태)
(그들은)자신을 믿으면서 자신을 믿는(그들은)	(그녀들은)자신을 믿으면서 자신을 믿는(그녀들은)	(그것들은)자신을 믿으면서 자신을 믿는(그것들은)
πιστευομενοι	πιστευομεναι	πιστευομενα

■ 현재분사(주격)의 중간태와 수동태 어미는 ομεν으로 시작한다.

⑩(그)바울은   (그는)있었다   (그)전신갑주를 입으면서
ὁ Παυλος   ἠν   ἑνδυομενος την πανοπλιαν
→ ὁ Παυλος ἠν ἑνδυομενος την πανοπλιαν.

⑪(그)전신갑주를 입는 자는   있다   강한(상태로)
ὁ ἑνδυομενος την πανοπλιαν ἑστιν δυνατος
→ ὁ ἑνδυομενος την πανοπλιαν ἑστιν δυνατος.

⑫(그)전신갑주를 입는 자들은   있다   강한(상태로)
οἱ ἑνδυομενοι την πανοπλιαν εἰσιν δυνατοι
→ οἱ ἑνδυομενοι την πανοπλιαν εἰσιν δυνατοι.

(그)마리아는   (그녀는)있다   (그)성령으로 세례받으면서
⇩   ⇩   ⇩

ἡ Μαρια   ἐστιν   βαπτιζομενη τω πνευματι

⤳ ἡ Μαρια ἐστιν βαπτιζομενη τω πνευματι.

⑭(그)성령으로 세례받는 여자는   있다 행복한(상태로)
⇩   ⇩   ⇩

ἡ γυνη βαπτιζομενη τω πνευματι ἐστιν μακαρια

⤳ ἡ γυνη βαπτιζομενη τω πνευματι ἐστιν μακαρια.

⑮(그)성령으로 세례받는 여자들은   있다 행복한(상태로)
⇩   ⇩   ⇩

αἱ γυναικες βαπτιζομεναι τω πνευματι ἐστιν μακαριαι

⤳ αἱ γυναικες βαπτιζομεναι τω πνευματι ἐστιν μακαριαι.

⑯(그)자녀는   (그것은)있다   그리스도 안에서 (스스로를)낮추면서
⇩   ⇩   ⇩

το τεκνον   ἐστιν   ταπεινωμενον ἐν Χριστω

⤳ το τεκνον ἐστιν ταπεινωμενον ἐν Χριστω

⑰그리스도 안에서 (스스로를)낮추는 (그)자녀는   (그것은)구원받는다
⇩   ⇩

το τεκνον ταπεινωμενον ἐν Χριστω   σωζεται

⤳ το τεκνον ταπεινωμενον ἐν Χριστω σωζεται.

⑱그리스도 안에서 (스스로를)낮추는 (그)자녀들은   (그것들은)구원받는다
⇩   ⇩

τα τεκνα ταπεινωμενα ἐν Χριστω   σωζονται

⤳ τα τεκνα ταπεινωμενα ἐν Χριστω σωζονται.

연습문제(33A)

다음 헬라어 문장을 우리말로 직역하시오(*답은 다음 페이지에)

① ὁ Παυλος ἠν πιστευων τον Ἰησουν.

② ὁ πιστευων τον κυριον σωζεται.

③ οἱ πιστευοντες τον κυριον σωζονται.

④ ἡ Μαρια προσευχεται ἀκουουσα τον λογον.

⑤ ἡ ἀκουουσα τον λογον χαιρει.

⑥ αἱ ἀκουουσαι τον λογον χαιρουσιν.

⑦ το τεκνον εὐχαριστει λαμβανον το δωρον.

⑧ το τεκνον λαμβανον το δωρον εὐχαριστει.

⑨ τα τεκνα λαμβανοντα το δωρον εὐχαριστονται.

⑩ ὁ Παυλος ἠν ἐνδυομενος την πανοπλιαν.

⑪ ὁ ἐνδυομενος την πανοπλιαν ἐστιν δυνατος.

⑫ οἱ ἐνδυομενοι την πανοπλιαν εἰσιν δυνατοι.

⑬ ἡ Μαρια ἐστιν βαπτιζομενη τῳ πνευματι.

⑭ ἡ γυνη βαπτιζομενη τῳ πνευματι ἐστιν μακαρια.

⑮ αἱ γυναικες βαπτιζομεναι τῳ πνευματι ἐστιν μακαριαι.

⑯ το τεκνον ἐστιν ταπεινωμενον ἐν Χριστῳ

⑰ το τεκνον ταπεινωμενον ἐν Χριστῳ σωζεται.

⑱ τα τεκνα ταπεινωμενα ἐν Χριστῳ σωζονται.

연습문제(33B)

다음 우리말을 헬라어로 바꾸시오(*답은 다음 페이지에)

①(그)바울은 (그는)있었다 (그)예수님을 믿으면서

②(그)주님을 믿는 자는 (그는)구원받는다.

③(그)주님을 믿는 자들은 (그들은)구원받는다.

④(그)마리아는 (그녀는)기도한다 (그)말씀을 들으면서

⑤(그)말씀을 듣는 그녀는 (그녀는)기뻐한다.

⑥(그)말씀을 듣는 그녀들은 (그녀들은)기뻐한다.

⑦(그)자녀는 (그것은)감사한다 (그)선물을 받으면서

⑧(그)선물을 받는 (그)자녀는 (그것은)감사한다

⑨(그)선물을 받는 (그)자녀들은 (그것들은)감사한다

⑩(그)바울은 (그는)있었다 (그)전신갑주를 입으면서

⑪(그)전신갑주를 입는 자는 있다 강한(상태로)

⑫(그)전신갑주를 입는 자들은 있다 강한(상태로)

⑬(그)마리아는 (그녀는)있다 (그)성령으로 세례받으면서

⑭(그)성령으로 세례받는 여자는 있다 행복한(상태로)

⑮(그)성령으로 세례받는 여자들은 있다 행복한(상태로)

⑯(그)자녀는 (그것은)있다 그리스도 안에서 (스스로를)낮추면서

⑰그리스도 안에서 (스스로를)낮추는 (그)자녀는 (그것은)구원받는다

⑱그리스도 안에서 (스스로를)낮추는 (그)자녀들은 (그것들은)구원받는다

제34과
현재분사(목적격)

헬라어 분사 목적격은 동사가 형용사의 기능으로 바뀌면서 목적격 명사를 수식한다. 따라서 (목적격)현재분사 앞에는 목적격 관사가 오며 "~하는 자(들)"이 된다.

☐ 현재분사가 목적격으로 쓰일 때

현재분사(목적격/능동태/단수)

남성단수(목적격/능동태)	여성단수(목적격/능동태)	중성단수(목적격/능동태)
믿는(그를) πιστευοντα	믿는(그녀를) πιστευουσαν	믿는(그것을) πιστευον

현재분사/목적격(능동태/복수)

남성복수(목적격/능동태)	여성복수(목적격/능동태)	중성복수(목적격/능동태)
믿는(그들을) πιστευοντας	믿는(그녀들을) πιστευουσας	믿는(그것들을) πιστευοντα

- 현재분사의 어미는 주격과 목적격이 동일하다 : -ον -οντα
- οντα의 어미 α는 불규칙일 때는 목적격(단수)에 쓰이고 규칙일 때는 (중성/복수)명사의 주격과 목적격에 쓰인다: πατρα(아버지를) τεκνα(자녀는/자녀를)
- οντας와 ουσας의 어미 ας는 불규칙변화일 때 주로 복수(목적격)에 쓰인다
  : πατερας(아버지들을), μητερας(어머니들을)

① (그는)사랑한다　(그)주님은　　　(그)하나님을 믿는 자를
⬇　　　　　⬇　　　　　　　　⬇

$$\text{ἀγαπῃ} \quad \text{ὁ κυριος} \quad \text{τον} \quad \text{πιστευοντα} \quad \text{τον} \quad \text{θεον}$$

⤳ ἀγαπῃ ὁ κυριος τον πιστευοντα τον θεον.

- 남성단수(목적격/관사)인 τον이 남성단수(목적격/현재분사) πιστευοντα와 합쳐서 "믿는 자를"이 되었다.

② (그는)사랑한다　(그)주님은　　　(그)하나님을 믿는 자들을
⬇　　　　　⬇　　　　　　　　⬇

$$\text{ἀγαπῃ} \quad \text{ὁ κυριος} \quad \text{τους} \quad \text{πιστευοντας} \quad \text{τον} \quad \text{θεον}$$

⤳ ἀγαπῃ ὁ κυριος τους πιστευοντας τον θεον.

- 남성복수(목적격/관사)인 τους가 남성복수(목적격/현재분사) πιστευοντας와 합쳐서 "믿는 자들을"이 되었다

③ (그는)사랑한다　(그)주님은　　　(그)하나님을 믿는 그녀를
⬇　　　　　⬇　　　　　　　　⬇

$$\text{ἀγαπῃ} \quad \text{ὁ κυριος} \quad \text{την} \quad \text{πιστευουσαν} \quad \text{τον} \quad \text{θεον}$$

⤳ ἀγαπῃ ὁ κυριος την πιστευουσαν τον θεον.

- 여성단수(목적격/관사)인 την이 여성단수(목적격/현재분사) πιστευουσαν과 합쳐서 "믿는 그녀를"이 되었다

④ (그는)사랑한다　(그)주님은　　　(그)하나님을 믿는 그녀들을
⬇　　　　　⬇　　　　　　　　⬇

$$\text{ἀγαπῃ} \quad \text{ὁ κυριος} \quad \text{τας} \quad \text{πιστευουσας} \quad \text{τον} \quad \text{θεον}$$

⤳ ἀγαπῃ ὁ κυριος τας πιστευουσας τον θεον.

- 여성복수(목적격/관사)인 τας가 여성복수(목적격/현재분사) πιστευουσας와 합쳐서 "믿는 그녀들을"이 되었다

⑤ (그는)사랑한다　(그)주님은　　　(그)하나님을 믿는 (그)자녀를
⬇　　　　　⬇　　　　　　　　⬇

$$\text{ἀγαπῃ} \quad \text{ὁ κυριος} \quad \text{το} \quad \text{τεκνον} \quad \text{πιστευον} \quad \text{τον} \quad \text{θεον}$$

⤳ ἀγαπῃ το τεκνον κυριος το πιστευον τον θεον.

- 중성단수(목적격/명사)인 το τεκνον이 중성단수(목적격/현재분사) πιτευον과 합쳐서 "믿는 (그)자녀를"이 되었다

⑥(그는)사랑한다 (그)주님은   (그)하나님을 믿는 (그)자녀들을
   ⇓   ⇓   ⇓
ἀγαπη ὁ κυριος τα τεκνα πιστευοντα τον θεον

⤳ ἀγαπη ὁ κυριος τα τεκνα πιστευοντα τον θεον.

■ 중성복수(목적격/명사) τα τεκνα가 중성단수(목적격/현재분사) πιστευοντα와
합쳐서 "믿는 그것들을"이 되었다

현재분사(목적격/중간태/단수) *중간태와 수동태는 동일하다

남성단수(목적격/중간태)	여성단수(목적격/중간태)	중성단수(목적격/중간태)
자신을 믿는(그를)	자신을 믿는(그녀를)	자신을 믿는(그것을)
πιστευομενον	πιστευομενην	πιστευομενον

현재분사(목적격/중간태/복수) *중간태와 수동태는 동일하다

남성복수(목적격/중간태)	여성복수(목적격/중간태)	중성복수(목적격/중간태)
자신을 믿는(그들을)	자신을 믿는(그녀들을)	자신을 믿는(그것들을)
πιστευομενους	πιστευομενας	πιστευομενα

■ 현재분사(목적격)의 (중/수동태)단수 어미변화는 남성과 중성이 동일하다 : ομενον
■ 현재분사(목적격)의 어미변화는 목적격명사의 규칙적인 어미변화와 동일하다.
  -남성단수(목적격) -ον 여성단수(목적격) -ην 중성단수(목적격) -ον
  -남성복수(목적격) -ους 여성복수(목적격) -ας 중성복수(목적격) -α

⑦(그는)기뻐한다 (그)예수님은   성령으로 세례받는 자를
   ⇓   ⇓   ⇓

χαιρει ὁ Ἰησους τον βαπτιζομενον τω πνευματι

⤳ χαιρει ὁ Ἰησους τον βαπτιζομενον τω πνευματι.

⑧(그는)기뻐한다 (그)예수님은　　　성령으로 세례받는 자들을
　　⇩　　　　　⇩　　　　　　　　　　⇩
χαιρει ὁ Ἰησους τους βαπτιζομενους τω πνευματι

⤳ χαιρει ὁ Ἰησους τους βαπτιζομενους τω πνευματι.

⑨(그는)기뻐한다 (그)예수님은　　　성령으로 세례받는 그녀를
　　⇩　　　　　⇩　　　　　　　　　　⇩
χαιρει ὁ Ἰησους την βαπτιζομενην τω πνευματι

⤳ χαιρει ὁ Ἰησους την βαπτιζομενην τω πνευματι.

⑩(그는)기뻐한다 (그)예수님은　　　성령으로 세례받는 그녀들을
　　⇩　　　　　⇩　　　　　　　　　　⇩
χαιρει ὁ Ἰησους τας βαπτιζομενας τω πνευματι

⤳ χαιρε ὁ Ἰησους τας βαπτιζομενας τω πνευματι.

⑪(그는)기뻐한다 (그)예수님은　　　(그)전신갑주를 입은 (그)자녀를
　　⇩　　　　　⇩　　　　　　　　　　⇩
χαιρει ὁ Ἰησους το τεκνον ἐνδυομενον το πανοπλιαν

⤳ χαιρει ὁ Ἰησους το τεκνον ἐνδυομενον το πανοπλιαν.

⑫(그는)기뻐한다 (그)예수님은　　　(그)전신갑주를 입은 (그)자녀들을
　　⇩　　　　　⇩　　　　　　　　　　⇩
χαιρει ὁ Ἰησους τα τεκνα ἐνδυομενα το πανοπλιαν

⤳ χαιρει ὁ Ἰησους τα τεκνα ἐνδυομενα το πανοπλιαν.

연습문제(34A)

다음 헬라어 문장을 우리말로 직역하시오(*답은 다음 페이지에)

① ἀγαπῃ ὁ κυριος τον πιστευοντα τον θεον.

② ἀγαπῃ ὁ κυριος τους πιστευοντας τον θεον.

③ ἀγαπῃ ὁ κυριος την πιστευουσαν τον θεον.

④ ἀγαπῃ ὁ κυριος τας πιστευουσας τον θεον.

⑤ ἀγαπῃ ὁ κυριος το τεκνον πιστευον τον θεον.

⑥ ἀγαπῃ ὁ κυριος τα τεκνα πιστευοντα τον θεον.

⑦ χαιρει ὁ Ἰησους τον βαπτιζομενον τῳ πνευματι.

⑧ χαιρει ὁ Ἰησους τους βαπτιζομενους τῳ πνευματι.

⑨ χαιρει ὁ Ἰησους την βαπτιζομενην τῳ πνευματι.

⑩ χαιρει ὁ Ἰησους τας βαπτιζομενας τῳ πνευματι.

⑪ χαιρει ὁ Ἰησους το τεκνον ἐνδυομενον το πανοπλιαν.

⑫ χαιρει ὁ Ἰησους τα τεκνα ἐνδυομενα το πανοπλιαν.

연습문제(34B)

다음 우리말을 헬라어로 바꾸시오(*답은 앞 페이지에)

①(그는)사랑한다 (그)주님은 (그)하나님을 믿는 자를

②(그는)사랑한다 (그)주님은 (그)하나님을 믿는 자들을

③(그는)사랑한다 (그)주님은 (그)하나님을 믿는 그녀를

④(그는)사랑한다 (그)주님은 (그)하나님을 믿는 그녀들을

⑤(그는)사랑한다 (그)주님은 (그)하나님을 믿는 (그)자녀를

⑥(그는)사랑한다 (그)주님은 (그)하나님을 믿는 (그)자녀들을

⑦(그는)기뻐한다 (그)예수님은 (그)성령으로 세례받는 자를

⑧(그는)기뻐한다 (그)예수님은 (그)성령으로 세례받는 자들을

⑨(그는)기뻐한다 (그)예수님은 (그)성령으로 세례받는 그녀를

⑩(그는)기뻐한다 (그)예수님은 (그)성령으로 세례받는 그녀들을

⑪(그는)기뻐한다 (그)예수님은 (그)전신갑주를 입은 (그)자녀를

⑫(그는)기뻐한다 (그)예수님은 (그)전신갑주를 입은 (그)자녀들을

제35과
현재분사(소유격)

헬라어 현재분사 소유격은 동사가 형용사의 기능으로 바뀌면서 소유격 명사를 수식하므로 현재분사(소유격) 앞에는 수식하는 소유격 명사나 대명사가 온다.

☐ 현재분사가 소유격으로 쓰일 때

현재분사(소유격/능동태/단수)

남성단수(소유격/능동태)	여성단수(소유격/능동태)	중성단수(소유격/능동태)
믿는(그의) πιστευοντος	믿는(그녀의) πιστευουσης	믿는(그것의) πιστευοντος

■ οντος의 어미 ος는 주로 불규칙(단수명사)의 (소유격)어미에 쓰인다 : πατρος(아버지의)

현재분사(소유격/능동태/복수)

남성복수(소유격/능동태)	여성복수(소유격/능동태)	중성복수(소유격/능동태)
믿는(그들의) πιστευοντων	믿는(그녀들의) πιστευουσων	믿는(그것들의) πιστευοντων

① (그는)안다 (그)주님은   (그)하나님을 믿는 (그)남자의 마음을

γινωσκει ὁ κυριος καρδιαν του ἀνδρος πιστευοντος τον θεον

⟶ γινωσκει ὁ κυριος καρδιαν του ἀνδρος πιστευοντος τον θεον.

■ 남성단수(소유격/명사)인 του ἀνδρος 와 남성단수(소유격/현재분사)πιστευοντος가
합쳐서 "믿는 (그)남자의"가 되었다.

②(그는)안다 (그)주님은   (그)하나님을 믿는 (그)남자들의 마음을
⇩   ⇩   ⇩

γινωσκει ὁ κυριος καρδια των ἀνδρων πιστευοντων τον θεον

⤳ γινωσκει ὁ κυριος καρδια των ἀνδρων πιστευοντων τον θεον.

■ 남성복수(소유격/대명사)인 τον ἀνδρων과 남성복수(소유격/현재분사) πιστευοντων이
합쳐서 "믿는 (그)남자들의"가 되었다.

③(그는)안다 (그)주님은   (그)하나님을 믿는 (그)여자의 마음을
⇩   ⇩   ⇩

γινωσκει ὁ κυριος καρδια της γυναικος πιστευουσης τον θεον

⤳ γινωσκει ὁ κυριος καρδια της γυναικος πιστευουσης τον θεον.

■ 여성단수(소유격/명사)인 της γυναικος 와 여성단수(소유격/현재분사) πιστευουσης가
합쳐서 "믿는 (그)여자의"가 되었다.

④(그는)안다 (그)주님은   (그)하나님을 믿는 (그)여자들의 마음을
⇩   ⇩   ⇩

γινωσκει ὁ κυριος καρδια των γυναικων πιστευουσων τον θεον

⤳ γινωσκει ὁ κυριος καρδια των γυναικων πιστευουσων τον θεον.

■ 여성복수(소유격/명사)인 των γυναικων 과 여성복수(소유격/현재분사) πιστευουσων이
합쳐서 "믿는 (그)여자들의"가 되었다.

⑤(그는)안다 (그)주님은   (그)하나님을 믿는 (그)자녀의 마음을
⇩   ⇩   ⇩

γινωσκει ὁ κυριος καρδια του τεκνου πιστευοντος τον θεον

⤳ γινωσκει ὁ κυριος καρδια του τεκνου πιστευουτος τον θεον.

■ 중성단수(소유격/명사)인 του τεκνου와 중성단수(소유격/현재분사)πιστευοντος가
합쳐서 "믿는 (그)자녀의"가 되었다.

⑥(그는)안다　(그)주님은　(그)하나님을 믿는　(그)자녀들의 마음을

$\Downarrow$　　$\Downarrow$　　　　　　　　$\Downarrow$

γινωσκει ὁ κυριος καρδιαν των τεκνων πιστευοντων τον θεον

⤳γινωσκει ὁ κυριος καρδιαν των τεκνων πιστευοντων τον θεον.

■ 중성복수(소유격/명사)인 των τεκνων 과 중성복수(소유격/현재분사)πιστευοντων이
합쳐서 "믿는 (그)자녀들의"가 되었다.

현재분사(소유격/중간태)　*중간태와 수동태는 동일하다

남성단수(소유격/중간태)	여성단수(소유격/중간태)	중성단수(소유격/중간태)
자신을 믿는(그를) πιστευομενου	자신을 믿는(그녀를) πιστευομενης	자신을 믿는(그것을) πιστευομενου

현재분사(소유격/중간태)　*중간태와 수동태는 동일하다

남성복수(소유격/중간태)	여성복수(소유격/중간태)	중성복수(소유격/중간태)
자신을 믿는(그들을) πιστευομενων	자신을 믿는(그녀들을) πιστευομενων	자신을 믿는(그것들을) πιστευομενων

현재분사(중간태/수동태) 소유격(복수)의 어미는 남성, 여성, 중성 모두 동일하다 : ων

⑦기뻐한다　(그)예수님은　　전신갑주를 입은 (그)남자의 믿음을

$\Downarrow$　　$\Downarrow$　　$\Downarrow$

χαιρει ὁ Ἰησους πιστιν του ἀνδρος ἐνδυομενου πανοπλιαν

⤳χαιρει ὁ Ἰησους πιστιν του ἀνδρος ἐνδυομενου πανοπλιαν.

⑧기뻐한다　(그)예수님은　　　　전신갑주를 입은 (그)남자들의 믿음을
　　⇩　　　　⇩　　　　　　　　　　　⇩
χαιρει　ὁ Ἰησους　πιστιν　των　ἀνδρων　ἐνδυομενων　πανοπλιαν

⤳χαιρει ὁ Ἰησους πιστιν των ἀνδρων ἐνδυομενων πανοπλιαν.

⑨기뻐한다　(그)예수님은　　　세례받은 (그)여자의 믿음을
　　⇩　　　　⇩　　　　　　　　　　⇩
χαιρει　　ὁ Ἰησους　　πιστιν　της　γυναικος　βαπτιζομενης

⤳ χαιρει ὁ Ἰησους πιστιν της γυναικος βαπτιζομενης.

⑩기뻐한다 (그)예수님은　　　세례받은 (그)여자들의 믿음을
　　⇩　　　　⇩　　　　　　　　　　⇩
χαιρει　　ὁ Ἰησους　　πιστιν　των　γυναικων　βαπτιζομενων

⤳ χαιρει ὁ Ἰησους πιστιν των γυναικων βαπτιζομενων.

⑪기뻐한다 (그)예수님은　　　(자신을)낮추는 (그)자녀의 믿음을
　　⇩　　　　⇩　　　　　　　　　　⇩
χαιρει　ὁ Ἰησους　　　πιστιν　του　τεκνου　ταπεινομενου

⤳ χαιρει ὁ Ἰησους πιστιν του τεκνου ταπεινομενου.

⑫기뻐한다 (그)예수님은　　　(자신을)낮추는 (그)자녀들의 믿음을
　　⇩　　　　⇩　　　　　　　　　　⇩
χαιρει　ὁ Ἰησους　　　πιστιν　των　τεκνων　ταπεινομενων

⤳ χαιρει ὁ Ἰησους πιστιν των τεκνων ταπεινομενων.

연습문제(35A)

다음 헬라어 문장을 우리말로 직역하시오(*답은 다음 페이지에)

① γινωσκει ὁ κυριος καρδιαν του ἀνδρος πιστευοντος τον θεον.

② γινωσκει ὁ κυριος καρδιαν των ἀνδρων πιστευοντων τον θεον.

③ γινωσκει ὁ κυριος καρδιαν της γυναικος πιστευουσης τον θεον.

④ γινωσκει ὁ κυριος καρδιαν των γυναικων πιστευουσων τον θεον.

⑤ γινωσκει ὁ κυριος καρδιαν του τεκνου πιστευοντος τον θεον.

⑥ γινωσκει ὁ κυριος καρδιαν των τεκνων πιστευοντων τον θεον.

⑦ χαιρει ὁ Ἰησους πιστιν του ἀνδρος ἐνδυομενου πανοπλιαν.

⑧ χαιρει ὁ Ἰησους πιστιν των ἀνδρων ἐνδυομενων πανοπλιαν.

⑨ χαιρει ὁ Ἰησους πιστιν της γυναικος βαπτιζομενης.

⑩ χαιρει ὁ Ἰησους πιστιν των γυναικων βαπτιζομενων.

⑪ χαιρει ὁ Ἰησους πιστιν του τεκνου ταπεινομενου.

⑫ χαιρει ὁ Ἰησους πιστιν των τεκνων ταπεινομενων.

연습문제(35B)

다음 우리말을 헬라어로 바꾸시오(*답은 앞 페이지에)

①(그는)안다 (그)주님은 (그)하나님을 믿는 (그)남자의 마음을

②(그는)안다 (그)주님은 (그)하나님을 믿는 (그)남자들의 마음을

③(그는)안다 (그)주님은 (그)하나님을 믿는 (그)여자의 마음을

④(그는)안다 (그)주님은 (그)하나님을 믿는 (그)여자들의 마음을

⑤(그는)안다 (그)주님은 (그)하나님을 믿는 (그)자녀의 마음을

⑥(그는)안다 (그)주님은 (그)하나님을 믿는 (그)자녀들의 마음을

⑦(그는)기뻐한다 (그)예수님은 전신갑주를 입은 (그)남자의 믿음을

⑧(그는)기뻐한다 (그)예수님은 전신갑주를 입은 (그)남자들의 믿음을

⑨(그는)기뻐한다 (그)예수님은 세례받은 (그)여자의 믿음을

⑩(그는)기뻐한다 (그)예수님은 세례받은 (그)여자들의 믿음을

⑪(그는)기뻐한다 (그)예수님은 (자신을)낮추는 (그)자녀의 믿음을

⑫(그는)기뻐한다 (그)예수님은 (자신을)낮추는 (그)자녀들의 믿음을

현재분사(여격)

헬라어 현재분사 여격은 동사가 형용사의 기능으로 바뀌면서 여격 명사를 수식한다. (목적격)현재분사 앞에는 수식하는 여격명사나 대명사가 온다.

□ 현재분사가 여격으로 쓰일 때

현재분사(여격/능동태/단수)

남성단수(여격/능동태)	여성단수(여격/능동태)	중성단수(여격/능동태)
믿는(그에게) πιστευοντι	믿는(그녀에게) πιστευουση	믿는(그것에게) πιστευοντι

■ οντι의 어미 ι는 주로 불규칙(단수)명사의 (여격)어미에 쓰인다 : πατρι(아버지에게)

현재분사(여격/능동태/복수)

남성복수(여격/능동태)	여성복수(여격/능동태)	중성복수(여격/능동태)
믿는(그들에게) πιστευουσιν	믿는(그녀들에게) πιστευουσαις	믿는(그것들에게) πιστευουσιν

■ 현재분사(여격)의 어미변화는 남성과 중성이 동일하다
■ (현재분사)여격(복수)의 남성과 중성의 어미가 οντ가 아니라 ουσ로 시작하는 것을 주목하라.
■ ουσιν의 어미 ιν은 주로 불규칙(복수)명사의 (여격)어미에 쓰인다 : πατρασιν(아버지에게)

① (그는)준다 (그)주님은 (그)성령을   예수님을 믿는 (그)남자에게
   ⇩   ⇩   ⇩   ⇩
διδωσιν ὁ κυριος το πνευμα τῳ ἀνδρι πιστευοντι τον Ἰησουν
   ⇢ διδωσιν ὁ κυριος το πνευμα τῳ ἀνδρι πιστευοντι τον Ἰησουν.

■ 남성단수(여격/명사)인 τῳ ἀνδρι와 남성단수(여격/현재분사)πιστευοντι가 합쳐서 "믿는 (그)남자에게"가 되었다.

② (그는)준다 (그)주님은 (그)성령을   예수님을 믿는 (그)남자들에게
   ⇩   ⇩   ⇩   ⇩
διδωσιν ὁ κυριος το πνευμα τοις ἀνδρασιν πιστευουσιν τον Ἰησουν
   ⇢ διδωσιν ὁ κυριος το πνευματι τοις ἀνδρασιν πιστευουσιν τον Ἰησουν.

■ 남성복수(여격/명사)인 τοις ἀνδρασιν과 남성복수(여격/현재분사)πιστευουσιν이 합쳐서 "믿는 (그)남자들에게"가 되었다.

③ (그는)준다 (그)주님은 (그)성령을   예수님을 믿는 (그)여자에게
   ⇩   ⇩   ⇩   ⇩
διδωσιν ὁ κυριος το πνευμα τῃ γυναικι πιστευουσῃ τον Ἰησουν
   ⇢ διδωσιν ὁ κυριος το πνευματι τῃ γυναικι πιστευουση τον Ἰησουν.

■ 여성단수(여격/명사)인 τῃ γυναικι와 여성단수(여격/현재분사) πιστευουσῃ가 합쳐서 "믿는 (그)여자에게"가 되었다.

④ (그는)준다 (그)주님은 (그)성령을   예수님을 믿는 (그)여자들에게
   ⇩   ⇩   ⇩   ⇩
διδωσιν ὁ κυριος το πνευμα ταις γυναξιν πιστευουσαις τον Ἰησουν
   ⇢ διδωσιν ὁ κυριος το πνευματι γυναιξιν πιστευουσαις τον Ἰησουν.

■ 여성복수(여격/명사)인 ταις γυναιξιν과 여성복수(여격/현재분사)πιστευουσαις가 합쳐서 "믿는 (그)여자들에게"가 되었다.

⑤ (그는)준다 (그)주님은 (그)성령을 예수님을 믿는 (그)자녀에게
   ⇩   ⇩   ⇩   ⇩
διδωσιν ὁ κυριος το πνευμα τῳ τεκνῳ πιστευοντι τον Ἰησουν
   ⇢ διδωσιν ὁ κυριος το πνευμα τῳ τεκνῳ πιστευοντι τον Ἰησουν.

■ 중성단수(여격/명사)인 τῳ τεκνῳ와 중성단수(여격/현재분사)πιστευοντι가 합쳐서 "믿는 (그)자녀에게"가 되었다.

⑥(그는)준다 (그)주님은 성령을 (그)예수님을 믿는 (그)자녀들에게
⬇ ⬇ ⬇ ⬇

διδωσιν ὁ κυριος το πνευμα τοις τεκνοις πιστευουσιν τον Ἰησουν

↝ διδωσιν ὁ κυριος το πνευμα τοις τεκνοις πιστευουσιν τον Ἰησουν.

■ 중성단수(여격/명사)인 τοις τεκνοις와 중성단수(여격/현재분사)πιστευουσιν이 합쳐서 "믿는 (그)자녀들에게"가 되었다.

현재분사(여격/단수/중간태) *중간태와 수동태는 동일하다

남성단수(여격/중간태)	여성단수(여격/중간태)	중성단수(여격/중간태)
자신을 믿는(그에게)	자신을 믿는(그녀에게)	자신을 믿는(그것에게)
πιστευομενῳ	πιστευομενη	πιστευομενῳ

현재분사(여격/복수/중간태) *중간태와 수동태는 동일하다

남성복수(여격/중간태)	여성복수(여격/중간태)	중성복수(여격/중간태)
자신을 믿는(그들에게)	자신을 믿는(그녀들에게)	자신을 믿는(그것들에게)
πιστευομενοις	πιστευομεναις	πιστευομενοις

■ 현재분사(여격/중간태/수동태)의 어미변화는 남성과 중성이 동일하다

⑦(그는)함께사역한다 (그)예수님은 성령으로 세례받는 자와
⬇ ⬇ ⬇

συνεργει ὁ Ἰησους τῳ βαπτιζομενῳ τῳ πνευματι

↝ συνεργει ὁ Ἰησους τῳ βαπτιζομενῳ τῳ πνευματι.

■ 남성단수(여격/관사) τῳ와 남성단수(여격/수동태/현재분사) βαπτιζομενῳ가 합쳐서 "세례받은 자와"가 되었다.

⑧(그는)함께사역한다 (그)예수님은　성령으로 세례받는 자들과
⇩　　　　　　　⇩　　　　　　⇩

συνεργει　　　　ὁ Ἰησους　τοις βαπτιζομενοις τῳ πνευματι

→συνεργει ὁ Ἰησους τοις βαπτιζομενοις τῳ πνευματι.

- 남성복수(여격/관사) τοις와 남성복수(여격/수동태/현재분사) βαπτιζομενοις가
합쳐서 "세례받은 자들과"가 되었다.

⑨(그는)함께사역한다 (그)예수님은　성령으로 세례받는 그녀와
⇩　　　　　　　⇩　　　　　　⇩

συνεργει　　　　ὁ Ἰησους　τῃ βαπτιζομενη τῳ πνευματι

→συνεργει ὁ Ἰησους τῃ βαπτιζομενη τῳ πνευματι.

- 여성단수(여격/관사) τῃ와 여성단수)여격/수동태현/재분사) βαπτιζομενη가
합쳐서 "세례받은 그녀와"가 되었다.

⑩(그는)함께사역한다 (그)예수님은　성령으로 세례받는 그녀들과
⇩　　　　　　　⇩　　　　　　⇩

συνεργει　　　　ὁ Ἰησους τοις βαπτιζομεναις τῳ πνευματι

→συνεργει ὁ Ἰησους ταις βαπτιζομεναις τῳ πνευματι.

- 여성복수(여격/관사) ταις와 여성복수(여격/수동태/현재분사) βαπτιζομεναις가
합쳐서 "세례받은 그녀들과"가 되었다.

⑪(그는)함께사역한다 (그)예수님은　성령으로 세례받는 (그)이방인과
⇩　　　　　　　⇩　　　　　　⇩

συνεργει　　　ὁ Ἰησους　τῳ ἐθνει βαπτιζομενῳ τῳ πνευματι

→συνεργει ὁ Ἰησους τῳ ἐθνει βαπτιζομενῳ τῳ πνευματι.

- 중성단수(여격/명사) τῳ ἐθνει와 중성단수(여격/수동태/현재분사) βαπτιζομενῳ가
합쳐서 "세례받는 (그)이방인과"가 되었다.

⑫(그는)함께사역한다 (그)예수님은　성령으로 세례받는 (그)이방인들과
⇩　　　　　　　⇩　　　　　　⇩

συνεργει ὁ Ἰησους τοις ἐθνεσιν βαπτιζομενοις τῳ πνευματι

→συνεργει ὁ Ἰησους τοις ἐθνεσιν βαπτιζομενοις τῳ πνευματι.

- 중성복수(여격/명사) τοις ἐθνεσιν과 중성복수여격(수동태/현재분사) βαπτιζομενοις가
합쳐서 "세례받는 (그)이방인들과"가 되었다.

연습문제(36A)

다음 헬라어 문장을 우리말로 직역하시오(*답은 다음 페이지에)

① διδωσιν ὁ κυριος το πνευμα τῳ ἀνδρι πιστευοντι τον Ἰησουν.

② διδωσιν ὁ κυριος το πνευμα τοις ἀνδρασιν πιστευουσιν τον Ἰησουν.

③ διδωσιν ὁ κυριος το πνευμα τῃ γυναικι πιστευουσῃ τον Ἰησουν.

④ διδωσιν ὁ κυριος το πνευμα ταις γυναιξιν πιστευουσας τον Ἰησουν.

⑤ διδωσιν ὁ κυριος το πνευμα τῳ τεκνῳ πιστευοντι τον Ἰησουν.

⑥ διδωσιν ὁ κυριος το πνευμα τοις τεκνοις πιστευουσιν τον Ἰησουν.

⑦ συνεργει ὁ Ἰησους τῳ βαπτιζομενῳ τῳ πνευματι.

⑧ συνεργει ὁ Ἰησους τοις βαπτιζομενοις τῳ πνευματι.

⑨ συνεργει ὁ Ἰησους τῃ βαπτιζομενῃ τῳ πνευματι.

⑩ συνεργει ὁ Ἰησους ταις βαπτιζομεναις τῳ πνευματι.

⑪ συνεργει ὁ Ἰησους τῳ ἐθνει βαπτιζομενῳ τῳ πνευματι.

⑫ συνεργει ὁ Ἰησους τοις ἐθνεσιν βαπτιζομενοις τῳ πνευματι.

연습문제(36B)

다음 우리말을 헬라어로 바꾸시오(*답은 앞 페이지에)

---

①(그는)준다 (그)주님은 성령을 예수님을 믿는 (그)남자에게

---

②(그는)준다 (그)주님은 성령을 예수님을 믿는 (그)남자들에게

---

③(그는)준다 (그)주님은 성령을 예수님을 믿는 (그)여자에게

---

④(그는)준다 (그)주님은 성령을 예수님을 믿는 (그)여자들에게

---

⑤(그는)준다 (그)주님은 성령을 예수님을 믿는 (그)자녀에게

---

⑥(그는)준다 (그)주님은 성령을 예수님을 믿는 (그)자녀들에게

---

⑦(그는)함께사역한다 (그)예수님은 (그)성령으로 세례받는 자와

---

⑧(그는)함께사역한다 (그)예수님은 (그)성령으로 세례받는 자들과

---

⑨(그는)함께사역한다 (그)예수님은 성령으로 세례받는 그녀와

---

⑩(그는)함께사역한다 (그)예수님은 성령으로 세례받는 그녀들과

---

⑪(그는)함께사역한다 (그)예수님은 성령으로 세례받는 (그)이방인과

---

⑫(그는)함께사역한다 (그)예수님은 성령으로 세례받는 (그)이방인들과

아오리스트분사(주격)

(현재/분사)는 동사의 진행적인 상태를 나타내고, (아오리스트/분사)는 동사의 순간적인 행동의 상태를 나타낸다.

아오리트스분사의 어미는 σαντ나 σασ로 시작한다.

☐ 아오리스트분사가 주격(능동태)로 쓰일 때

아오리스트분사(주격/능동태/단수)

남성단수(주격/능동태)	여성단수(주격/능동태)	중성단수(주격/능동태)
(그가)순간순간 믿으면서 순간적으로 믿는(그는) πιστευσας	(그녀가)순간순간 믿으면서 순간적으로 믿는(그녀는) πιστευσασα	(그것은)순간순간 믿으면서 순간적으로 믿는(그것은) πιστευσαν

■ 아오리트스분사(중성/단수)는 어미가 불규칙변화를 한다 : σαν

아오리스트분사(주격/능동태/복수)

남성복수(주격/능동태)	여성복수(주격/능동태)	중성복수(주격/능동태)
(그들은)순간순간 믿으면서 순간적으로 믿는(그들은) πιστευσαντες	(그녀들은)순간순간 믿으면서 순간적으로 믿는(그녀들은) πιστευσασαι	(그것들은)순간순간 믿으면서 순간적으로 믿는(그것들은) πιστευσαντα

■ 어미는 -ες는 주로 불규칙변화를 하는 (주격/복수)명사에 쓰인다: ἀνδρες(남자들은)

① (그)바울은　　(그는)있었다　　(그)예수님을 (순간순간)믿으면서
　　↓　　　　　　　↓　　　　　　　↓
ὁ Παυλος　　　ἠν　　　πιστευσας τον Ἰησουν

→ ὁ Παυλος ἠν πιστευσας τον Ἰησουν.

■ 아오리트스분사가 비동사와 함께 쓰일때는 어떤 일이 순간순간 이루어지고 있는 것을 나타낸다.

② (그)예수님을 (순간적으로)믿는 자는　　(그는)구원받는다
　　　　　　↓　　　　　　　　　　　↓
ὁ πιστευσας τον Ἰησουν　　σωζεται

→ ὁ πιστευσας τον Ἰησουν σωζεται.

■ 아오리스트분사가 정관사와 함께 쓰일 때는 정관사를 수식하는 형용사의 기능을 하므로 ὁ πιστευσας는 "순간순간 믿는 자는"이 된다.

③ (그)예수님을 (순간순간)믿는 자들은　　　(그들은)구원받는다
　　　　　　↓　　　　　　　　　　　↓
οἱ πιστευσαντες τον Ἰησουν　　σωζονται

→ οἱ πιστευσαντες τον Ἰησουν σωζονται.

■ 남성복수(주격/관사) οἱ와 남성복수(주격/아오리스트분사) πιστευσαντες가 합쳐서 "순간순간 믿는 자들은"이 되었다.

④ (그)마리아는　　(그녀는)기도한다　　(그)음성을 (순간순간)들으면서
　　↓　　　　　　　↓　　　　　　↓
ἡ Μαρια　προσευχεται　ἀκουσασα την φωνην

→ ἡ Μαρια προσευχεται ἀκουσασα την φωνην.

⑤ (그)주님의 음성을 (순간순간)듣는 그녀는　　(그녀는)구원받는다
　　　　　　↓　　　　　　　　　　　↓
ἡ ἀκουσασα φωνην του κυριου　σωζεται

→ ἡ ἀκουσασα φωνην του κυριου σωζεται.

■ 여성단수주격(관사) ἡ와 여성단수(주격/아오리스트분사) ἀκουσασα가 합쳐서 "순간순간 듣는 그녀는"이 되었다.

⑥(그)주님의 음성을 (순간순간)듣는 그녀들은　　(그녀들은)구원받는다
　　↓　　　　↓　　　　　　　　　　　　　　↓

αἱ　ἀκουσασαι　φωνην　του　κυριου　σωζονται

　　⤳ αἱ ἀκουσασαι φωνην του κυριου σωζονται.

■ 여성복수(주격/관사)인 αἱ와 여성복수(주격/아오리스트분사) ἀκουσασαι가 합쳐서
"순간순간 듣는 그녀들은"이 되었다.

⑦(그)자녀는　　(그것은)복종했다　(그)말씀을 (순간순간)들으면서
　　↓　　　　　↓　　　　　　　↓

το τεκνον　ὑπηκουεν　　ἀκουσαν τον λογον

　　⤳ το τεκνον ὑπηκουεν ἀκουσαν τον λογον.

■ 주어인 τεκνον이 (중성/단수)명사이므로 아오리스트분사인 ἀκουσαν도 중성이다.

⑧(그)말씀을 (순간순간) 듣는(그)자녀는　　　　(그것은)구원받는다
　　　　　↓　　　　　　　　　　　　　　　　　↓

το τεκνον ἀκουσαν　τον λογον　　σωζεται

　　⤳ το τεκνον ἀκουσαν τον λογον σωζεται.

■ 중성단수(주격/관사)인 το와 중성단수(주격/아오리스트분사) ἀκουσαν이 합쳐서
"듣는 그것은"이 되었다.

⑨(그)말씀을 (순간순간) 듣는 (그)자녀들은　　　(그것들은)구원받는다
　　　　↓　　　　　　　　　　　　　　　　　↓

τα τεκνα ἀκουσαντα　τον λογον　　σωζονται

　　⤳ τα τεκνα πιστευσαντα τον λογον σωζονται.

■ 중성복수(주격/관사)인 τα와 중성복수(주격/현재분사) ἀκουσαντα가 합쳐서
"듣는 그것들은"이 되었다.

□ 아오리스트분사가 주격(중간태)로 쓰일 때

아오리트스분사/주격(중간태/수동태)의 어미는 σαμεν으로 시작한다.

아오리스트분사(주격/중간태/단수)

남성단수(주격/중간태)	여성단수(주격/중간태)	중성단수(주격/중간태)
(그가)순간순간 자신을 믿으면서 순간순간 자신을 믿는(자는)	(그녀가)순간순간 자신을 믿으면서 순간순간 자신을 믿는(그녀는)	(그것은)순간순간 자신을 믿으면서 순간순간 자신을 믿는(그것은)
πιστευσαμενος	πιστευσαμενη	πιστευσαμενον

아오리스트분사(주격/중간태/복수)

남성복수(주격/중간태)	여성복수(주격/중간태)	중성복수(주격/중간태)
(그들은)순간순간 자신을 믿으면서 순간순간 자신을 믿는(그들은)	(그녀들은)순간순간 자신을 믿으면서 순간순간 자신을 믿는(그녀들은)	(그것들은)순간순간 자신을 믿으면서 순간순간 자신을 믿는(그것들은)
πιστευσαμενοι	πιστευσαμεναι	πιστευσαμενα

⑩(그)바울은　　(그는)있었다　　(순간순간)입으면서　(그)전신갑주를
　↓　　　　　↓　　　　　　↓
ὁ Παυλος　　ἠν　　ἐνδυσαμενος την πανοπλιαν

⤳ ὁ Παυλος ἠν ἐνδυσαμενος την πανοπλιαν.

■ 아오리트스분사가 비동사와 함께 쓰일때는 어떤 일이 순간순간 이루어지고 있는 것을 나타낸다.

⑪(그)전신갑주를 (순간순간)입는 자는　　　있다　힘있는(상태로)
　　　　↓　　　　　　　　　　↓　　↓
ὁ ἐνδυσαμενος την πανοπλιαν ἐστιν δυνατος

⤳ ὁ ἐνδυσαμενος την πανοπλιαν ἐστιν δυνατος.

■ 아오리스트분사가 정관사와 함께 쓰일 때는 정관사를 수식하는 형용사의 기능을 하므로 ὁ ἐδινυσαμενος는 "순간순간 입는 자는"이 된다.

⑫(그)전신갑주를 (순간순간)입는 자들은   있다   힘있는(상태로)

οἱ ἐνδυσαμενοι την πανοπλιαν ἐισιν δυνατοι

→ οἱ ἐνδυσαμενοι την πανοπλιαν ἐισιν δυνατοι.

■ 남성복수(주격/관사) οἱ와 남성복수(주격/아오리스트분사) ἐνδυσαμενοι가 합쳐서 "순간순간 믿는 자들은"이 되었다.

⑬(그)마리아는 (그녀는)있다 그리스도 안에서 (순간순간 자신을)권면하면서

ἡ Μαρια ἐστιν παρακαλεσαμενη ἐν Χριστῳ

→ ἡ Μαρια ἐστιν παρακαλεσαμενη ἐν Χριστῳ.

⑭그리스도 안에서 (순간순간 자신을)권면하는 그녀는 (그녀는)행복하다

ἡ παρακαλεσαμενη ἐν Χριστῳ μακαρια

→ ἡ παρακαλεσαμενη ἐν Χριστω μακαρια.

⑮그리스도 안에서 (순간순간 자신을)권면하는 그녀들은 (그녀들은)행복하다

αἱ παρακαλεσαμεναι ἐν Χριστῳ μακαριαι

→ αἱ παρακαλεσαμεναι ἐν Χριστω μακαριαι.

⑯(그)자녀는 (그것은)복종한다 (순간순간 자신을)낮추면서

το τεκνον ὑπακουει ταπεινωσαμενον

→ το τεκνον ὑπακουει ταπεινωσαμενον.

⑰ (순간순간 자신을)낮추는 (그)자녀는　(그것은)구원받는다
⇩　　　　　　　　　　⇩

| το | τεκνον | ταπεινωσαμενον | σωζεται |

⤳ το τεκνον ταπεινωσαμενον σωζεται.

⑱ (순간순간 자신을)낮추는 (그)자녀들은　(그것들은)구원받는다
⇩　　　　　　　　　　⇩

| τα | τεκνα | ταπεινωσαμενα | σωζονται |

⤳ τα τεκνα ταπεινωσαμενα σωζονται.

☐ 아오리스트분사가 주격(수동태)로 쓰일 때

아오리트스분사/주격(수동태)의 어미는 θεισ와 θεντ로 시자한다.

아오리스트분사(주격/수동태/단수)

남성단수(주격/수동태)	여성단수(주격/수동태)	중성단수(주격/수동태)
(그는)순간적으로 믿어지면서 순간적으로 믿어지는(자는) πιστευθεις	(그녀는)순간적으로 믿어지면서 순간적으로 믿어지는(그녀는) πιστευθεισα	(그것은)순간적으로 믿어지면서 순간순간 믿어지는(그것은) πιστευθεν

아오리스트분사(주격/수동태/복수)

남성복수(주격/수동태)	여성복수(주격/수동태)	중성복수(주격/수동태)
(그들은)순간적으로 믿어지면서 순간적으로 믿어지는(그들은) πιστευθεντες	(그녀들은)순간적으로 스스로 믿어지면서 순간적으로 믿어지는(그녀들은) πιστευθεισαι	(그것들은)순간적으로 믿어지면서 순간적으로 믿어지는(그것들은) πιστευθεντα

⑲(그)바울은 　(그는)있었다 　(그)성령으로 (순간적으로)세례받으면서

ὁ Παυλος 　 ἠν 　 βαπτισθεις τῳ πνευματι

⤳ ὁ Παυλος ἠν βαπτισθεις τῳ πνευματι.

⑳(그)성령으로 (순간적으로)세례받는 자는 　(그는)구원받는다

ὁ βαπτισθεις τῳ πνευματι 　 σωζεται

⤳ ὁ βαπτισθεις τῳ πνευματι σωζεται.

㉑(그)성령으로 (순간적으로)세례받는 자들은 　(그들은)구원받는다

οἱ βαπτισθεντες τῳ πνευματι 　 σωζονται

⤳ οἱ βαπτισθεντες τῳ πνευματι σωζονται.

㉒(그)마리아는 　(그녀는)있다 　(그)말씀으로 (순간순간)은혜받으면서

ἡ Μαρια 　 ἐστιν 　 χαρισθεισα τῳ λογῳ

⤳ ἡ Μαρια ἐστιν χαρισθεισα τῳ λογῳ.

■ χαρισθεια의 기본형은 χαριζομαι(은혜를 주다, 호의를 베풀다)이다.

㉓(그)말씀으로 (순간순간)은혜받는 그녀는 　(그녀는)기쁘다

ἡ χαρισθεισα τῳ λογῳ 　 χαιρει

⤳ ἡ χαρισθεισα τῳ λογῳ χαιρει.

㉔(그)말씀으로 (순간순간)은혜받는 그녀들은 (그녀들은)기쁘다

αἱ χαρισθεισαι τῳ λογῳ 　 χαιρουσιν

⤳ αἱ χαρισθεισαι τῳ λογῳ χαιρουσιν.

㉕(그)자녀는　　　　있다　　　　(그)성령으로 (순간순간)권면받으면서
　　　⇩　　　　　　⇩　　　　　　　　　　　⇩

| το τεκνον | ἐστιν | παρακαληθεν | τω πνευματι |

　　　⤳ το τεκνον ἐστιν παρακαληθεν τω πνευματι.

㉖성령으로 (순간순간)권면받는 (그)자녀는　　　　　　(그것은)구원받는다
　　　　　　⇩　　　　　　　　　　　　　　　　　　⇩

| το τεκνον | παρακαληθεν | τω πνευματι | σωζεται |

　　　⤳ το τεκνον παρακαληθεν τω πνευματι σωζεται.

㉗성령으로 (순간적으로)권면받는 (그)자녀들은　　　(그것들은)구원받는다
　　　　　　⇩　　　　　　　　　　　　　　　⇩

| τα τεκνα | παρακαληθεντα | τω πνευματι | σωζονται |

　　　⤳ τα τεκνα παρακαληθεντα τω πνευματι σωζονται.

연습문제(37A)

다음 헬라어 문장을 우리말로 직역하시오(*답은 다음 페이지에)

① ὁ Παυλος ἠν πιστευσας τον Ἰησουν.

② ὁ πιστευσας τον Ἰησουν σωζεται.

③ οἱ πιστευσαντες τον Ἰησουν σωζονται.

④ ἡ Μαρια προσευχεται ἀκουσασα την φωνην.

⑤ ἡ ἀκουσασα φωνην του κυριου σωζεται.

⑥ αἱ ἀκουσασαι φωνην του κυριου σωζονται.

⑦ το τεκνον ὑπηκουεν ἀκουσαν τον λογον.

⑧ το τεκνον ἀκουσαν τον λογον σωζεται.

⑨ τα τεκνα ἀκουσαντα τον λογον σωζονται.

⑩ ὁ Παυλος ἠν ἐνδυσαμενος την πανοπλιαν.

⑪ὁ ἐνδυσαμενος την πανοπλιαν ἐστιν δυνατος.

⑫οἱ ἐνδυσαμενοι την πανοπλιαν εἰσιν δυνατοι.

⑬ἡ Μαρια ἐστιν παρακαλεσαμενη ἐν Χριστῳ.

⑭ἡ παρακαλεσαμενη ἐν Χριστω μακαρια.

⑮αἱ παρακαλεσαμεναι ἐν Χριστω μακαριαι.

⑯το τεκνον ὑπακουει ταπεινωσαμενον.

⑰το τεκνον ταπεινωσαμενον σωζεται.

⑱τα τεκνα ταπεινωσαμενα σωζονται.

⑲ὁ Παυλος ἠν βαπτισθεις τῳ πνευματι.

⑳ὁ βαπτισθεις τῳ πνευματι σωζεται.

㉑ οἱ βαπτισθεντες τῳ πνευματι σῳζονται.

㉒ ἡ Μαρια ἐστιν χαρισθεισα τῳ λογῳ.

㉓ ἡ χαρισθεισα τῳ λογῳ χαιρει.

㉔ αἱ χαρισθεισαι τῳ λογῳ χαιρουσιν.

㉕ το τεκνον ἐστιν παρακαληθεν τῳ πνευματι.

㉖ το τεκνον παρακαληθεν τῳ πνευματι σῳζεται.

㉗ τα τεκνα παρακαληθεντα τῳ πνευματι σῳζονται.

연습문제(37B)

다음 우리말을 헬라어로 바꾸시오(*답은 앞 페이지에)

---

①(그)바울은 (그는)있었다 (그)예수님을 (순간순간)믿으면서

---

②(그)주님을 순간순간 믿는 자는 (그는)구원받는다.

---

③(그)예수님을 (순간순간)믿는 자들은 (그들은)구원받는다

---

④(그)마리아는 (그녀는)기도한다 (그)음성을 (순간순간)들으면서

---

⑤(그)주님의 음성을 (순간순간)듣는 그녀는 (그녀는)구원받는다

---

⑥(그)주님의 음성을 (순간순간)듣는 그녀들은 (그녀들은)구원받는다

---

⑦(그)자녀는 (그것은)복종했다 (그)말씀을 (순간순간)들으면서

---

⑧(그)말씀을 (순간순간) 듣는(그)자녀는 (그것은)구원받는다

---

⑨(그)말씀을 (순간순간) 듣는 (그)자녀들은 (그것들은)구원받는다

---

⑩(그)바울은 (그는)있었다 (순간순간)입으면서 (그)전신갑주를

⑪(그)전신갑주를 (순간순간)입는 자는 있다 힘있는(상태로)
⑫(그)전신갑주를 (순간순간)입는 자들은 있다 힘있는(상태로)
⑬(그)마리아는 (그녀는)있다 그리스도 안에서 (순간순간 자신을)권면하면서
⑭그리스도 안에서 (순간순간 자신을)권면하는 그녀는 행복하다
⑮그리스도 안에서 (순간순간 자신을)권면하는 그녀들은 행복하다
⑯(그)자녀는 (그것은)복종한다 (순간순간 자신을)낮추면서
⑰(순간순간 자신을)낮추는 (그)자녀는 (그것은)구원받는다.
⑱(순간순간 자신을)낮추는 (그)자녀들은 (그것들은)구원받는다
⑲(그)바울은 (그는)있었다 (그)성령으로 (순간적으로)세례받으면서
⑳(그)성령으로 (순간적으로)세례받는 자는 구원받는다

㉑(그)성령으로 (순간적으로)세례받는 자들은 (그들은)구원받는다

㉒(그)마리아는 (그녀는)있다 (그)말씀으로 (순간순간)은혜받으면서

㉓(그)말씀으로 (순간순간)은혜받는 그녀는 (그녀는)기쁘다

㉔(그)말씀으로 (순간순간)은혜받는 그녀들은 (그녀들은)기쁘다

㉕(그)자녀는 있다 (그)성령으로 (순간순간)권면받으면서

㉖성령으로 (순간순간)권면받는 (그)자녀는 (그것은)구원받는다

㉗성령으로 (순간적으로)권면받는 (그)자녀들은 (그것들은)구원받는다

아오리트스분사(목적격)

□ 아오리스트분사가 목적격(능동태)로 쓰일 때

아오리스트분사(목적격/능동태/단수)

남성단수(목적격/능동태)	여성단수(목적격/능동태)	중성단수(목적격/능동태)
순간순간 믿는(그를) πιστευσαντα	순간순간 믿는(그녀를) πιστευσασαν	순간순간 믿는(그것을) πιστευσαν

아오리스트분사(목적격/능동태/복수)

남성복수(목적격/능동태)	여성복수(목적격/능동태)	중성복수(목적격/능동태)
순간순간 믿는(그들을) πιστευσαντας	순간순간 믿는(그녀들을) πιστευσασας	순간순간 믿는(그것들을) πιστευσαντα

- 아오리트스분사(능동태)는 σαντ와 σασ로 시작한다(중성단수만 제외)
- 아오리트스분사(능동태/목적격)은 남성(단수)와 중성(복수)가 동일하다

① (그는)사랑한다 (그)하나님은　(그)주님을 (순간순간)믿는 자를
ἀγαπη　ὁ θεος　τον πιστευσαντα τον κυριον

⤳ ἀγαπη ὁ θεος τον πιστευσαντα τον κυριον.

■ 남성단수(목적격/관사)인 τον이 남성단수(목적격/아오리트스분사) πιστευσαντα와 합쳐서 "(순간순간)믿는 자를"이 되었다.

② (그는)사랑한다 (그)하나님은　(그)주님을 (순간순간)믿는 자들을
ἀγαπη　ὁ θεος　τους πιστευσαντας τον κυριον

⤳ ἀγαπη ὁ θεος τους πιστευσαντας τον κυριον.

■ 남성복수(목적격/관사)인 τους와 남성복수(목적격/아오리트스분사) πιστευσαντας가 합쳐서 "(순간순간)믿는 자들을"이 되었다

③ (그는)사랑한다 (그)하나님은　(그)주님을 (순간순간)믿는 그녀를
ἀγαπη　ὁ θεος　την πιστευσασαν τον κυριον

⤳ ἀγαπη ὁ θεος την πιστευσασαν τον κυριον.

■ 여성단수(목적격/관사)인 την이 여성단수(목적격/아오리스트분사) πιστευσασαν과 합쳐서 "(순간순간 자신을)믿는 그녀를"이 되었다

④ 그는)사랑한다 (그)하나님은　(그)주님을 (순간순간)믿는 그녀들을
ἀγαπη　ὁ θεος　τας πιστευσασας τον κυριον

⤳ ἀγαπη ὁ θεος τας πιστευσασας τον κυριον.

■ 여성복수(목적격/관사)인 τας가 여성복수(목적격/아오리트스분사) πιστευσασας와 합쳐서 "(순간순간 자신을)믿는 그녀들을"이 되었다

⑤(그는)사랑한다 (그)하나님은 (그)주님을 (순간순간)믿는 (그)자녀를

ἀγαπη ὁ θεος το τεκνον πιστευσαν τον κυριον

⤳ ἀγαπη ὁ θεος το τεκνον πιστευσαν τον κυριον.

■중성단수(목적격/관사) το와 중성단수(목적격/아오리스트 분사) πιστευσαν이
합쳐서 "(순간순간)믿는 (그)자녀를"이 되었다

⑥(그는)사랑한다 (그)하나님은 (그)주님을 순간순간 믿는 (그)자녀들을

ἀγαπη ὁ θεος τα τεκνα πιστευσαντα τον κυριον

⤳ ἀγαπη ὁ θεος τα τεκνα πιστευσαντα τον κυριον.

□ 아오리스트분사가 목적격(중간태)로 쓰일 때

아오리트스분사/목적격(중간태)의 어미는 **σαμεν**으로 시작한다.

아오리스트분사(목적격/중간태/단수)

남성단수(목적격/중간태)	여성단수(목적격/중간태)	중성단수(목적격/중간태)
순간순간 자신을 믿는(그를) πιστευσαμενον	순간순간 자신을 믿는(그녀를) πιστευσαμενην	순간순간 자신을 믿는(그것을) πιστευσαμενον

아오리스트분사(목적격/중간태/복수)

남성복수(목적격/중간태)	여성복수(목적격/중간태)	중성복수(목적격/중간태)
순간순간 자신을 믿는(그들을) πιστευσαμενους	순간순간 자신을 믿는(그녀들을) πιστευσαμενας	순간순간 자신을 믿는(그것들을) πιστευσαμενα

⑦(그는)신뢰한다 (그)예수님은 (그)전신갑주를 (순간순간)입는 자를
↓ ↓ ↓ ↓
πιστευει ὁ Ἰησους τον ἐνδυσαμενον την πανοπλιαν

⤳ πιστευει ὁ Ἰησους τον ἐνδυσαμενον την πανοπλιαν.

⑧(그는)신뢰한다 (그)예수님은 (그)전신갑주를 (순간순간)입는 자들을
↓ ↓ ↓ ↓
πιστευει ὁ Ἰησους τους ἐνδυσαμενους την πανοπλιαν

⤳ πιστευει ὁ Ἰησους τους ἐνδυσαμενους την πανοπλιαν.

⑨(그는)기뻐한다 (그)주님은 (순간순간 자신을)권면하는 그녀를
↓ ↓ ↓
χαιρει ὁ κυριος την παρακαλησαμενην

⤳ χαιρει ὁ κυριος την παρακαλησαμενην.

- ■ 여성단수(목적격/관사)인 την이 여성단수(목적격/중간태/아오리스트분사)
  παρακαλησαμενην과 합쳐서 "(순간순간 자신을)권면하는 그녀를"이 되었다

⑩(그는)기뻐한다 (그)주님은 (순간순간 자신을)권면하는 그녀들을
↓ ↓ ↓
χαιρει ὁ κυριος τας παρακαλησαμενας

⤳ χαιρει ὁ κυριος τας παρακαλησαμενας.

- ■ 여성복수(목적격/관사)인 τας가 여성복수(목적격/아오리트스분사)
  παρακαλησαμενας와 합쳐서 "(순간순간 자신을)권면하는 그녀들을"이 되었다

⑪(그는)사랑한다 (그)주님은 (순간순간 자신을)낮추는 (그)자녀를
↓ ↓ ↓
ἀγαπη ὁ κυριος το τεκνον ταπεινωσαμενον

⤳ ἀγαπη ὁ κυριος το τεκνον ταπεινωσαμενον.

- ■ 중성단수(목적격/명사)인 το τεκνον과 중성단수(목적격/아오리스트분사)
  ταπεινωσαμενον이 합쳐서 "(순간순간 자신을)낮추는 (그)자녀를"이 되었다

⑫(그는)사랑한다 (그)주님은 (순간순간 자신을)낮추는 (그)자녀들을
⇩ ⇩ ⇩
ἀγαπη   ὁ κυριος   τα τεκνα ταπεινωσαμενα

⤳ ἀγαπη ὁ κυριος τα τεκνα ταπεινωσαμενα.

☐ 아오리스트분사가 목적격(수동태)로 쓰일 때

아오리트스분사/목적격(수동태)의 어미는 θεισ와 θεντ로 시자한다.

아오리스트분사(목적격/수동태/단수)

남성단수(목적격/수동태)	여성단수(목적격/수동태)	중성단수(목적격/수동태)
(그는)순간적으로 믿어지면서 순간적으로 믿어지는(자는) πιστευθεντα	(그녀는)순간적으로 믿어지면서 순간적으로 믿어지는(그녀는) πιστευθεισαν	(그것은)순간적으로 믿어지면서 순간순간 믿어지는(그것은) πιστευθεν

아오리스트분사(목적격/수동태/복수)

남성복수(목적격/수동태)	여성복수(목적격/수동태)	중성복수(목적격/수동태)
(그들은)순간적으로 믿어지면서 순간적으로 믿어지는(그들은) πιστευθεντας	(그녀들은)순간적으로 스스로 믿어지면서 순간적으로 믿어지는(그녀들은) πιστευθεισας	(그것들은)순간적으로 믿어지면서 순간적으로 믿어지는(그것들은) πιστευθεντα

⑬(그)하나님은 신뢰한다 (그)성령으로 (순간적으로)세례받는 자를
⇩ ⇩ ⇩
ὁ θεος   πιστευει   τον βαπτισθεντα τω πνευματι

⤳ ὁ θεος πιστευει τον βαπτισθεντα τω πνευματι.

⑭(그)하나님은   신뢰한다   (그)성령으로 (순간적으로)세례받는 자들을
⇩   ⇩   ⇩
ὁ θεος   πιστευει τους βαπτισθεντας τω πνευματι

⤳ ὁ θεος πιστευει τους βαπτισθεντας τω πνευματι.

⑮(그)하나님은   사랑한다   (그)말씀으로 (순간순간)은혜받는 그녀를
⇩   ⇩   ⇩
ὁ θεος   ἀγαπη   την χαρισθεισαν τω λογω

⤳ ὁ θεος ἀγαπη την χαρισθεισαν τω λογω.

⑯(그)하나님은   사랑한다   (그)말씀으로 (순간순간)은혜받는 그녀들을
⇩   ⇩   ⇩
ὁ θεος   ἀγαπη   τας χαρισθεισας τω λογω

⤳ ὁ θεος ἀγαπη τας χαρισθεισας τω λογω.

⑰(그)하나님은 기뻐한다 그리스도 안에서 (순간순간)권면받는 (그)자녀를
⇩   ⇩   ⇩
ὁ θεος   χαιρει το τεκνον παρακληθεν ἐν Χριστω

⤳ ὁ θεος χαιρει το τεκνον παρακληθεν ἐν Χριστω.

⑱(그)하나님은 기뻐한다 그리스도 안에서 (순간순간)권면받는 (그)자녀들을
⇩   ⇩   ⇩
ὁ θεος   χαιρει τα τεκνα παρακληθεντα ἐν Χριστω

⤳ ὁ θεος χαιρει τα τεκνα παρακληθεντα ἐν Χριστω.

다음 헬라어 문장을 우리말로 직역하시오(*답은 다음 페이지에)

① ἀγαπῇ ὁ θεος τον πιστευσαντα τον κυριον.

② ἀγαπῇ ὁ θεος τους πιστευσαντας τον κυριον.

③ ἀγαπῇ ὁ θεος την πιστευσασαν τον κυριον.

④ ἀγαπῇ ὁ θεος τας πιστευσασας τον κυριον.

⑤ ἀγαπῇ ὁ θεος το τεκνον πιστευσαν τον κυριον.

⑥ ἀγαπῇ ὁ θεος τα τεκνα πιστευσαντα τον κυριον.

⑦ πιστευει ὁ Ἰησους τον ἐνδυσαμενον την πανοπλιαν.

⑧ πιστευει ὁ Ἰησους τους ἐνδυσαμενους την πανοπλιαν.

⑨ χαιρει ὁ κυριος την παρακαλησαμενην.

⑩ χαιρει ὁ κυριος τας παρακαλησαμενας.

⑪ ἀγαπῇ ὁ κυριος το τεκνον ταπεινωσαμενον.

⑫ ἀγαπῇ ὁ κυριος τα τεκνα ταπεινωσαμενα.

⑬ὁ θεος πιστευει τον βαπτισθεντα τῳ πνευματι.

⑭ὁ θεος πιστευει τους βαπτισθεντας τῳ πνευματι.

⑮ὁ θεος ἀγαπῃ την χαρισθεισαν τῳ λογῳ.

⑯ὁ θεος ἀγαπῃ τας χαρισθεισας τῳ λογῳ.

⑰ὁ θεος χαιρει το τεκνον παρακαληθεν ἐν Χριστῳ.

⑱ὁ θεος χαιρει τα τεκνα παρακαληθεντα ἐν Χριστῳ.

연습문제(38B)

다음 우리말을 헬라어로 바꾸시오(*답은 앞 페이지에)

①(그는)사랑한다 (그)하나님은 (그)주님을 (순간순간)믿는 그를

②(그는)사랑한다 (그)하나님은 (그)주님을 (순간순간)믿는 그들을

③(그는)사랑한다 (그)하나님은 (그)주님을 (순간순간)믿는 그녀를

④(그는)사랑한다 (그)하나님은 (그)주님을 (순간순간)믿는 그녀들을

⑤(그는)사랑한다 (그)하나님은 (그)주님을 (순간순간)믿는 (그)자녀를

⑥(그는)사랑한다 (그)하나님은 (그)주님을 (순간순간)믿는 (그)자녀들을

⑦(그는)신뢰한다 (그)예수님은 (그)전신갑주를 (순간순간)입는 자를

⑧(그는)신뢰한다 (그)예수님은 (그)전신갑주를 (순간순간)입는 자들을

⑨(그는)기뻐한다 (그)주님은 (순간순간 자신을)권면하는 그녀를

⑩(그는)기뻐한다 (그)주님은 (순간순간 자신을)권면하는 그녀들을

⑪(그는)사랑한다 (그)주님은 (순간순간 자신을)낮추는 (그)자녀를

⑫(그는)사랑한다 (그)주님은 (순간순간 자신을)낮추는 (그)자녀들을

⑬(그)하나님은 신뢰한다 (그)성령으로 (순간적으로)세례받는 자를
⑭(그)하나님은 신뢰한다 (그)성령으로 (순간적으로)세례받는 자들을
⑮(그)하나님은 사랑한다 (그)말씀으로 (순간순간)은혜받는 그녀를
⑯(그)하나님은 사랑한다 (그)말씀으로 (순간순간)은혜받는 그녀들을
⑰(그)하나님은 기뻐한다 그리스도 안에서 (순간순간)권면받는 (그)자녀를
⑱(그)하나님은 기뻐한다 그리스도 안에서 (순간순간)권면받는 (그)자녀들을

제39과
아오리스트분사(소유격)

☐ 아오리스트분사가 소유격으로 쓰일 때

아오리스트분사(소유격/능동태/단수)

남성단수(소유격/능동태)	여성단수(소유격/능동태)	중성단수(소유격/능동태)
순간순간 믿는(그의) πιστευσαντος	순간순간 믿는(그녀의) πιστευσασης	순간순간 믿는(그것의) πιστευσαντος

- σαντος의 어미 -ος는 주로 불규칙단수명사의 (소유격)어미에 쓰인다
  : πατρος(아버지의)

아오리스트분사(소유격/능동태/복수)

남성복수(소유격/능동태)	여성복수(소유격/능동태)	중성복수(소유격/능동태)
순간순간 믿는(그들의) πιστευσαντων	순간순간 믿는(그녀들의) πιστευσασων	순간순간 믿는(그것들의) πιστευσαντων

- 소유격의 어미변화는 남성과 중성이 동일하다

① (그는)안다   (그)주님은   (순간순간)믿는 (그)제자의 믿음을
    ⇓   ⇓   ⇓
γινωσκει ὁ κυριος   πιστιν του μαθητου πιστευσαντος

   ⤳ γινωσκει ὁ κυριος πιστιν του μαθητου πιστευσαντος.

■ 남성단수(소유격/명사) του μαθητου와 남성단수(소유격/아오리트분사)
πιστευσαντος가 합쳐서 "(순간순간)믿는 (그)제자의"가 되었다.

② (그는)안다   (그)주님은   (순간순간)믿는 (그)제자들의 믿음을
    ⇓   ⇓   ⇓
γινωσκει ὁ κυριος   πιστιν των μαθητων πιστευσαντων

   ⤳ γινωσκει ὁ κυριος πιστιν των μαθητων πιστευσαντων.

■ 남성복수(소유격/명사) των μαθητων과 남성복수(소유격/아오리트스분사)
πιστευσαντων가 합쳐서 "(순간순간)믿는 (그)제자들의"가 되었다.

③ (그는)안다   (그)주님은   (순간순간) 믿는 (그)여자의 믿음을
    ⇓   ⇓   ⇓
γινωσκει ὁ κυριος   πιστιν της γυναικος πιστευσασης

   ⤳ γινωσκει ὁ κυριος πιστιν της γυναικος πιστευσασης.

■ 여성단수(소유격/명사) της γυναικος와 여성단수(소유격/아오리트스분사)
πιστευσασης가 합쳐서 "(순간순간)믿는 (그)여자의"가 되었다.

④ (그는)안다   (그)주님은   (순간순간)믿는 (그)여자들의 믿음을
    ⇓   ⇓   ⇓
γινωσκει ὁ κυριος   πιστιν των γυναικων πιστευσασων

   ⤳ γινωσκει ὁ κυριος πιστιν των γυναικων πιστευσασων.

■ 여성복수(소유격/명사)인 της γυναικων과 여성복수(소유격/아오리스트분사)
πιστευσασων이 합쳐서 "(순간순간)믿는 (그)여자들의"가 되었다.

⑤ (그는)안다   (그)주님은   (순간순간)믿는 (그)자녀의 믿음을
    ⇓   ⇓   ⇓
γινωσκει ὁ κυριος   πιστιν του τεκνου πιστευσαντος

   ⤳ γινωσκει ὁ κυριος πιστιν του τεκνου πιστευσαντος.

■ 중성단수(소유격/명사)인 του τεεκνου와 남성단수(소유격/아오리스트분사)
πιστευοντος가 합쳐서 "(순간순간)믿는 (그)자녀의"가 되었다.

⑥(그는)안다 (그)주님은   (순간순간)믿는 (그)자녀들의 믿음을
 ⇩   ⇩   ⇩
γινωσκει ὁ κυριος   πιστιν των τεκνων πιστευσαντων

　　⤳ γινωσκει ὁ κυριος πιστιν τεκνων πιστευουσαντων.

■ 중성단수(소유격명사)인 των τεκνων과 남성복수(소유격/아오리스트분사)
πιστευσαντων이 합쳐서 "(순간순간) 믿는 (그)자녀들의"가 되었다.

아오리스트분사(소유격/중간태/단수)

남성단수(소유격/중간태)	여성단수(소유격/중간태)	중성단수(소유격/중간태)
순간순간 자신을 믿는(그의) πιστευσαμενου	순간순간 자신을 믿는(그녀의) πιστευσαμενης	순간순간 자신을 믿는(그것의) πιστευσαμενου

아오리스트분사(소유격/중간태/복수)

남성복수(소유격/중간태)	여성복수(소유격/중간태)	중성보수(소유격/중간태)
순간순간 자신을 믿는(그들의) πιστευσαμενων	순간순간 자신을 믿는(그녀들의) πιστευσαμενων	순간순간 자신을 믿는(그것들의) πιστευσαμενων

■ 현재분사(소유격/중간태/복수)의 어미변화는 남성, 여성, 중성 모두 동일하다.

⑦(그는)기뻐한다 (그)예수님은 (순간순간)입는 (그)제자의 전신갑주를
 ⇩   ⇩   ⇩
χαιρει   ὁ Ἰησους   πανοπλιαν του μαθητου ἐνδυσαμενου

　⤳ χαιρει ὁ Ἰησους πανοπλιαν του μαθητου ἐνδυσαμενου.

■ 남성단수(소유격/명사)인 μαθητου와 남성단수(소유격/중간태/아오리트분사)
ἐνδυσαμενου가 합쳐서 "(순간순간)입는 (그)제자의"가 되었다.

⑧(그는)기뻐한다　(그)예수님은　(순간순간)입는　(그)제자들의 전신갑주를

$$\Downarrow \qquad \Downarrow \qquad \Downarrow$$

χαιρει　ὁ Ἰησους πανοπλιαν των μαθητων ἐνδυσαμενων

⤳ χαιρει ὁ Ἰησους πανοπλιαν των ματητων ἐνδυσαμενων.

- 남성단수(소유격명사)인 των μαθητων과 남성복수소유격(중간태/아오리트분사)
ἐνδυσαμενων이 합쳐서 "(순간순간 스스로)입는 (그)제자들의"가 되었다.

⑨(그는)받아들인다　(그)예수님은　(순간순간 자신을)권면하는　(그)여자의 마음을

$$\Downarrow \qquad \Downarrow \qquad \Downarrow$$

λαμβανει　ὁ Ἰησους καρδιαν της γυναικος παρακαλησαμενης

⤳λαμβανει ὁ Ἰησους καρδιαν της γυνακος παρακαλησαμενης.

- 여성단수(소유격/명사)인　της γυναικος와 여성단수(소유격/중간태)아오리트분사
παρακαλησαμενης가 합쳐서 "(순간순간 자신을)권면하는 (그)여자의"가 되었다.

⑩(그는)받아들인다 (그)예수님은 (순간순간 자신을)권면하는 (그)여자들의 마음을

$$\Downarrow \qquad \Downarrow \qquad \Downarrow$$

λαμβανει　ὁ Ἰησους καρδιαν των γυναικων παρακαλησαμενων

⤳λαμβενει ὁ Ἰησους καρδια των γυναικων παρακαλησαμενων.

- 여성(복수/소유격명사)인 των γυναικων과 여성복수(소유격/중간태/아오리트분사)
πιστευσαμενων이 합쳐서 "순간순간 자신을)권면하는 (그)여자들의"가 되었다.

⑪(그는)기뻐한다　(그)예수님은　(순간순간 자신을)낮추는 (그)자녀의 믿음을

$$\Downarrow \qquad \Downarrow \qquad \Downarrow$$

χαιρει　ὁ Ἰησους　πιστιν του τεκνου ταπεινωσαμενου

⤳χαιρει ὁ Ἰησους πιστιν του τεκνου ταπεινωσαμενου.

- 중성단수(소유격/명사)인 του τεκνου와 중성단수(소유격/중간태/아오리트분사)
ταπεινωσαμενου가 합쳐서 "(순간순간 자신을)낮추는 (그)자녀의"가 되었다.

⑫(그는)기뻐한다 (그)예수님은　(순간순간 자신을)낮추는 (그)자녀들의 믿음을

$$\Downarrow \qquad \Downarrow \qquad \Downarrow$$

χαιρει　ὁ Ἰησους　πιστιν των τεκνων ταπεινωσαμενων

⤳χαιρει ὁ Ἰησους πιστιν των τεκνων ταπεινωσαμενων.

■ 중성복수(소유격/명사) των τεκνων과 중성단수(소유격/중간태/아오리트분사)인
ταπεινωσαμενων이 합쳐서 "(순간순간 자신을)낮추는 (그)자녀들의"가 되었다.

☐ 아오리스트분사가 소유격(수동태)로 쓰일 때

아오리트스분사/소유격(수동태)의 어미는 θεντ와 θεισ로 시자한다.

아오리스트분사(소유격/수동태/단수)

남성단수(소유격/수동태)	여성단수(소유격/수동태)	중성단수(소유격/수동태)
순간적으로 믿어지는(자의)	순간적으로 믿어지는(그녀의)	순간적으로 믿어지는(그것의)
πιστευθεντος	πιστευθεισης	πιστευθεντος

아오리스트분사(소유격/수동태/복수)

남성복수(소유격/수동태)	여성복수(소유격/수동태)	중성복수(소유격/수동태)
순간적으로 믿어지는(자들의)	순간적으로 믿어지는(그녀들의)	순간적으로 믿어지는(그것들의)
πιστευθεντων	πιστευθεισων	πιστευθεντων

■ 아오리스트분사(소유격/수동태)의 남성과 중성은 모양이 같다.

⑬(그)성령으로 (순간적으로)세례받는 (그)제자의 믿음은
⇩
ἡ πιστις του μαθητου βαπτισθεντος τω πνευματι

⟿ ὁ πιστις του μαθητου βαπτισθεντος τω πνευματι.

⑭(그)성령으로 (순간적으로)세례받는 (그)제자들의 믿음은

⇩

$\dot{\eta}$ πιστις των μαθητων βαπτισθεντων τω πνευματι

⤳ ὁ πιστις των μαθητων βαπτισθεντων τω πνευματι.

⑮(그)말씀으로 (순간순간)은혜받는 (그)여자의 믿음은

⇩

$\dot{\eta}$ πιστις της γυναικος χαρισθεισης τω λογω

⤳ ὁ πιστις της γυναικος χαρισθεισης τω λογω.

⑯(그)말씀으로 (순간순간)은혜받는 (그)여자들의 믿음은

⇩

$\dot{\eta}$ πιστις των γυναικων χαρισθεισων τω λογω

⤳ ὁ πιστις των γυναικων χαρισθεισων τω λογω.

⑰그리스도 안에서 (순간순간)권면받는 (그)자녀의 믿음은

⇩

$\dot{\eta}$ πιστις του τεκνου παρακαληθεντος ἐν Χριστω

⤳ ὁ πιστις του τεκνου παρακαληθεντος ἐν Χριστω

⑱그리스도 안에서 (순간순간)권면받는 (그)자녀들의 믿음은

⇩

$\dot{\eta}$ πιστις των τεκνων παρακαληθεντων ἐν Χιρσιτω

⤳ ὁ πιστις των τεκνων παρακαληθεντων ἐν Χριστω

연습문제(39A)

다음 헬라어 문장을 우리말로 직역하시오(*답은 다음 페이지에)

① γινωσκει ὁ κυριος πιστιν του μαθητου πιστευσαντος.

② γινωσκει ὁ κυριος πιστιν των μαθητων πιστευσαντων.

③ γινωσκει ὁ κυριος πιστιν της γυναικος πιστευσασης.

④ γινωσκει ὁ κυριος πιστιν των γυναικων πιστευσασων.

⑤ γινωσκει ὁ κυριος πιστιν του τεκνου πιστευσαντος.

⑥ γινωσκει ὁ κυριος πιστιν των τεκνων πιστευουσαντων.

⑦ χαιρει ὁ Ἰησους πανοπλιαν του μαθητου ἐνδυσαμενου.

⑧ χαιρει ὁ Ἰησους πανοπλιαν των ματητων ἐνδυσαμενων.

⑨ λαμβανει ὁ Ἰησους καρδιαν της γυνακος παρακαλησαμενης.

⑩ λαμβενει ὁ Ἰησους καρδιαν των γυναικων παρακαλησαμενων.

⑪ χαιρει ὁ Ἰησους πιστιν του τεκνου ταπεινωσαμενου.

⑫ χαιρει ὁ Ἰησους πιστιν των τεκνων ταπεινωσαμενων.

⑬ ὁ πιστις του μαθητου βαπτισθεντος τω πνευματι.

⑭ ὁ πιστις των μαθητων βαπτισθεντων τω πνευματι.

⑮ ὁ πιστις της γυναικος χαρισθεισης τω λογω.

⑯ ὁ πιστις των γυναικων χαρισθεισων τω λογω.

⑰ ὁ πιστις του τεκνου παρακαληθεντος ἐν Χριστω

⑱ ὁ πιστις των τεκνων παρακαληθεντων ἐν Χριστω

연습문제(39B)

다음 우리말을 헬라어로 바꾸시오(*답은 앞 페이지에)

①(그는)안다 (그)주님은 (순간순간)믿는 (그)제자의 믿음을

②(그는)안다 (그)주님은 (순간순간)믿는 (그)제자들의 믿음을

③(그는)안다 (그)주님은 (순간순간) 믿는 (그)여자의 믿음을

④(그는)안다 (그)주님은 (순간순간)믿는 (그)여자들의 믿음을

⑤(그는)안다 (그)주님은 (순간순간)믿는 (그)자녀의 믿음을

⑥(그는)안다 (그)주님은 (순간순간)믿는 (그)자녀들의 믿음을

⑦(그는)기뻐한다 (그)예수님은 (순간순간)입는 (그)제자의 전신갑주를

⑧(그는)기뻐한다 (그)예수님은 (순간순간)입는 (그)제자들의 전신갑주를.

⑨(그는)받아들인다 (그)예수님은 (순간순간 자신을)권면하는 (그)여자의 마음을

⑩(그는)받아들인다 (그)예수님은 (순간순간 자신을)권면하는 (그)여자들의 마음을

⑪(그는)기뻐한다 (그)예수님은 (순간순간 자신을)낮추는 (그)자녀의 믿음을

⑫(그는)기뻐한다 (그)예수님은 (순간순간 자신을)낮추는 (그)자녀들의 믿음을

⑬(그)성령으로 (순간적으로)세례받는 (그)제자의 믿음은

⑭(그)성령으로 (순간적으로)세례받는 (그)제자들의 믿음은

⑮(그)말씀으로 (순간순간)은혜받는 (그)여자의 믿음은

⑯(그)말씀으로 (순간순간)은혜받는 (그)여자들의 믿음은

⑰그리스도 안에서 (순간순간)권면받는 (그)자녀의 믿음은

⑱그리스도 안에서 (순간순간)권면받는 (그)자녀들의 믿음은

제40과
아오리스트분사(여격)

헬라어 분사(여격)은 여격명사를 수식하는 데 주로 쓰인다.
헬라어 분사(여격)은 σαντι나 σασ에 여격을 나타내는 어미를 붙여서 만든다.

☐ 아오리스트분사가 여격으로 쓰일 때

아오리스트분사(여격/능동태/단수)

남성단수(여격/능동태)	여성단수(여격/능동태)	중성단수(여격/능동태)
믿는(그에게) πιστευσαντι	믿는(그녀에게) πιστευσαση	믿는(그것에게) πιστευσαντι

■σαντι의 어미 ι는 불규칙단수명사(여격)에 주로 쓰인다 : πατρι(아버지에게)

아오리스트분사(여격/능동태/복수)

남성복수(여격/능동태)	여성복수(여격/능동태)	중성복수(여격/능동태)
믿는(그들에게) πιστευσασιν	믿는(그녀들에게) πιστευσασαις	믿는(그것들에게) πιστευσασιν

■σασιν의 어미 ιν은 불규칙복수명사(여격)에 주로 쓰인다 : πατρασιν(아버지들에게)
■아오리스트분사(여격/능동태)분사는 남성과 중성이 동일하다.

① (그는)준다 (그)성령을   (그)하나님을 (순간순간)믿는 (그)남자에게
⇩   ⇩   ⇩
διδωσιν το πνευμα τω ανδρι πιστευσαντι τον θεον
⤳ διδωσιν το πνευμα τω ανδρι πιστευσαντι τον θεον.

■ 남성단수여격명사인 τω ανδρι와 남성단수여격(아오리스트분사) πιστευσαντι가
합쳐서 "(순간순간)믿는 (그)남자에게"가 되었다.

② (그는)준다 (그)성령을 (그)하나님을 (순간순간)믿는 (그)남자들에게
⇩   ⇩   ⇩
διδωσιν το πνευμα τοις ανδρασιν πιστευσασιν τον θεον
⤳ διδωσιν το πνευμα τοις ανδρασιν πιστευσασιν τον θεον.

■ 남성복수여격명사인 τοις ανδρασιν이 남성복수여격(아오리스트분사)
πιστευσασιν과 합쳐서 "(순간순간)믿는 (그)남자들에게"가 되었다.

③ (그는)준다 (그)성령을   (그)하나님을 (순간순간)믿는 (그)여자에게
⇩   ⇩   ⇩
διδωσιν το πνευμα τη γυναικι πιστευσαση τον θεον
⤳ διδωσιν το πνευμα τη γυναικι πιστευσαση τον θεον.

■ 여성단수(여격/명사)인 τη γυναικι가 여성단수(여격/아오리스트분사) πιστευσαση와
합쳐서 "(순간순간)믿는 (그)여자에게"가 되었다.

④ (그는)준다 (그)성령을 (그)하나님을 (순간순간)믿는 (그)여자들에게
⇩   ⇩   ⇩
διδωσιν το πνευμα ταις γυναιξιν πιστευσασαις τον θεον
⤳ διδωσιν το πνευμα ταις γυναιξιν πιστευσασαις τον θεον.

■ 여성복수여격(대명사)인 ταις γυναξιν이 여성복수여격(아오리스트분사)
πιστευουσαις와 합쳐서 "(순간순간)믿는 (그)여자들에게"가 되었다.

⑤ (그는)준다 (그)성령을   (그)하나님을 (순간순간)믿는 (그)자녀에게
⇩   ⇩   ⇩
διδωσιν το πνευμα τω τεκνω πιστευσαντι τον θεον
⤳ διδωσιν το πνευμα τω τεκνω πιστευουσαντι τον θεον.

■ 중성단수(여격/명사)인 τω τεκνω가 중성단수(여격/아오리스트분사)πιστευσαντι과
합쳐서 "(순간순간)믿는 (그)자녀에게"가 되었다.

⑥(그는)준다   (그)성령을   (그)하나님을 (순간순간)믿는 (그)자녀들에게
   ↓   ↓   ↓
   διδωσιν   το πνευμα   τοις τεκνοις πιστευσασιν τον θεον

   ⟿ διδωσιν το πνευμα τοις τεκνοις πιστευσασιν τον θεον.

■ 중성복수여격명사인 τοις τεκνοις와 중성복수여격(아오리스트분사)
  πιστευσασιν이 합쳐서 "(순간순간)믿는 (그)자녀들에게"가 되었다.

아오리스트분사(여격/중간태/단수)

남성단수(여격/중간태)	여성단수(여격/중간태)	중성복수(여격/중간태)
스스로 믿는(그에게)	스스로 믿는(그녀에게)	스스로 믿는(그것에게)
πιστευσαμενω	πιστευσαμενη	πιστευσαμενω

아오리스트분사(여격/중간태/복수)

남성복수(여격/중간태)	여성복수(여격/중간태)	중성복수(여격/중간태)
스스로 믿는(그들에게)	스스로 믿는(그녀들에게)	스스로 믿는(그것들에게)
πιστευσαμενοις	πιστευσαμεναις	πιστευσαμενοις

■ (아오리스트분사/여격)중간태의 어미변화는 남성과 중성이 동일하다

⑦(그는)함께사역한다 (그)예수님은 (그)전신갑주를 (순간적으로)입은 자와
   ↓   ↓   ↓
   συνεργει   ὁ Ἰησους   τω ἐνδυσαμενω την πανοπλιαν

   ⟿ συνεργει ὁ Ἰησους τω ἐνδυσαμενω την πανοπλιαν.

■ 남성단수(여격/관사) τω와 남성단수(여격/중간태현재분사) ἐνδυσαμενω가
  합쳐서 "(순간적으로)입은 자와"가 되었다.

⑧(그는)함께사역한다 (그)예수님은 (그)전신갑주를 (순간적으로)입은 자들과
⇩   ⇩   ⇩
συνεργει   ὁ Ἰησους   τοις ἐνδυσαμενοις την πανοπλιαν

⤳συνεργει ὁ Ἰησους τοις ἐνδυσαμενοις την πανοπλιαν.

- 남성복수(여격/관사) τοις(그들)과 남성복수(여격/수동태/아오리스트분사) ἐνδυσαμενοις가 합쳐서 "(순간적으로)입은 자들과"가 되었다.

⑨(그는)함께사역한다 (그)예수님은 (그)전신갑주를 (순간적으로)입은 그녀와
⇩   ⇩   ⇩
συνεργει   ὁ Ἰησους   τη ἐνδυσαμενη την πανοπλιαν

⤳συνεργει ὁ Ἰησους τη ἐνδυσαμενη την πανοπλιαν.

- 여성단수(여격/관사) τη(그녀)와 여성단수(여격/수동태/아오리스트분사) ἐνδυσαμενη가 합쳐서 "(순간적으로)입은 그녀와"가 되었다.

⑩(그는)함께사역한다 (그)예수님은 (그)전신갑주를 (순간적으로)입은 그녀들과
⇩   ⇩   ⇩
συνεργει   ὁ Ἰησους   ταις ἐνδυσαμεναις την πανοπλιαν

⤳συνεργει ὁ Ἰησους ταις ἐνδυσαμεναις την πανοπλιαν.

- 여성복수(여격/관사) ταις(그녀들)과 여성복수(여격/수동태/아오리스트분사) ἐνδυσαμεναις가 합쳐서 "(순간적으로)입은 그녀들과"가 되었다.

⑪(그는)함께사역한다 (그)예수님은 (그)전신갑주를 (순간적으로)입은 (그)자녀와
⇩   ⇩   ⇩
συνεργει   ὁ Ἰησους   τω τεκνω ἐνδυσαμενω την πανοπλιαν

⤳συνεργει ὁ Ἰησους τω τεκνω ἐνδυσαμενω την πανοπλιαν.

- 중성단수(여격/명사) τω τεκνω(그 자녀와)가 중성단수(여격/수동태아오리스트분사) ἐνδυσαμενω와 합쳐서 "(순간적으로)세례받은 (그)자녀와"가 되었다.

⑫(그는)함께사역한다 (그)예수님은 (그)전신갑주를 (순간적으로)입은 (그)자녀들과
⇩   ⇩   ⇩
συνεργει   ὁ Ἰησους ταις τεκνοις ἐνδυσαμενοις την πανοπλιαν

⤳συνεργει ὁ Ἰησους τω τεκνοις ἐνδυσαμενοις την πανοπλιαν.

- 중성복수(여격/명사) τοις τεκνοις(그 자녀들과)와 중성복수(여격/수동태아오리스트분사) ἐνδυσαμενοις가 합쳐서 "(순간적으로)세례받은 (그)자녀들과"가 되었다.

아오리스트분사(여격/수동태/단수)

남성단수(여격/수동태)	여성단수(여격/수동태)	중성단수(여격/수동태)
스스로 믿는(그에게) πιστευθεντι	스스로 믿는(그녀에게) πιστευθεισῃ	스스로 믿는(그것에게) πιστευθεντι

- θεντι의 어미 ι는 불규칙단수명사(여격)에 주로 쓰인다 : πατρι(아버지에게)
- (아오리스트분사(여격/수동태)의 어미변화는 θεν나 θεισ로 시작한다.

아오리스트분사(여격/수동태/복수)

남성복수(여격/수동태)	여성복수(여격/수동태)	중성복수(여격/수동태)
스스로 믿는(그들에게) πιστευθεισιν	스스로 믿는(그녀들에게) πιστευθεισαις	스스로 믿는(그것들에게) πιστευθεισιν

- θεισιν의 어미 ιν은 불규칙복수명사(여격)에 주로 쓰인다 : πατρασιν(아버지들에게)

⑬(그는)함께사역한다 (그)예수님은 성령으로 (순간적으로)세례받은 자와
　⇩　　　　　　⇩　　　　　　　　⇩
συνεργει　　　 ὁ Ἰησους　　τω βαπτιζθεντι τω πνευμα

⤳συνεργει ὁ Ἰησους τω βαπτιζθεντι τω πνευμα.

- 남성단수(여격/관사) τω와 남성단수(여격/수동태/현재분사) βαπτιζθεντι가
  합쳐서 τω βαπτιζθεντι(순간적으로 세례받은 자와)가 되었다.

⑭(그는)함께사역한다 (그)예수님은 성령으로 (순간적으로)세례받은 자들과
　⇩　　　　　　⇩　　　　　　　　⇩
συνεργει　　　 ὁ Ἰησους　　τοις βαπτιζθεισιν τω πνευμα

⤳συνεργει ὁ Ἰησους τοις βαπτιζθεισιν τω πνευμα.

- 남성복수(여격/관사) τοις와 남성복수(여격/수동태아오리스트분사) βαπτιζθεισιν이
  합쳐서 τοις βαπτιζθεισιν(순간적으로 세례받은 그들과)가 되었다.

⑮(그는)함께사역한다 (그)예수님은 성령으로 (순간적으로)세례받은 그녀와
⇩ ⇩ ⇩

συνεργει ὁ Ἰησους τη βαπτιζθειση τω πνευμα

⟶συνεργει ὁ Ἰησους τω βαπτιζθειση τω πνευμα.

■ 여성단수(여격/관사) τη와 여성단수(여격/수동태아오리스트분사) βαπτιζθειση가
합쳐서 τη βαπτιζθειση(순간적으로 세례받은 그녀와)가 되었다.

⑯(그는)함께사역한다 (그)예수님은 성령으로 (순간적으로)세례받은 그녀들과
⇩ ⇩ ⇩

συνεργει ὁ Ἰησους ταις βαπτιζθεισαις τω πνευμα

⟶συνεργει ὁ Ἰησους ταις βαπτιζθεισαις τω πνευμα.

■ 여성복수(여격/관사) ταις와 여성복수(여격/수동태아오리스트분사) βαπτιζθεισαις가
합쳐서 ταις βαπτιζθεισαις(순간적으로 세례받은 그녀들)이 되었다.

⑰(그는)함께사역한다 (그)예수님은 성령으로 (순간적으로)세례받은 (그)자녀와
⇩ ⇩ ⇩

συνεργει ὁ Ἰησους τω τεκνω βαπτιζθεντι τω πνευμα

⟶συνεργει ὁ Ἰησους τω τεκνω βαπτιζθεντι τω πνευμα.

■ 중성단수(여격/명사) τω τεκνω와 중성단수(여격/수동태아오리스트분사) βαπτιζθεντι가
합쳐서 τω τεκνω βαπτιζθεντι(순간적으로 세례받은 그 자녀와)가 되었다.

⑱(그는)함께사역한다 (그)예수님은 성령으로 (순간적으로)세례받은 (그)자녀들과
⇩ ⇩ ⇩

συνεργει ὁ Ἰησους τοις τεκνοις βαπτιζθεισιν τω πνευμα

⟶συνεργει ὁ Ἰησους τω τεκνοις βαπτιζθεισιν τω πνευμα.

■ 중성복수(여격/명사) τοις τεκνοις와 중성복수(여격/수동태아오리스트분사) βαπτιζθεισιν가
합쳐서 τοις τεκνοις βαπτιζθεισιν(순간적으로 세례받은 그 자녀들과)가 되었다.

연습문제(40A)

다음 헬라어 문장을 우리말로 직역하시오(*답은 다음 페이지에)

①διδωσιν το πνευμα τῳ ἀνδρι πιστευσαντι τον θεον.

②διδωσιν το πνευμα τοις ἀνδρασιν πιστευσασιν τον θεον.

③διδωσιν το πνευμα τῃ γυναικι πιστευσασῃ τον θεον.

④διδωσιν το πνευμα ταις γυνακιξιν πιστευσασαις τον θεον.

⑤διδωσιν το πνευμα τῳ τεκνῳ πιστευουσαντι τον θεον.

⑥διδωσιν το πνευμα τοις τεκνοις πιστευσασιν τον θεον.

⑦συνεργει ὁ Ἰησους τῳ ἐνδυσαμενῳ την πανοπλιαν.

⑧συνεργει ὁ Ἰησους τοις ἐνδυσαμενοις την πανοπλιαν.

⑨συνεργει ὁ Ἰησους τῃ ἐνδυσαμενῃ την πανοπλιαν.

⑩συνεργει ὁ Ἰησους ταις ἐνδυσαμεναις την πανοπλιαν.

⑪συνεργει ὁ Ἰησους τῳ τεκνῳ ἐνδυσαμενῳ την πανοπλιαν.

⑫συνεργει ὁ Ἰησους τοις τεκνοις ἐνδυσαμενοις την πανοπλιαν.

⑬συνεργει ὁ Ἰησους τω βαπτιζθεντι τω πνευμα.

⑭συνεργει ὁ Ἰησους τοις βαπτιζθεισιν τω πνευμα.

⑮συνεργει ὁ Ἰησους τω βαπτιζθειση τω πνευμα.

⑯συνεργει ὁ Ἰησους ταις βαπτιζθεισαις τω πνευμα.

⑰συνεργει ὁ Ἰησους τω τεκνω βαπτιζθεντι τω πνευμα.

⑱συνεργει ὁ Ἰησους τοις τεκνοις βαπτιζθεισιν τω πνευμα.

연습문제(40B)

다음 우리말을 헬라어로 바꾸시오(*답은 앞 페이지에)

①(그는)준다 (그)성령을 (그)하나님을 (순간순간)믿는 (그)남자에게
②(그는)준다 (그)성령을 (그)하나님을 (순간순간)믿는 (그)남자들에게
③(그는)준다 (그)성령을 (그)하나님을 (순간순간)믿는 (그)여자에게
④(그는)준다 (그)성령을 (그)하나님을 (순간순간)믿는 (그)여자들에게
⑤(그는)준다 (그)성령을 (그)하나님을 (순간순간)믿는 (그)자녀에게
⑥(그는)준다 (그)성령을 (그)하나님을 (순간순간)믿는 (그)자녀들에게
⑦(그는)함께사역한다 (그)예수님은 (그)전신갑주를 (순간적으로)입은 자와
⑧(그는)함께사역한다 (그)예수님은 (그)전신갑주를 (순간적으로)입은 자와
⑨(그는)함께사역한다 (그)예수님은 (그)전신갑주를 (순간적으로)입은 그녀와
⑩(그는)함께사역한다 (그)예수님은 (그)전신갑주를 (순간적으로)입은 그녀들과
⑪(그는)함께사역한다 (그)예수님은 (그)전신갑주를 (순간적으로)입은 (그)자녀와
⑫(그는)함께사역한다 (그)예수님은 (그)전신갑주를 (순간적으로)입은 (그)자녀들과

⑬(그는)함께사역한다 (그)예수님은 성령으로 (순간적으로)세례받은 자와

⑭(그는)함께사역한다 (그)예수님은 성령으로 (순간적으로)세례받은 자들과

⑮(그는)함께사역한다 (그)예수님은 성령으로 (순간적으로)세례받은 그녀와

⑯(그는)함께사역한다 (그)예수님은 성령으로 (순간적으로)세례받은 그녀들과

⑰(그는)함께사역한다 (그)예수님은 성령으로 (순간적으로)세례받은 (그)자녀와

⑱(그는)함께사역한다 (그)예수님은 성령으로 (순간적으로)세례받은 (그)자녀들과

제6장

명령법, 가정법
소원법

명령법(2인칭)

명령법은 명령이나 간구를 나타낸다. 헬라어

2인칭 명령법은 주어가 앞에 있는 상대방에게 하는 명령이다.

☐ 현재시제 명령법(2인칭/단수)

현재시제(능동태/단수)	현재시제(중간태/단수)	현재시제(수동태/단수)
(너는)믿으라 πιστευε	(너는 자신을)믿으라 πιστευου	(너는)믿어져라 πιστευου

- 현재시제 명령법(2인칭/단수)는 중간태와 수동태가 동일하다.

☐ 현재시제 명령법(2인칭/복수)

현재시제(능동태/복수)	현재시제(중간태/복수)	현재시제(수동태/복수)
(너희는)믿으라 πιστευετε	(너희는 자신을)믿으라 πιστευεσθε	(너희는)믿어져라 πιστευεσθε

- 현재시제(2인칭복수/명령법)은 중간태와 수동태가 동일하다.
- 현재시제(2인칭복수/명령법)은 현재시제(2인칭복수)와 동일하다.

  πιστευετε (너희는 믿는다/너희는 믿으라)
  πιστευεσθε (너희는 자신을 믿는다/너희는 자신을 믿으라)

□ 아오리스트시제 명령법(2인칭/단수)

단수/능동태	단수/중간태	단수/수동태
(너는 순간순간)믿으라 πιστευσον	(너는 순간순간 자신을) 믿으라 πιστευσαι	(너는 순간순간)믿어져라 πιστευθετι

□ 아오리스트시제 명령법(2인칭/복수)

복수/능동태	복수/중간태	복수/수동태
(너희는 순간순간)믿으라 πιστευσατε	(너희는 순간순간 자신을) 믿으라 πιστευσασθε	(너희는 순간순간) 믿어져라 πιστευθετε

■ 아오리스트 명령법(2인칭/복수)는 아오리스트(2인칭/복수)와 어미가 동일하다

ἐπιστευσατε(너희는 순간적으로 믿는다)
→ πιστευσατε(너희는 순간적으로 믿으라)

ἐπιστευσασθε(너희는 자신을 순간적으로 믿는다)
→ πιστευσασθε(너희는 자신을 순간적으로 믿으라)

ἐπιστευσασθε(너희는 순간적으로 믿어진다)
→ πιστευσασθε(너희는 자신을 순간적으로 믿어져라)

□ 예문

① (너는)믿어라 　　 (그)말씀을
　　⇩　　　　　　　⇩
πιστευε　τον λογον ⟶ πιστευε τον λογον.

②(너희는)믿어라   (그)말씀을
↓   ↓
πιστευετε   τον λογον ⤳ πιστευετε τον λογον.

③(너는)입어라   (그)전신갑주를
↓   ↓
ἐνδυου   την πανοπλιαν
⤳ ἐνδυου την πανοπλιαν.

④(너희는)입어라   (그)전신갑주를
↓   ↓
ἐνδυεσθε   την πανοπλιαν
⤳ ἐνδυεσθε την πανοπλιαν.

⑤(너는)세례받으라   (그)성령으로
↓   ↓
βαπτιζου   τω πνευματι ⤳ βαπτιζου τω πνευματι.

⑥(너희는)세례받으라   (그)성령으로
↓   ↓
βαπτιζεσθε   τω πνευματι
⤳ βαπτιζεσθε τω πνευματι.

⑦(너는 순간순간)들어라   (그)말씀을
↓   ↓
ἀκουσον   τον λογον ⤳ ἀκουσον τον λογον.

⑧(너희는 순간순간)들어라   (그)말씀을
↓   ↓
ἀκουσατε   τον λογον ⤳ ἀκουσατε τον λογον.

⑨(너는 순간순간 자신을)낮추라   그리스도 안에서
↓   ↓
ταπεινωσαι   ἐν Χριστω
⤳ ταπεινωσαι ἐν Χριστω.

⑩ (너희는 순간순간 자신을) 낮추라   그리스도 안에서
⇩   ⇩
ταπεινωσασθε   ἐν Χριστω

⤳ ταπεινωσασθε ἐν Χριστω.

⑪ (너는 순간순간) 은혜받아라   (그) 성령으로
⇩   ⇩
χαρισθετι   τω πνευματι

⤳ χαρισθετι τω πνευματι.

⑫ (너희는 순간순간) 은혜받아라   (그) 성령으로
⇩   ⇩
χαρισθετε   τω πνευματι

⤳ χαρισθετε τω πνευματι.

연습문제(41A)

다음 헬라어 문장을 우리말로 직역하시오(*답은 다음 페이지에)

① πιστευε τον λογον.

② πιστευετε τον λογον.

③ ἐνδυου την πανοπλιαν.

④ ἐνδυεσθε την πανοπλιαν.

⑤ βαπτιζου τῳ πνευματι.

⑥ βαπτιζεσθε τῳ πνευματι.

⑦ ἀκουσον τον λογον.

⑧ ἀκουσατε τον λογον.

⑨ ταπεινωσαι ἐν Χριστῳ.

⑩ ταπεινωσασθε ἐν Χριστῳ.

⑪ χαρισθετι τῳ πνευματι.

⑫ χαρισθετε τῳ πνευματι.

연습문제(41B)

다음 우리말을 헬라어로 바꾸시오(*답은 앞 페이지에)

①(너는)믿어라 (그)말씀을
②(너희는)믿어라 (그)말씀을
③(너는)입어라 (그)전신갑주를
④(너희는)입어라 (그)전신갑주를
⑤(너는)세례받으라 (그)성령으로
⑥(너희는)세례받으라 (그)성령으로
⑦(너는 순간순간)들어라 (그)말씀을
⑧(너희는 순간순간)들어라 (그)말씀을
⑨(너는 순간순간 자신을)낮추라 그리스도 안에서
⑩(너희는 순간순간 자신을)낮추라 그리스도 안에서
⑪(너는 순간순간)은혜받아라 (그)성령으로
⑫(너희는 순간순간)은혜받아라 (그)성령으로

제42과
명령법(3인칭)

명령법은 명령이나 간구를 표현하며 헬라어에는 3인칭 명령법은 주어가 눈앞에 없는 제삼자에게 하는 명령이다.

☐ 현재시제 명령법(3인칭/단수)

단수/능동태	단수/중간태	단수/수동태
(그는)거룩하라 ἁγιέτω	(그는 자신을) 거룩하게 하라 ἁγιέσθω	(그는)거룩해져라 ἁγιέσθω

- 3인칭(현재시제/명령법)은 어미가 -ετω나 -εσθω로 시작한다.
- 3인칭(현재시제/명령법)은 중간태와 수동태가 동일하다.

☐ 현재시제 명령법(3인칭/복수)

복수/능동태	복수/중간태	복수/수동태
(그들은)거룩하라 ἁγιέτωσαν	(그들은 자신을) 거룩하게 하라 ἁγιέσθωσαν	(그들은)거룩해져라 ἁγιέσθωσαν

- 3인칭(현재시제/명령법)의 복수는 ετω와 εσθω에 σαν을 붙이면 된다.

□ 아오리스트시제 명령법(3인칭/단수)

단수/능동태	단수/중간태	단수/수동태
(그는 순간순간)거룩하라 ἁγισατω	(그는 순간순간 자신을) 거룩하게 하라 ἁγισασθω	(그는 순간순간) 거룩해져라 ἁγιθητω

- 3인칭(아오리스트시제/명령법)은 어미가 -σατω, -σασθω, -θηθω로 시작한다.
- 아오라스트시제 명령법은 중간태와 수동태가 다르다.

□ 아오리스트시제 명령법(3인칭/복수)

복수/능동태	복수/중간태	복수/수동태
(그들은 순간순간) 거룩하라 ἁγισατωσαν	(그들은 순간순간 자신을)거룩하게하라 ἁγισασθωσαν	(그들은 순간순간) 거룩해져라 ἁγιθητωσαν

- 3인칭(현재시재/명령법)의 복수는 -σατω(능동태) -σασθω(중간태) -θητω(수동태)에 σαν을 붙이면 된다.

□ 예문

① (그는)거룩하라   그리스도인은   그리스도 안에서
   ⇩   ⇩   ⇩
ἁγιετω   Χριστιανος   ἐν   Χριστω

⤳ ἁγιετω Χριστιανος ἐν Χριστω.

②(그들은)거룩하라　　　그리스도인들은　　　그리스도 안에서
　　　　⇩　　　　　　　　　　⇩　　　　　　　　⇩
ἁγιετωσαν　　　　Χριστιανοι　　ἐν Χριστῷ

　　　　⤳ ἁγιετοσαν Χριστιανοι ἐν Χριστῳ.

③(그는 자신을)거룩하게 하라　　그리스도인은　　　그리스도 안에서
　　　　⇩　　　　　　　　　　　　　⇩　　　　　　　⇩
ἁγιεσθω　　　　　　　Χριστιανος　ἐν Χριστῷ

　　　　⤳ ἁγιεσθω Χριστιανος ἐν Χριστῳ.

④(그들은 자신을)거룩하게 하라　　그리스도인들은　　그리스도 안에서
　　　　⇩　　　　　　　　　　　　⇩　　　　　　　⇩
ἁγιεσθωσαν　　　　　Χριστιανοι　　ἐν Χριστῷ

　　　　⤳ ἁγιεσθωσαν Χριστιανοι ἐν Χριστῳ.

⑤(그는)거룩해져라　　　그리스도인은　　(그)성령으로
　　　　⇩　　　　　　　　　⇩　　　　　　⇩
ἁγιεσθω　　　Χριστιανος　τῳ πνευματι

　　　　⤳ ἁγιεσθω Χριστιανος τῳ πνευματι.

⑥(그들은)거룩해져라　　　그리스도인들은　　(그)성령으로
　　　　⇩　　　　　　　　　⇩　　　　　　⇩
ἁγιεσθωσαν　　Χριστιανοι　τῳ πνευματι

　　　　⤳ ἁγιεσθωσαν Χριστιανοι τῳ πνευματι.

⑦(그는 순간순간)거룩하라　　그리스도인은　　그리스도 안에서
　　　　⇩　　　　　　　　　⇩　　　　　⇩
ἁγισατω　　　　Χριστιανος　ἐν Χριστῷ

　　　　⤳ ἁγισατω Χριστιανοι ἐν Χριστῳ.

⑧(그들은 순간순간)거룩하라　그리스도인들은　그리스도 안에서
⇩　　　　　⇩　　　　　⇩
ἀγισατωσαν　Χριστιανοι ἐν Χριστῳ

⤳ ἀγισατωσαν Χριστιανοι ἐν Χριστῳ.

⑨(그는 순간순간 자신을)거룩하게 하라　그리스도인은　그리스도 안에서
⇩　　　　　⇩　　　　　⇩
ἀγισασθω　Χριστιανος ἐν Χριστῳ

⤳ ἀγισασθω Χριστιανος ἐν Χριστῳ.

⑩(그들은 순간순간 자신을)거룩하게 하라　그리스도인들은　그리스도 안에서
⇩　　　　　⇩　　　　　⇩
ἀγισασθωσαν　Χριστιανοι ἐν Χριστῳ

⤳ ἀγισασθωσαν Χριστιανοι ἐν Χριστῳ.

⑪(그는 순간순간)거룩해져라　그리스도인은　(그)성령으로
⇩　　　　　⇩　　　　　⇩
ἀγιθητω　Χριστιανος τῳ πνευματι

⤳ ἀγισασθω Χριστιανος τῳ πνευματι.

⑫(그들은 순간순간)거룩해져라　그리스도인들은　(그)성령으로
⇩　　　　　⇩　　　　　⇩
ἀγιθητωσαν　Χριστιανοι τῳ πνευματι

⤳ ἀγιθητωσαν Χριστιανοι τῳ πνευματι.

연습문제(42A)

다음 헬라어 문장을 우리말로 직역하시오(*답은 다음 페이지에)

① ἁγιετω Χριστιανος ἐν Χριστῳ.

② ἁγιετοσαν Χριστιανοι ἐν Χριστῳ.

③ ἁγιεσθω Χριστιανος ἐν Χριστῳ.

④ ἁγιεσθωσαν Χριστιανοι ἐν Χριστῳ.

⑤ ἁγιεσθω Χριστιανος τῳ πνευματι.

⑥ ἁγιεσθωσαν Χριστιανοι τῳ πνευματι.

⑦ ἁγισατω Χριστιανος ἐν Χριστῳ.

⑧ ἁγισατωσαν Χριστιανοι ἐν Χριστῳ.

⑨ ἁγισασθω Χριστιανος ἐν Χριστῳ.

⑩ ἁγισασθωσαν Χριστιανοι ἐν Χριστῳ.

⑪ ἁγιθητω Χριστιανος τῳ πνευματι.

⑫ ἁγιθητωσαν Χριστιανοι τῳ πνευματι.

연습문제(42B)

다음 우리말을 헬라어로 바꾸시오(*답은 앞 페이지에)

①(그는)거룩하라 그리스도인은 그리스도 안에서

②(그들은)거룩하라 그리스도인들은 그리스도 안에서

③(그는 자신을)거룩하게 하라 그리스도인은 그리스도 안에서

④(그들은 자신을)거룩하게 하라 그리스도인들은 그리스도 안에서

⑤(그는)거룩해져라 그리스도인은 성령으로

⑥(그들은)거룩해져라 그리스도인들은 성령으로

⑦(그는 순간순간)거룩하라 그리스도인은 그리스도 안에서

⑧(그들은 순간순간)거룩하라 그리스도인들은 그리스도 안에서

⑨(그는 순간순간 자신을)거룩하게 하라 그리스도인은 그리스도 안에서

⑩(그들은 순간순간 자신을)거룩하게 하라 그리스도인들은 그리스도 안에서

⑪(그는 순간순간)거룩해져라 그리스도인은 성령으로

⑫(그들은 순간순간)거룩해져라 그리스도인들은 성령으로

가정법(현재)

가정법은 아직 일어나지 않은 일을 일어날 가능성을 가지고 말할 때 쓰인다.
가정법 현재시제는 지속적으로 일어날 수 있는 일에 대한 가정이다.

가정법(현재/능동태/단수)

1인칭/단수	2인칭/단수	3인칭/단수
(나는)믿을 수도 있다	(너는)믿을 수도 있다	(그는)믿을 수도 있다
πιστευω	πιστευης	πιστευη

■ 헬라어 가정법(현재시제)는 어미가 장모음 ω나 η(또는 η로) 시작하는 특징이 있다.

가정법(현재/능동태/복수)

1인칭/복수	2인칭/복수	3인칭/복수
(우리는)믿을 수도 있다	(너희는)믿을 수도 있다	(그들은)믿을 수도 있다
πιστευωμεν	πιστευητε	πιστευωσιν

가정법(현재/중간태/단수)

1인칭/단수	2인칭/단수	3인칭/단수
(나는 자신을) 믿을 수도 있다	(너는 자신을) 믿을 수도 있다	(그는 자신을) 믿을 수도 있다
πιστευωμαι	πιστευησαι	πιστευηται

가정법(현재/중간태/복수)

1인칭/복수	2인칭/복수	3인칭/복수
(우리는 자신을) 믿을 수도 있다 πιστευ ω μεθα	(너희는 자신을) 믿을 수도 있다 πιστευ ησθη	(그들은 자신을) 믿을 수도 있다 πιστευ ωνται

가정법(현재/수동태/단수) *중간태(단수)와 동일하다

1인칭/단수	2인칭/단수	3인칭/단수
(나는)믿어질 수도 있다 πιστευ ω μαι	(너는)믿어질 수도 있다 πιστευ ησαι	(그는)믿어질 수도 있다 πιστευ ηται

가정법(현재/수동태/복수) *중간태(복수)와 동일하다

1인칭/복수	2인칭/복수	3인칭/복수
(우리는) 믿어질 수도 있다 πιστευ ω μεθα	(너희는) 믿어질 수도 있다 πιστευ ησθη	(그들은) 믿어질 수도 있다 πιστευ ωνται

□ **예문**

①(나는)믿을 수도 있다   (그)예수님을

πιστευω   τον Ἰησουν ⤳ πιστευω τον Ἰησουν.

■ 가정법(현재시제)와 직설법(현재시제)의 어미가 동일하므로 두 가지 번역이 가능하다.
πιστευω (나는 믿는다/나는 믿을 수도 있다)

②(우리는)믿을 수도 있다　　(그)예수님을
π端τ端τευ|ω|μεν　　τον 'Ιησουν

⤳ πιστευωμεν τον 'Ιησουν.

③(너는)믿을 수도 있다　　(그)예수님을
πιστευ|ης|　　τον 'Ιησουν

⤳ πιστευης τον 'Ιησουν.

④(너희는)믿을 수도 있다　(그)예수님을
πιστευ|ητε|　　τον 'Ιησουν

⤳ πιστευητε τον 'Ιησουν.

⑤(그는)믿을 수도 있다　　(그)예수님을
πιστευ|η|　　τον 'Ιησουν

⤳ πιστευη τον 'Ιησουν.

⑥(그들은)믿을 수도 있다　(그)예수님을
πιστευ|ωσιν|　　τον 'Ιησουν

⤳ πιστευωσιν τον 'Ιησουν.

⑦(나는)입을 수도 있다　　(그)전신갑주를
ἐνδυ|ωμαι|　　την πανοπλιαν

⤳ ἐνδυωμαι την πανοπλιαν.

⑧(우리는)입을 수도 있다　(그)전신갑주를
ἐνδυ|ωμεθα|　　την πανοπλιαν

⤳ ἐνδυωμεθα την πανοπλιαν.

⑨(너는)입을 수도 있다   (그)전신갑주를
⇓   ⇓
ἐνδυησαι   την πανοπλιαν

⤳ ἐνδυησαι την πανοπλιαν.

⑩(너희는)입을 수도 있다   (그)전신갑주를
⇓   ⇓
ἐνδυησθε   την πανοπλιαν

⤳ ἐνδυησθε την πανοπλιαν.

⑪(그는)입을 수도 있다   (그)전신갑주를
⇓   ⇓
ἐνδυηται   την πανοπλιαν

⤳ ἐνδυηται την πανοπλιαν.

⑫(그들은)입을 수도 있다   (그)전신갑주를
⇓   ⇓
ἐνδυωνται   την πανοπλιαν

⤳ ἐνδυωνται την πανοπλιαν.

⑬(나는)세례받을 수도 있다   (그)성령으로
⇓   ⇓
βαπτιζωμαι   τω πνευματι

⤳ βαπτιζωμαι τω πνευματι.

⑭(우리는)세례받을 수도 있다   (그)성령으로
⇓   ⇓
βαπτιζωμεθα   τω πνευματι

⤳ βαπτιζωμεθα τω πνευματι.

⑮(너는)세례받을 수도 있다   (그)성령으로
⇓   ⇓
βαπτιζησαι   τω πνευματι

⤳ βαπτιζησαι τω πνευματι.

⑯(너희는)세례받을 수도 있다   (그)성령으로
⇩   ⇩
βαπτιζ$\boxed{ησθε}$ $\boxed{τω}$ πνευματι

⤳ βαπτιζησθε τω πνευματι.

⑰(그는)세례받을 수도 있다   (그)성령으로
⇩   ⇩
βαπτιζ$\boxed{ηται}$ $\boxed{τω}$ πνευματι

⤳ βαπτιζηται τω πνευματι.

⑱(그들은)세례받을 수도 있다   (그)성령으로
⇩   ⇩
βαπτιζ$\boxed{ωνται}$ $\boxed{τω}$ πνευματι

⤳ βαπτιζωνται τω πνευματι.

연습문제(43A)

다음 헬라어 문장을 우리말로 직역하시오(*답은 다음 페이지에)

① πιστευω τον Ἰησουν.

② πιστευωμεν τον Ἰησουν.

③ πιστευῃς τον Ἰησουν.

④ πιστευητε τον Ἰησουν.

⑤ πιστευῃ τον Ἰησουν.

⑥ πιστευωσιν τον Ἰησουν.

⑦ ἐνδυωμαι την πανοπλαιν.

⑧ ἐνδυωμεθα την πανοπλαιν.

⑨ ἐνδυησαι την πανοπλαιν.

⑩ ἐνδυησθε την πανοπλαιν.

⑪ ἐνδύηται τὴν πανοπλίαν.

⑫ ἐνδύωνται τὴν πανοπλίαν.

⑬ βαπτίζωμαι τῷ πνεύματι.

⑭ βαπτιζώμεθα τῷ πνεύματι.

⑮ βαπτίζησαι τῷ πνεύματι.

⑯ βαπτίζησθε τῷ πνεύματι.

⑰ βαπτίζηται τῷ πνεύματι.

⑱ βαπτίζωνται τῷ πνεύματι.

연습문제(43B)

다음 우리말을 헬라어로 바꾸시오(*답은 앞 페이지에)

①(나는)믿을 수도 있다 (그)예수님을
②(우리는)믿을 수도 있다 (그)예수님을
③(너는)믿을 수도 있다 (그)예수님을
④(너희는)믿을 수도 있다 (그)예수님을
⑤(그는)믿을 수도 있다 (그)예수님을
⑥(그들은)믿을 수도 있다 (그)예수님을
⑦(나는)입을 수도 있다 (그)전신갑주를
⑧(우리는)입을 수도 있다 (그)전신갑주를
⑨(너는)입을 수도 있다 (그)전신갑주를
⑩(너희는)입을 수도 있다 (그)전신갑주를

⑪(그는)입을 수도 있다 (그)전신갑주를
⑫(그들은)입을 수도 있다 (그)전신갑주를
⑬(나는)세례받을 수도 있다 (그)성령으로
⑭(우리는)세례받을 수도 있다 (그)성령으로
⑮(너는)세례받을 수도 있다 (그)성령으로
⑯(너희는)세례받을 수도 있다 (그)성령으로
⑰(그는)세례받을 수도 있다 (그)성령으로
⑱(그들은)세례받을 수도 있다 (그)성령으로

제44과
가정법(아오리트스)

가정법은 아직 일어나지 않은 일을 일어날 가능성을 가지고 말할 때 쓰이며 "~할 수 있다"로 번역하면 좋다. 가정법 아오리트스시제는 순간적으로(또는 순간순간) 일어나는 일에 대한 가정이다.

가정법(아오리스트/능동태/단수)

1인칭/단수	2인칭/단수	3인칭/단수
(나는 순간적으로) 믿을 수도 있다 πιστευσω	(너는 순간적으로) 믿을 수도 있다 πιστευσῃς	(그는 순간적으로) 믿을 수도 있다 πιστευσῃ

가정법(아오리스트/능동태/복수)

1인칭/복수	2인칭/복수	3인칭/복수
(우리는 순간적으로) 믿을 수도 있다 πιστευσωμεν	(너희는 순간적으로) 믿을 수도 있다 πιστευσητε	(그들은 순간적으로) 믿을 수도 있다 πιστευσωσιν

- 가정법(아오리스트시제)의 어미는 가정법현재시제)의 어미 앞에 σ만 붙이면 된다.
- 가정법(아오리스트시제)는 중간태와 수동태가 다르다. 수동태는 σ 대신에 θ가 쓰인다.

가정법(아오리스트/중간태/단수)

1인칭/단수	2인칭/단수	3인칭/단수
(나는 순간적으로 자신을) 믿을 수도 있다 πιστευσωμαι	(너는 순간적으로 자신을) 믿을 수도 있다 πιστευση	(그는 순간적으로 자신을) 믿을 수도 있다 πιστευσηται

■ 2인칭(단수) πιστευση는 πιστευσησαι의 줄임말이다.

가정법(아오리스트/중간태/복수)

1인칭/복수	2인칭/복수	3인칭/복수
(우리는 순간적으로 자신을) 믿을 수도 있다 πιστευσωμεθα	(너희는 순간적으로 자신을) 믿을 수도 있다 πιστευσησθε	(그들은 순간적으로 자신을) 믿을 수도 있다 πιστευσωνται

가정법(아오리스트/수동태/단수)

1인칭/단수	2인칭/단수	3인칭/단수
(나는 순간적으로을) 믿어질 수도 있다 πιστευθω	(너는 순간적으로) 믿어질 수도 있다 πιστευθης	(그는 순간적으로) 믿어질 수도 있다 πιστευθη

가정법(아오리스트/수동태/복수)

1인칭/복수	2인칭/복수	3인칭/복수
(우리는 순간적으로) 믿어질 수도 있다 πιστευθωμεν	(너희는 순간적으로) 믿어질 수도 있다 πιστευθητε	(그들은 순간적으로) 믿어질 수도 있다 πιστευθωσιν

□ **예문**

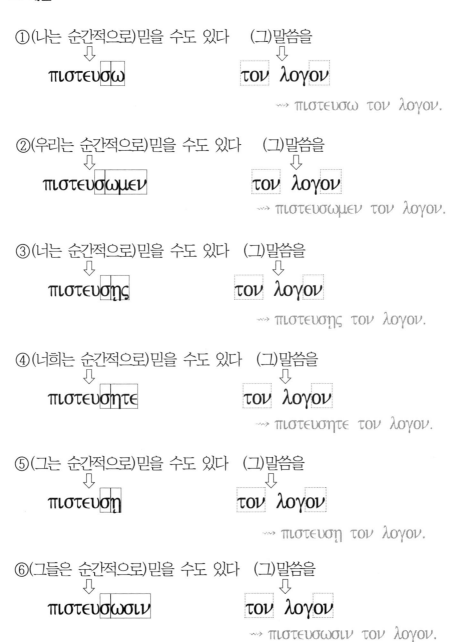

①(나는 순간적으로)믿을 수도 있다　(그)말씀을
πιστευσω　　　　　　τον λογον
⤳ πιστευσω τον λογον.

②(우리는 순간적으로)믿을 수도 있다　(그)말씀을
πιστευσωμεν　　　　τον λογον
⤳ πιστευσωμεν τον λογον.

③(너는 순간적으로)믿을 수도 있다　(그)말씀을
πιστευσης　　　　　τον λογον
⤳ πιστευσης τον λογον.

④(너희는 순간적으로)믿을 수도 있다　(그)말씀을
πιστευσητε　　　　τον λογον
⤳ πιστευσητε τον λογον.

⑤(그는 순간적으로)믿을 수도 있다　(그)말씀을
πιστευση　　　　　τον λογον
⤳ πιστευση τον λογον.

⑥(그들은 순간적으로)믿을 수도 있다　(그)말씀을
πιστευσωσιν　　　τον λογον
⤳ πιστευσωσιν τον λογον.

⑦(나는 순간적으로)입을 수도 있다   (그)전신갑주를

ἐνδυσ|ωμαι| τὴν πανοπλιαν

⤳ ἐνδυσωμαι τὴν πανοπλιαν.

⑧(우리는 순간적으로)입을 수도 있다   (그)전신갑주를

ἐνδυσ|ωμεθα| τὴν πανοπλιαν

⤳ ἐνδυσωμεθα τὴν πανοπλιαν.

⑨(너는 순간적으로)입을 수도 있다   (그)전신갑주를

ἐνδυσ|ησαι| τὴν πανοπλιαν

⤳ ἐνδυσησαι τὴν πανοπλιαν.

⑩(너희는 순간적으로)입을 수도 있다   (그)전신갑주를

ἐνδυσ|ησθε| τὴν πανοπλιαν

⤳ ἐνδυσησθε τὴν πανοπλιαν.

⑪(그는 순간적으로)입을 수도 있다   (그)전신갑주를

ἐνδυσ|ηται| τὴν πανοπλιαν

⤳ ἐνδυσηται τὴν πανοπλιαν.

⑫(그들은 순간적으로)입을 수도 있다   (그)전신갑주를

ἐνδυσ|ωνται| τὴν πανοπλιαν

⤳ ἐνδυσωνται τὴν πανοπλιαν.

⑬(나는 순간적으로)세례받을 수도 있다   (그)성령으로
⇩   ⇩
βαπτισθω   τω πνευματι

⤳ βαπισθω τω πνευματι.

⑭(우리는 순간적으로)세례받을 수도 있다   (그)성령으로
⇩   ⇩
βαπτισθωμεν   τω πνευματι

⤳ βαπισθωμεν τω πνευματι.

⑮(너는 순간적으로)세례받을 수도 있다   (그)성령으로
⇩   ⇩
βαπτισθης   τω πνευματι

⤳ βαπισθης τω πνευματι.

⑯(너희는 순간적으로)세례받을 수도 있다   (그)성령으로
⇩   ⇩
βαπτισθητε   τω πνευματι

⤳ βαπισθητε τω πνευματι.

⑰(그는 순간적으로)세례받을 수도 있다   (그)성령으로
⇩   ⇩
βαπτισθη   τω πνευματι

⤳ βαπισθη τω πνευματι.

⑱(그들은 순간적으로)세례받을 수도 있다   (그)성령으로
⇩   ⇩
βαπτισθωσιν   τω πνευματι

⤳ βαπισθωσιν τω πνευματι.

연습문제(44A)

다음 헬라어 문장을 우리말로 직역하시오(*답은 다음 페이지에)

① πιστευσω τον λογον.

② πιστευσωμεν τον λογον.

③ πιστευσῃς τον λογον.

④ πιστευσητε τον λογον.

⑤ πιστευσῃ τον λογον.

⑥ πιστευσωσιν τον λογον.

⑦ ἐνδυσωμαι την πανοπλιαν.

⑧ ἐνδυσωμεθα την πανοπλιαν.

⑨ ἐνδυσησαι την πανοπλιαν.

⑩ ἐνδυσησθε την πανοπλιαν.

⑪ ἐνδύσηται τὴν πανοπλιαν.

⑫ ἐνδυσωνται τὴν πανοπλιαν.

⑬ βαπτισθω τῳ πνευματι.

⑭ βαπτισθωμεν τῳ πνευματι.

⑮ βαπτισθης τῳ πνευματι.

⑯ βαπτισθητε τῳ πνευματι.

⑰ βαπτισθη τῳ πνευματι.

⑱ βαπτισθωσιν τῳ πνευματι.

연습문제(44B)

다음 우리말을 헬라어로 바꾸시오(*답은 앞 페이지에)

①(나는 순간적으로)믿을 수도 있다 (그)말씀을
②(우리는 순간적으로)믿을 수도 있다 (그)말씀을
③(너는 순간적으로)믿을 수도 있다 (그)말씀을
④(너희는 순간적으로)믿을 수도 있다 (그)말씀을
⑤(그는 순간적으로)믿을 수도 있다 (그)말씀으로
⑥(그들은 순간적으로)믿을 수도 있다 (그)말씀을
⑦(나는 순간적으로)입을 수도 있다 (그)전신갑주를
⑧(우리는 순간적으로)입을 수도 있다 (그)전신갑주를
⑨(너는 순간적으로)입을 수도 있다 (그)전신갑주를
⑩(너희는 순간적으로)입을 수도 있다 (그)전신갑주를

⑪(그는 순간적으로)입을 수도 있다 (그)전신갑주를

⑫(그들은 순간적으로)입을 수도 있다 (그)전신갑주를

⑬(나는 순간적으로)세례받을 수도 있다 (그)성령으로

⑭(우리는 순간적으로)세례받을 수도 있다 (그)성령으로

⑮(너는 순간적으로)세례받을 수도 있다 (그)성령으로

⑯(너희는 순간적으로)세례받을 수도 있다 (그)성령으로

⑰(그는 순간적으로)세례받을 수도 있다 (그)성령으로

⑱(그들은 순간적으로)세례받을 수도 있다 (그)성령으로

제45과
소원법(현재)

소원법이란 어떤 소원이나 미래에 대한 상상을 나타내는 표현이다. 따라서 가정법보다 더 비현실적인 일을 나타내는 데 쓰인다. 우리말로는 "~하고 싶다"로 번역하면 된다.

소원법(현재/능동태/단수)

1인칭/단수	2인칭/단수	3인칭/단수
(나는)믿고싶다 πιστευοιμι	(너는)믿고싶어한다 πιστευοις	(그는)믿고싶어한다 πιστευοι

소원법(현재/능동태/복수)

1인칭/복수	2인칭/복수	3인칭/복수
(우리는)믿고싶다 πιστευοιμεν	(너희는)믿고싶어한다 πιστευοιτε	(그들은)믿고싶어한다 πιστευοιεν

■ 소원법(현재시제)는 어미가 οι로 시작하는 특징이 있다.

소원법(현재/중간태/단수)

1인칭/단수	2인칭/단수	3인칭/단수
(나는 스스로를) 믿고싶다 πιστευοιμην	(너는 스스로를) 믿고싶어한다 πιστευοιο	(그는 스스로를) 믿고싶어한다 πιστευοιτο

소원법(현재/중간태/복수)

1인칭/복수	2인칭/복수	3인칭/복수
(우리는 스스로를) 믿고싶다 πιστευοιμεθα	(너희는 스스로를) 믿고싶어한다 πιστευοισθε	(그들은 스스로를) 믿고싶어한다 πιστευοιντο

소원법(현재/수동태/단수) *중간태(단수)와 동일하다

1인칭/단수	2인칭/단수	3인칭/단수
(나는) 믿게되고싶다 πιστευοιμην	(너는) 믿게되고싶어한다 πιστευοιο	(그는) 믿게되고싶어한다 πιστευοιτο

소원법(현재/수동태/복수) *중간태(복수)와 동일하다

1인칭/복수	2인칭/복수	3인칭/복수
(우리는) 믿게되고싶다 πιστευοιμεθα	(너희는) 믿게되고싶어한다 πιστευοισθε	(그들은 스스로) 믿게되고싶어한다 πιστευοιντο

□ 예문

① (나는)믿고싶다　　(그)예수님을
　　　　⇩　　　　　　⇩
　πιστευοιμι　τον 'Ιησουν
　　　　　　　　　⤳ πιστευοιμι τον 'Ιησουν.

② (우리는)믿고싶다　　(그)예수님을
　　　　⇩　　　　　　⇩
　πιστευοιμεν　τον 'Ιησουν
　　　　　　　　　⤳ πιστευοιμεν τον 'Ιησουν.

③ (너는)믿고싶어한다　(그)예수님을
　　　　⇩　　　　　　　⇩
　πιστευοις　τον 'Ιησουν　⤳ πιστευοις τον 'Ιησουν.

④ (너희는)믿고싶어한다　(그)예수님을
　　　　⇩　　　　　　　⇩
　πιστευοιτε　τον 'Ιησουν
　　　　　　　　　⤳ πιστευοιτε τον 'Ιησουν.

⑤ (그는)믿고싶어한다　(그)예수님을
　　　　⇩　　　　　　⇩
　πιστευοι　τον 'Ιησουν　⤳ πιστευοι τον 'Ιησουν.

⑥ (그들은)믿고싶어한다　(그)예수님을
　　　　⇩　　　　　　　⇩
　πιστευοιεν　τον 'Ιησουν
　　　　　　　　　⤳ πιστευοιεν τον 'Ιησουν.

⑦ (나는)입고싶다　　(그)전신갑주를
　　　　⇩　　　　　　⇩
　'ενδυοιμην　την πανοπλιαν
　　　　　　　　　⤳ 'ενδυοιμην την πανοπλιαν.

⑧(우리는)입고싶다　　　(그)전신갑주를
↓　　　　　　　　↓

ἐνδυοιμεθα　την πανοπλιαν

⤳ ἐνδυοιμεθα την πανοπλιαν.

⑨(너는)입고싶어한다　　(그)전신갑주를
↓　　　　　　　　↓

ἐνδυοιο　　την πανοπλιαν

⤳ ἐνδυοιο την πανοπλιαν.

⑩(너희는)입고싶어한다　　(그)전신갑주를
↓　　　　　　　　↓

ἐνδυοισθε　　την πανοπλιαν

⤳ ἐνδυοισθε την πανοπλιαν.

⑪(그는)입고싶어한다　　(그)전신갑주를
↓　　　　　　　　↓

ἐνδυοιτο　　την πανοπλιαν

⤳ ἐνδυοιτο την πανοπλιαν.

⑫(그들은)입고싶어한다　　(그)전신갑주를
↓　　　　　　　　↓

ἐνδυοιντο　　την πανοπλιαν

⤳ ἐνδυοιντο την πανοπλιαν.

⑬(나는)세례받고싶다　　(그)성령으로
↓　　　　　　　　↓

βαπτιζοιμην　τω πνευματι

⤳ βαπτιζοιμην τω πνευματι.

⑭(우리는)세례받고싶다　　(그성령으로
↓　　　　　　　　↓

βαπτιζοιμεθα　τω πνευματι

⤳ βαπτιζοιμεθα τω πνευματι.

⑮ (너는) 세례받고싶어한다   (그 성령으로

βαπτιζ|οιο| |τω πνευματι|

⟿ βαπτιζοιο τω πνευματι.

⑯ (너희는) 세례받고싶어한다   (그 성령으로

βαπτιζ|οισθε| |τω πνευματι|

⟿ βαπτιζοισθε τω πνευματι.

⑰ (그는) 세례받고싶어한다   (그 성령으로

βαπτιζ|οιτο| |τω πνευματι|

⟿ βαπτιζοιτο τω πνευματι.

⑱ (그들은) 세례받고싶어한다   (그 성령으로

βαπτιζ|οιντο| |τω πνευματι|

⟿ βαπτιζοιντο τω πνευματι.

연습문제(45A)

다음 헬라어 문장을 우리말로 직역하시오(*답은 다음 페이지에)

① πιστευοιμι τον Ἰησουν.

② πιστευοιμεν τον Ἰησουν.

③ πιστευοις τον Ἰησουν.

④ πιστευοιτε τον Ἰησουν.

⑤ πιστευοι τον Ἰησουν.

⑥ πιστευοιεν τον Ἰησουν.

⑦ ἐνδυοιμην την πανοπλιαν.

⑧ ἐνδυοιμεθα την πανοπλιαν.

⑨ ἐνδυοιο την πανοπλιαν.

⑩ ἐνδυοισθε την πανοπλιαν.

⑪ ἐνδυοιτο την πανοπλιαν.

⑫ ἐνδυοιντο την πανοπλιαν.

⑬ βαπτιζοιμην τῳ πνευματι.

⑭ βαπτιζοιμεθα τῳ πνευματι.

⑮ βαπτιζοιο τῳ πνευματι.

⑯ βαπτιζοισθε τῳ πνευματι.

⑰ βαπτιζοιτο τῳ πνευματι.

⑱ βαπτιζοιντο τῳ πνευματι.

연습문제(45B)

다음 우리말을 헬라어로 바꾸시오(*답은 앞 페이지에)

①(나는)믿고싶다 (그)예수님을

②(우리는)믿고싶다 (그)예수님을

③(너는)믿고싶어한다 (그)예수님을

④(너희는)믿고싶어한다 (그)예수님을

⑤(그는)믿고싶어한다 (그)예수님을

⑥(그들은)믿고싶어한다 (그)예수님을

⑦(나는)입고싶다 (그)전신갑주를

⑧(우리는)입고싶다 (그)전신갑주를

⑨(너는)입고싶어한다 (그)전신갑주를

⑩(너희는)입고싶어한다 (그)전신갑주를

⑪(그는)입고싶어한다 (그)전신갑주를
⑫(그들은)입고싶어한다 (그)전신갑주를
⑬(나는)세례받고싶다 (그)성령으로
⑭(우리는)세례받고싶다 (그)성령으로
⑮(너는)세례받고싶어한다 (그)성령으로
⑯(너희는)세례받고싶어한다 (그)성령으로
⑰(그는)세례받고싶어한다 (그)성령으로
⑱(그들은)세례받고싶어한다 (그)성령으로

제46과

소원법(아오리스트)

소원법이란 어떤 소원이나 미래에 대한 상상을 나타내는 표현이다. 따라서 가정법보다 더 비현실적인 일을 나타내는 데 쓰인다. 소원법 아오리스트시제는 중간태와 수동태가 다르다.

소원법(아오리트스/능동태/단수)

1인칭/단수	2인칭/단수	3인칭/단수
(나는 순간적으로) 믿기를 소원한다	(너는 순간적으로) 믿기를 소원한다	(그는 순간적으로) 믿기를 소원한다
πιστευσαιμι	πιστευσαις	πιστευσαι

소원법(아오리트스/능동태/복수)

1인칭/복수	2인칭/복수	3인칭/복수
(우리는 순간적으로) 믿기를 소망한다	(너희는 순간적으로) 믿기를 소망한다	(그들은 순간적으로) 믿기를 소망한다)
πιστευσαιμεν	πιστευσαιτε	πιστευσαιεν

■ 소원법(아오리스트시제)는 어미가 σαι로 시작하는 특징이 있다.

소원법(아오리트스/중간태/단수)

1인칭/단수	2인칭/단수	3인칭/단수
(나는 순간적으로 스스로) 믿기를 소망한다 πιστευσαιμην	(너는 순간적으로 스스로) 믿기를 소망한다 πιστευσαιο	(그는 순간적으로 스스로) 믿기를 소망한다 πιστευσαιτο

소원법(아오리트스/중간태/복수)

1인칭/복수	2인칭/복수	3인칭/복수
(우리는 순간적으로 스스로) 믿기를 소망한다 πιστευσαιμεθα	(너희는 순간적으로 스스로) 믿기를 소망한다 πιστευσαισθε	(그들은 순간적으로 스스로) 믿기를 소망한다 πιστευσαιντο

소원법(아오리트스/수동태/단수)

1인칭/단수	2인칭/단수	3인칭/단수
(나는 순간적으로) 믿어지기를 소망한다 πιστευθειην	(너는 순간적으로) 믿어지기를 소망한다 πιστευθειης	(그는 순간적으로) 믿어지기를 소망한다 πιστευθειη

■ 소원법(아오리스트시제/수동태)는 어미가 θει로 시작하는 특징이 있다.

소원법(아오리트스/수동태/복수)

1인칭/복수	2인칭/복수	3인칭/복수
(우리는 순간적으로) 믿어지기를 소망한다 πιστευθειημεν	(너희는 순간적으로) 믿어지기를 소망한다 πιστευθειητε	(그들은 순간적으로) 믿어지기를 소망한다 πιστευθειησαν

□ **예문**

①(나는 순간적으로)믿고싶다　(그)예수님을
⇩　　　　　　　　⇩
πιστευσαιμι　　　τον ’Ιησουν

⤳ πιστευσαιμι την ’Ιησουν.

②(우리는 순간적으로)믿고싶다　(그)예수님을
⇩　　　　　　　　⇩
πιστευσαιμεν　　τον ’Ιησουν

⤳ πιστευσαιμεν την ’Ιησουν.

③(너는 순간적으로)믿고싶어한다　(그)예수님을
⇩　　　　　　　　⇩
πιστευσαις　　　τον ’Ιησουν

⤳ πιστευσαις την ’Ιησουν.

④(너희는 순간적으로)믿고싶어한다　(그)예수님을
⇩　　　　　　　　⇩
πιστευσαιτε　　τον ’Ιησουν

⤳ πιστευσαιτε την ’Ιησουν.

⑤(그는 순간적으로)믿고싶어한다　(그)예수님을
⇩　　　　　　　　⇩
πιστευσαι　　　τον ’Ιησουν

⤳ πιστευσαι την ’Ιησουν.

⑥(그들은 순간적으로)믿고싶어한다　(그)예수님을
⇩　　　　　　　　⇩
πιστευσαιεν　　τον ’Ιησουν

⤳ πιστευσαιεν την ’Ιησουν.

⑦(나는 순간적으로)입고싶다 (그)전신갑주를
⇩ ⇩
ἐνδυσαιμην την πανοπλιαν

⤳ ἐνδυσαιμην την πανοπλιαν.

⑧(우리는 순간적으로)입고싶다 (그)전신갑주를
⇩ ⇩
ἐνδυσαιμεθα την πανοπλιαν

⤳ ἐνδυσαιμεθα την πανοπλιαν.

⑨(너는 순간적으로)입고싶어한다 (그)전신갑주를
⇩ ⇩
ἐνδυσαιο την πανοπλιαν

⤳ ἐνδυσαιο την πανοπλιαν.

⑩(너희는 순간적으로)입고싶어한다 (그)전신갑주를
⇩ ⇩
ἐνδυσαισθε την πανοπλιαν

⤳ ἐνδυσαισθε την πανοπλιαν.

⑪(그는·순간적으로)입고싶어한다 (그)전신갑주를
⇩ ⇩
ἐνδυσαιτο την πανοπλιαν

⤳ ἐνδυσαιτο την πανοπλιαν.

⑫(그들은 순간적으로)입고싶어한다 (그)전신갑주를
⇩ ⇩
ἐνδυσαιντο την πανοπλιαν

⤳ ἐνδυσαιντο την πανοπλιαν.

⑬(나는 순간적으로)세례받고싶다 　(그)성령으로

$\Downarrow$ 　　　　　　　$\Downarrow$

βαπτισθειην 　　τω πνευματι

　　　⤳ βαπτισθειμην τω πνευματι.

⑭(우리는 순간적으로)세례받고싶다 　(그)성령 안에서

$\Downarrow$ 　　　　　　　$\Downarrow$

βαπτισθειημεν 　　τω πνευματι

　　　⤳ βαπτισθειημεν τω πνευματι.

⑮(너는 순간적으로)세례받고싶어한다 　(그)성령 안에서

$\Downarrow$ 　　　　　　　$\Downarrow$

βαπτισθειης 　　τω πνευματι

　　　⤳ βαπτισθειης τω πνευματι.

⑯(너희는 순간적으로)세례받고싶어한다 　(그)성령 안에서

$\Downarrow$ 　　　　　　　$\Downarrow$

βαπτισθειητε 　　τω πνευματι

　　　⤳ βαπτισθειητε τω πνευματι.

⑰(그는 순간적으로)세례받고싶어한다 　(그)성령 안에서

$\Downarrow$ 　　　　　　　$\Downarrow$

βαπτισθειη 　　τω πνευματι

　　　⤳ βαπτισθειη τω πνευματι.

⑱(그들은 순간적으로)세례받고싶어한다 　(그)성령 안에서

$\Downarrow$ 　　　　　　　$\Downarrow$

βαπτισθειησαν 　　τω πνευματι

　　　⤳ βαπτισθειησαν τω πνευματι.

연습문제(46A)

다음 헬라어 문장을 우리말로 직역하시오(*답은 다음 페이지에)

① πιστευσαιμι την Ἰησουν.

②πιστευσαιμεν την Ἰησουν.

③ πιστευσαις την Ἰησουν.

④ πιστευσαιτε την Ἰησουν.

⑤ πιστευσαι την Ἰησουν.

⑥ πιστευσαιεν την Ἰησουν.

⑦ ἐνδυσαιμην την πανοπλιαν.

⑧ ἐνδυσαιμεθα την πανοπλιαν.

⑨ ἐνδυσαιο την πανοπλιαν.

⑩ ἐνδυσαισθε την πανοπλιαν.

⑪ ἐνδυσαιτο την πανοπλιαν.

⑫ ἐνδυσαιντο την πανοπλιαν.

⑬ βαπτισθειην τω πνευματι.

⑭ βαπτισθειημεν τω πνευματι.

⑮ βαπτισθειης τω πνευματι.

⑯ βαπτισθειητε τω πνευματι.

⑰ βαπτισθειη τω πνευματι.

⑱ βαπτισθειησαν τω πνευματι.

연습문제(46B)

다음 우리말을 헬라어로 바꾸시오(*답은 앞 페이지에)

①(나는 순간순간)믿고싶다 (그)예수님을

②(우리는 순간순간))믿고싶다 (그)예수님을

③(너는 순간순간))믿고싶어한다 (그)예수님을

④(너희는 순간순간))믿고싶어한다 (그)예수님을

⑤(그는 순간순간))믿고싶어한다 (그)예수님을

⑥(그들은 순간순간))믿고싶어한다 (그)예수님을

⑦(나는 순간적으로)입고싶다 (그)전신갑주를

⑧(우리는 순간적으로)입고싶다 (그)전신갑주를

⑨(너는 순간적으로)입고싶어한다 (그)전신갑주를

⑩(너희는 순간적으로)입고싶어한다 (그)전신갑주를

⑪(그는 순간적으로)입고싶어한다 (그)전신갑주를

⑫(그들은 순간적으로)입고싶어한다 (그)전신갑주를

⑬(나는 순간적으로)세례받고싶다 (그)성령으로

⑭(우리는 순간적으로)세례받고싶다 (그)성령으로

⑮(너는 순간적으로)세례받고싶어한다 (그)성령으로

⑯너희는 순간적으로)세례받고싶어한다 (그)성령으로

⑰(그는 순간적으로)세례받고싶어한다 (그)성령으로

⑱(그들은 순간적으로)세례받고싶어한다 (그)성령으로

{제7장}

전치사

제47과
전치사(여격)

헬라어 전치사는 영어의 전치사처럼 명사나 대명사 앞에 놓여서 문장의 다른 부분과 연결하는 일종의 연결어이다. 영어의 전치사는 전치사 뒤에 목적격이 오지만 헬라어는 상황에 따라 목적격뿐 아니라 여격이나 소유격이 오기도 한다.
여격 전치사는 정지된 상태에 있는 것을 나타낼 때 사용된다.

① ἐν + 여격명사 = ~안에, ~에

시간적, 공간적, 위치적 장소를 나타낼 때 쓰이며, (~안에) 또는 (~에)로
번역되며 영어의 **in**과 같은 용도이다.

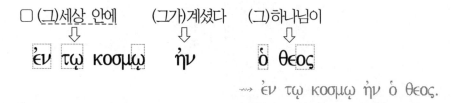

□ (그)세상 안에   (그가)계셨다   (그)하나님이

ἐν τῳ κοσμῳ   ἠν   ὁ θεος

⤳ ἐν τῳ κοσμῳ ἠν ὁ θεος.

■ 전치사 ἐν 뒤에 (남성)여격명사 τῳ κοσμῳ가 와서 "(그)세상 안에"가 되었다.

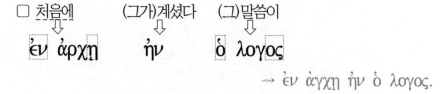

□ 처음에   (그가)계셨다   (그)말씀이

ἐν ἀρχῃ   ἠν   ὁ λογος

⤳ ἐν ἀγχῃ ἠν ὁ λογος.

■ 전치사 ἐν 뒤에 (여성)여격명사 ἀρχῃ가 와서 "처음에"가 되었다.

② ἐπι + 여격명사 = ~위에, ~에

시간적, 공간적, 위치적 장소를 나타낼 때 쓰이며, (~위에)또는 (~에)로 번역되
며 영어의 **on**과 같은 용도이다. ἐν이 장소의 범위가 넓다면 ἐπι는 범위가 좁다.

☐ (그)육체는 존재한다 소망 위에
ⱴ ⱴ ⱴ
ἡ σαρξ ἐστιν ἐπ' ἐλπιδι

⤳ ἡ σαρξ ἐστιν ἐπ' ἐλπιδι.

■ 전치사 ἐπι가 모음으로 끝나고 명사 ἐλπιδι도 모음으로 시작하므로 모음 충돌로
인해 발음이 어색해지는 문제를 해결하기 위해 ἐπι의 ι를 생략하고 콤마로 대신하였다.

☐ (그)사랑은 (그)예수님의 있다 마음 위에 우리의
ⱴ ⱴ ⱴ ⱴ ⱴ
ἡ ἀγαπη του Ἰησου ἐστιν ἐπι καρδια ἡμων

⤳ ἡ ἀγαπη του Ἰησου ἐστιν ἐπι καρδια ἡμων.

③ παρα + 여격명사 = ~옆에

무언가의 옆에 있는 것을 의미하며 영어의 **beside**와 같은 용도이다.

☐ (한)자녀가 (그것은)있다 어머니 옆에 그것의
ⱴ ⱴ ⱴ ⱴ
τεκνον ἐστιν παρα μητρι αὐτου

⤳ τεκνον ἐστιν παρα μητρι αὐτου.

☐ (그는 순간적으로)세웠다 (그)예수님은 (한)어린아이를 그의 곁에
ⱴ ⱴ ⱴ ⱴ
ἐστησεν ὁ Ἰησους παιδιον παρ' αὐτῳ

⤳ ἐστησεν ὁ Ἰησους παιδιον παρ' αὐτῳ.

④ συν + 여격명사 = ~와 함께

누군가와 함께 있는 것을 의미하며 영어의 with와 같은 용도이다.

□ 예수님은   (그는)계신다   (그)하나님과 함께
   ⇩   ⇩   ⇩

ὁ Ἰησους   ἐστιν   συν τω θεω

⤳ ὁ Ἰησους ἐστιν συν τω θεω.

□ (나는 순간적으로)십자가에 못박혔다   그리스도와 함께
                  ⇩   ⇩

ἐσταυρωθην   συν Χριστω

⤳ ἐστραυρωθην συν Χριστω.

연습문제(47A)

다음 헬라어 문장을 우리말로 직역하시오

① ἐν τῷ κοσμῳ ἠν ὁ θεος.

② ἐν ἀγχῃ ἠν ὁ λογος.

③ ἡ σαρξ ἐστιν ἐπ᾽ ἐλπιδι.

④ ἡ ἀγαπη του Ἰησου ἐστιν ἐπι καρδιᾳ ἡμων.

⑤ τεκνον ἐστιν παρα μητρι αὐτου.

⑥ ἐστησεν ὁ Ἰησους παιδιον παρ᾽ αὐτῳ.

⑦ ὁ Ἰησους ἐστιν συν τῳ θεῳ.

⑧ ἐστραυρωθην συν Χριστῳ.

연습문제(47B)

다음 우리말을 헬라어로 바꾸시오

①(그)세상 안에 (그가)계셨다 (그)하나님이
②처음에 (그가)계셨다 (그)말씀이
③(그)육체는 존재한다 소망 위에
④(그)사랑은 (그)예수님의 있다 마음 위에 우리의
⑤(한)자녀가 (그것은)있다 어머니 옆에 그것의
⑥(그는 순간적으로)세웠다 예수님은 (한)어린아이를 그의 곁에
⑦예수님은 (그는)계신다 (그)하나님과 함께
⑧(나는 순간적으로)십자가에 못박혔다 그리스도와 함께

제**48**과

전치사(소유격)

소유격 전치사는 분리나 행동의 기점(또는 과정)을 나타낼 때 사용된다.

① ἀπο + 소유격명사 = ~로부터

무언가의 근원을 나타낸다. 영어의 **from**과 같은 용도이다.

☐ (우리는)갖고 있다   (그)믿음을   (그)하나님께로부터(온)
      ⇩   ⇩   ⇩
   ἐχομεν   την πιστιν   ἀπο θεου

⇝ ἐχομεν την πιστιν ἀπο θεου.

☐ (그)사랑은 (그)하나님의   존재했다   처음부터
         ⇩   ⇩   ⇩
   ἡ ἀγαπη του θεου   ἠν   ἀπ᾽ ἀρχης

⇝ ἡ ἀγαπη του θεου ἠν ἀπ᾽ ἀρχης.

② ἐκ + 소유격명사 = ~에서 나온

무언가에서 나온 것을 나타낸다. 영어의 **out of**와 같은 용도이다.

☐ 목소리가   (그)하늘들에서(나온)   (그것이 순간적으로)들렸다
      ⇩   ⇩   ⇩
   φωνη   ἐκ των οὐρανων   ἠκουσθε

⇝ φωνη ἐκ των οὐρανων ἠκουσθε.

□ 율법의 사역들에서(나온 것으로는) 의롭게 되지 못할 거다　모든 육신은

⇓　　　　　　　　　⇓　　　　　　　　　⇓

$$\text{ἐξ ἔργων νομου οὐ δικαιωθησεται πασα σαρξ}$$

⤳ ἐξ ἔργων νομου οὐ δικαιωθησεται πασα σαρξ.

- 전치사 ἐκ 뒤에 오는 명사가 모음으로 시작하므로 원활한 발음을 위해 ἐκ(에크)가 ἐξ(엑스)로 바뀌었다.
- δικαιωθησεται(그는 의롭게 되지 못할거다) δικαιοω(의롭게 행하다)의 미래시제 (수동태/3인칭단수)이다.

③ δια + 소유격명사 = ~를 통하여

무언가를 통과하는 것을 나타낸다. 영어의 **through**와 같은 용도이다.

□ (그것은 순간적으로)구원받는다 (그)세상은　　예수 그리스도를 통하여

⇓　　　　　　　　　⇓　　　　　　　　⇓

$$\text{ἐσωθη ὁ κοσμος δια Ἰησου Χριστου}$$

⤳ ἐσωθη ὁ κοσμος δια Ἰησου Χριστου.

- ἐσωθη(그는 순간적으로 구원받는다)는 σωζω(구원하다)의 아오리스트시제(수동태 /3인칭단수)이다.

□ (그는 순간적으로)이야기했다　예수님은　　비유를 통하여

⇓　　　　　　　　⇓　　　　　　⇓

$$\text{εἰπεν ὁ Ἰησους δια παραβολης}$$

⤳ εἰπεν ὁ Ἰησους δια παραβολης.

- εἰπεν(그는 순간적으로 이야기했다)는 εἰπον(순간적으로 이야기하다/λεγω의 아오리스트 형태)의 3인칭단수이다.

④μετα + 소유격명사 = ~와 함께

συν이 무언가와 함께 있는 정지된 상태를 말한다면 μετα는 무언가와 함께 하는 움직이는 상태를 말한다.

□ (그들은)걸어간다   (그)그리스도인들은   예수님과 함께
        ⇩   ⇩   ⇩
περιπατουσιν   οἱ Χριστιανοι   μετα ᾿Ιησου

⟿ περιπατουσιν οἱ Χριστιανοι μετα ᾿Ιησου.

■ περιπατουσιν(그들은 걸어간다)는 περιπατεω(걷다)의 현재시제(능동태/3인칭복수)이다.

⑤περι + 소유격명사 = ~에 관하여

무언가에 관해서 하는 행동을 나타낼 때 사용된다. 영어 concerning의 의미이다.

□ (그들은)말한다   (그)사람들은   예수님에 관하여
        ⇩   ⇩   ⇩
λαλουσιν   οἱ ἀνθρωποι   περι ᾿Ιησου

⟿ λαλουσιν οἱ ἀνθρωποι περι ᾿Ιησου.

■ λαλουσιν(그들은 말한다)는 λαλεω(말하다)의 현재시제(능동태/3인칭복수)이다.

⑥ ὑπερ + 소유격명사 = ~을 위하여

무언가를 위하여 하는 행동을 나타낼 때 사용된다. 영어 for의 의미이다.

□ (그는 순간적으로)십자가에 못박혔다 예수님은   우리를 위하여
              ⇩   ⇩   ⇩
ἐσταυρωθε   ὁ ᾿Ιησους   ὑπηρ ἡμων

⟿ ἐσταυρωθε ὁ ᾿Ιησους ὑπηρ ἡμων.

■ ἐσταυρωθε는 σταυροω(십자가에 못박다)의 아오리스트시제(수동태/3인칭단수)이다.

⑦ ἀντι + 소유격명사 = ~대신에

무언가를 대신해서 하는 행동을 나타낼 때 사용된다. 영어 instead of의 의미이다.

□ (그는 순간적으로)십자가에 못박혔다   예수님은   우리를 대신해서
⇩   ⇩   ⇩
ἐσταυρωθε   ὁ Ἰησους ἀντι ἡμων

⟿ ἐσταυρωθε ὁ Ἰησους ἀντι ἡμων.

⑧ προ + 소유격명사 = ~앞으로, ~에 앞서

행동이 앞서는 것을 나타낼 때 사용된다. 영어 **ahead of**의 의미이다.

□ (그는)보낸다 (그)하나님은 (그)사신을   (그)예수님에 앞서
⇩   ⇩   ⇩   ⇩
ἀποστελλει ὁ θεος   τον ἀγγελον προ του Ἰησου

⟿ ἀποστελλει ὁ θεος τον ἀγγελον προ του Ἰησου.

⑨ κατα + 소유격명사 = ~아래로

무언가에서 아래로 나가는 것을 나타낼 때 사용된다. 영어 **down**의 의미이다.

□ (그것은 순간적으로)나왔다 (그)복음은   (그)하늘(에서)아래로
⇩   ⇩   ⇩
ἐξηλθεν   το εὐαγγελιον κατα του οὐρανου

⟿ ἐξηλθεν το εὐαγγελιον κατα του οὐρανου.

⑩ παρα + 소유격명사 = ~옆에서부터

무언가의 옆에서 나오는 것을 나타낼 때 사용된다.

□ (그는 순간적으로)나왔다 (그)예수님은   (그)아버지 옆에서부터
⇩   ⇩   ⇩
ἐξηλθεν   ὁ Ἰησους   παρα του πατρος

⟿ ἐξηλθεν ὁ Ἰησους παρα του πατρος.

연습문제(48A)

다음 헬라어 문장을 우리말로 직역하시오

---

① ἐχομεν την πιστιν ἀπο θεου.

---

② φωνη ἐκ των οὐρανων ἠκουσθε.

---

③ ἐσωθη ὁ κοσμος δια Ἰησου Χριστου.

---

④ περιπατουσιν οἱ Χριστιανοι μετα Ἰησου.

---

⑤ λαλουσιν οἱ ἀνθρωποι περι Ἰησου.

---

⑥ ἐσταυρωθε ὁ Ἰησους ὑπηρ ἡμων.

---

⑦ ἐσταυρωθε ὁ Ἰησους ἀντι ἡμων.

---

⑧ ἀποστελλει ὁ θεος τον ἀγγελον προ του Ιησου.

---

⑨ ἐξηλθεν το εὐαγγελιον κατα του οὐρανου.

---

⑩ ἐξηλθεν ὁ Ἰησους παρα του πατρος.

연습문제(48B)

다음 우리말을 헬라어로 바꾸시오

①(우리는)갖고 있다 (그)믿음을 (그)하나님께로부터(온)
②목소리가 (그)하늘들에서(나온) (그것이)들렸다
③(그것은 순간적으로)구원받는다 (그)세상은 예수 그리스도를 통하여
④(그들은)걸어간다 (그)그리스도인들은 (그)예수님과 함께
⑤(그들은)말한다 (그)사람들은 (그)예수님에 관하여
⑥(그는 순간적으로)십자가에 못박혔다 예수님은 우리를 위하여
⑦(그는 순간적으로)십자가에 못박혔다 예수님은 우리를 대신해서
⑧(그는)보낸다 (그)하나님은 (그)사신을 (그)예수님에 앞서
⑨(그것은 순간적으로)나왔다 (그)복음은 (그)하늘(에서)아래로
⑩(그는 순간적으로)나왔다 (그)예수님은 (그)아버지 옆에서부터

제|49과

전치사(목적격)

목적격 전치사는 눈 앞에 있는 목적(또는 대상) 또는 원인에 대한 행동을 나타낸다.

①δια + 목적격명사 = ~때문에

어떤 원인으로 인한 행동을 나타낸다. 영어의 **because of**와 같은 용도이다.

□ 예수님은 (그는 순간적으로)십자가에 못박혔다 우리의 죄 때문에

$$\Downarrow \qquad\qquad \Downarrow \qquad\qquad\qquad \Downarrow$$

ὁ Ἰησους   ἐσταυρωθη   δια ἁμαρτιαν ἡμων

↝ ὁ Ἰησους ἐσταυρωθη δια ἁμαρτιαν ἡμων.

②κατα + 목적격명사 = ~을 따라 *무언가 대상을 따름

어떤 관점을 따르는 것을 나타낸다. 영어의 according to와 같은 용도이다.

□ 예수님은 (순간적으로)십자가에 못박히셨다 기록된 것들의 관점을 따라

$$\Downarrow \qquad\qquad \Downarrow \qquad\qquad\qquad \Downarrow$$

ὁ Ἰησους   ἐσταυρωθη   κατα τας γραφας

↝ ὁ Ἰησους ἐσταυρωθη κατα τας γραφας.

③μετα + 목적격명사 = ~뒤에, 후에 *무언가 대상의 바로 뒤에

시간이나 공간적 장소의 뒤를 나타낸다. 영어의 after와 같은 용도이다.

□ (그)휘장 뒤에(있는)   (그)장막은 존재한다   지성소로

$$\Downarrow \qquad\qquad\qquad \Downarrow \qquad \Downarrow \qquad \Downarrow$$

μετα το καταπετασμα ἡ σκηνη ἐστιν Ἁγια Ἁγιων

↝ μετα το καταπετασμα ἡ σκηνη ἐστιν Ἁγια Ἁγιων.

④ εἰς + 목적격명사 = ~안으로 *목적지 안으로

ἐν이 안에 있는 상태를 말한다면 εἰς는 안으로 들어가는 동작을 말한다.

 ☐ (그는)온다 (그)예수님은 갈릴리 안으로
   ⇓   ⇓   ⇓
  ἐρχοται ὁ Ἰησους εἰς γαλιλαιαν.

    ⤳ ἐρχοται ὁ Ἰησους εἰς γαλιλαιαν.

⑤ προς + 목적격명사 = ~을 향하여 *무언가 대상을 향해

눈에 보이는 무언가를 향하는 것을 나타내며 영어 toward의 의미이다.

 ☐ (그)말씀은 있었다 (그)하나님을 향하여
   ⇓   ⇓   ⇓
  ὁ λογος ἠν προς τον θεον

    ⤳ ὁ λογος ἠν προς τον θεον.

⑥ περι + 목적격명사 = ~의 둘레에 *무언가 대상을 둘러쌈

무언가의 주변을 둘러싸고 있는 행동을 나타내며 영어 around의 의미이다.

 ☐ 많은 제자들이 있다 예수님의 주변에
   ⇓   ⇓   ⇓
  πολλοι μαθηται ἐστε περι Ἰησουν

   ⤳ πολλοι μαθηται ἐστε περι Ἰησουν.

⑦ ἀνα + 목적격명사 = ~위로 *무언가 목적을 향해 위쪽으로

무언가의 위쪽으로 하는 행동에 사용된다. 영어 **up**의 의미이다.

 ☐ (그가 순간적으로)뿌렸다 가라지들을 사이 위로 (그)밀의
   ⇓   ⇓ ⇓   ⇓
  ἐπεσπειρεν ζιζανια ἀνα μεσον του σιτου

   ⤳ ἐπεσπερεν ζιζανια ἀνα μεσον του σιτου.

 ■ ἐπεσπειρεν은 ἐπισπειρω(뿌리다)의 3인칭단수(아오리스트/능동태)이다.

⑧ ὑπερ + 목적격명사 = ~위에   *무언가 대상의 위쪽에

무언가의 위쪽에 있는 것을 나타낼 때 사용된다. 영어 **above**의 의미이다.

　□(그는)있으면 안된다　제자는　　　　　　(그)선생 위에
　　　⇓　　　　　　　　　⇓　　　　　　　　　⇓
　　οὐκ ἐστιν　　ματηθης　ὑπηρ　τον　διδασκαλον

　　　　⤳ οὐκ ἐστιν ματηθης ὑπηρ τον διδασκαλον.

⑨ ὑπο + 목적격명사 = ~아래에   *무언가 대상의 아래쪽에

무언가의 아래쪽에 있는 것을 나타낼 때 사용된다. 영어 **under**의 의미이다.

　□(그들은)두지 않는다　등불을　　　(그)말 아래에
　　　⇓　　　　　　⇓　　　　　　⇓
　　οὐ τιθεασιν　　λυχνον　ὑπο　τον　μοδιον

　　　　⤳ οὐ τιθεασιν λυχνον ὑπο τον μοδιον.

⑩ ἐπι + 목적격명사 = ~을 마주하고   *무언가 대상을 마주함

무언가를 마주하고 있는 것을 나타낼 때 사용된다. 영어 **face to face**의 의미이다.

　□(그는)측은히 여긴다　(그)무리를 마주하며
　　　⇓　　　　　　　　⇓
　　σπλαγχνιζοται　ἐπι　τον　οχλον

　　　　⤳ σπλαγχνιζοται ἐπι τον οχλον.

⑪ παρα + 목적격명사 = ~보다   *옆에 있는 대상과 비교함

옆에 있는 것과 비교할 때 사용된다. 영어의 more than의 의미이다.

　□(그들은 순간순간)섬긴다 (그)창조물을 (순간적으로)창조하신 그분보다
　　　⇓　　　　　　　　⇓　　　　　　　⇓
　　ἐλατρευσαν　　τη κτισει　παρα　τον κτισαντα

　　　　⤳ ἐλατρευσαν τη κτισει παρα τον κτισαντα.

　■ ἐλατρευσαν은 λατρευω(섬기다, 예배하다)의 3인칭복수(아오리스트시제)이다.
　■ κτισαντα는 κτιζω(창조하다)의 분사(아오리스트/목적격)이다.

연습문제(49A)

다음 헬라어 문장을 우리말로 직역하시오

① ὁ Ἰησους ἐσταυρωθη δια ἁμαρτιαν ἡμων.

② ὁ Ἰησους ἐσταυρωθη κατα τας γραφας.

③ μετα το καταπετασμα ἡ σκηνη ἐστιν Ἁγια Ἁγιων.

④ ἐρχοται ὁ Ἰησους εἰς γαλιλαιαν.

⑤ ὁ λογος ἠν προς τον θεον.

⑥ πολλοι μαθηται ἐστε περι Ἰησουν.

⑦ ἐπεσπερεν ζιζανια ἀνα μεσον του σιτου.

⑧ οὐκ ἐστιν ματηθης ὑπηρ τον διδασκαλον.

⑨ οὐ τιθεασιν λυχνον ὑπο τον μοδιον.

⑩ σπλαγχνιζοται ἐπι τον οχλον.

⑪ ἐλατρευσαν τη κτισει παρα τον κτισαντα.

연습문제(49B)

다음 우리말을 헬라어로 바꾸시오

① 예수님은 (그는 순간적으로)십자가에 못박혔다 우리의 죄 때문에
② 예수님은 (순간적으로)십자가에 못박히셨다 기록된 것들의 관점을 따라
③ (그)휘장 뒤에(있는) (그)장막은 존재한다 지성소로
④ (그는)온다 (그)예수님은 갈릴리 안으로
⑤ (그)말씀은 있었다 (그)하나님을 향하여
⑥ 많은 제자들이 있다 예수님의 주변에
⑦ (그가)뿌렸다 가라지들을 사이 위로 (그)밀의
⑧ (그는)있으면 안된다 제자는 (그)선생 위에
⑨ (그들은)두지 않는다 등불을 (그)말 아래에
⑩ (그는)측은히 여긴다 (그)무리를 마주하며
⑪ (그들은 순간순간)섬긴다 (그)창조물을 (순간적으로)창조하신 그분보다